"十四五"职业教育国家规划教材
首届全国教材建设奖
全国优秀教材二等奖

Gonglu Kance Sheji

公路勘测设计

（第4版）

陈方晔　李绪梅　主　编
许金良（长安大学）　主　审

人民交通出版社股份有限公司
北京

内 容 提 要

本书获首届全国优秀教材二等奖，并入选“十四五”职业教育国家规划教材。全书共分九章，系统介绍了公路勘测设计的基本理论和实用方法，主要内容包括：平面设计、纵断面设计、横断面设计、选线、定线、公路外业勘测、公路交叉设计、公路现代测设技术。

本书可作为高职高专院校道路桥梁工程技术专业、工程造价专业、工程监理专业、道路养护与管理专业教材，也可供从事公路工程设计与施工的有关工程技术人员学习参考。

本书有配套课件，教师可通过加入职教路桥教学研讨群（QQ:561416324）获取。

图书在版编目（CIP）数据

公路勘测设计 / 陈方晔，李绪梅主编. —4 版. — 北京 ： 人民交通出版社股份有限公司，2018.7

ISBN 978-7-114-14725-8

Ⅰ. ①公… Ⅱ. ①陈… Ⅲ. ①道路测量－高等职业教育－教材②道路工程－设计－高等职业教育－教材 Ⅳ. ①U412

中国版本图书馆 CIP 数据核字（2018）第 152819 号

审图号：GS（2019）34398 号

“十四五”职业教育国家规划教材

书　　名：公路勘测设计（第 4 版）
著 作 者：陈方晔　李绪梅
责任编辑：任雪莲
责任校对：刘　芹
责任印制：刘高彤
出版发行：人民交通出版社股份有限公司
地　　址：（100011）北京市朝阳区安定门外外馆斜街 3 号
网　　址：http://www.ccpcl.com.cn
销售电话：（010）59757973
总 经 销：人民交通出版社股份有限公司发行部
经　　销：各地新华书店
印　　刷：中国电影出版社印刷厂
开　　本：787×1092　1/16
印　　张：13.25
字　　数：306 千
版　　次：2005 年 8 月　第 1 版
2009 年 7 月　第 2 版
2015 年 8 月　第 3 版
2018 年 7 月　第 4 版
印　　次：2024 年 8 月　第 4 版　第 13 次印刷　总第 46 次印刷
书　　号：ISBN 978-7-114-14725-8
定　　价：35.00 元

第 4 版

前·言

Preface

本教材被评为首届全国优秀教材二等级，并入选“十四五”职业教育国家规划教材。编写人员在认真学习并深刻领会教育部有关文件精神的基础上，结合高等职业教育发展和公路行业发展实际情况，对第 3 版教材进行了修订，尤其是《公路工程技术标准》(JTG B01—2014)的颁布实施，使得教材内容发生了多处变化。

2018 年 1 月 1 日起，《公路路线设计规范》(JTG D20—2017)实施，新规范的实施为本教材的修订指明了方向。本教材编写人员在新规范实施后，第一时间仔细研读新规范的内容，对照新规范就教材涉及的内容进行了调整和修改。经过本次修订，本教材内容更加贴合交通行业发展动态及标准规范的要求，更加符合高职教育教学实际，满足“公路勘测设计”课程标准的相关要求。

本次修订主要对照新规范进行了教材内容的修订，并就第 3 版中的错误和不足进行了局部修改，教材的整体框架并未改变，依旧沿用第 3 版的结构体系。

本教材由湖北交通职业技术学院陈方晔、新疆交通职业技术学院李绪梅担任主编，参与本教材修订工作的还有湖北交通职业技术学院王新文、韩红青、杨榕、蔡华俊，武汉综合交通研究院有限公司雷莉。本教材特别邀请长安大学许金良教授担任主审，许教授对本书提出了许多好的意见和建议，在此表示感谢。

为了方便教师教学，本教材配有教学课件，教师可通过加入“职教路桥教学研讨群”(QQ:561416324)参与教学交流和获取课件。

由于编者水平有限，加之时间仓促，书中难免存在错漏与不足，恳请读者批评指正。

编　者

2018 年 5 月

第3版

前·言

Preface

本教材第二版于2009年7月出版,系教育部"普通高等教育'十一五'国家级规划教材"。

根据2013年8月教育部《关于"十二五"职业教育国家规划教材选题立项的函》[教职成司函〔2013〕184号],本教材获得"十二五"职业教育国家规划教材选题立项。

本教材编写人员在认真学习领会《教育部关于"十二五"职业教育教材建设的若干意见》(教职成〔2012〕9号)、《高等职业学校专业教学标准(试行)》、《关于开展"十二五"职业教育国家规划教材选题立项工作的通知》(教职成司函〔2012〕237号)等有关文件的基础上,结合当前高等职业教育发展和公路行业发展的实际情况,对第二版作了全面修订,形成了本教材第三版。本书于2014年8月被教育部评定为"十二五"职业教育国家规划教材。

公路勘测设计是路桥类专业学生必修的重要的专业基础课之一。本课程全面阐述了公路设计的基本理论和计算方法,以及公路勘测基本方法。为了维护公路设计有关理论的完整性和系统性,便于学生由浅入深地掌握公路设计的基本理论,本教材第三版依然沿用原第二版的布局结构。

本教材第三版的主要特点是:

(1)补充或更新了我国公路建设发展的最新数据,增加了《国家公路网规划(2012—2030)》有关内容,使读者可以了解我国公路建设发展的最新成果和未来的发展规划。

(2)根据不断修订完善的交通运输部颁布的《公路工程技术标准》(JTG B01—2014)的相关内容,本教材也作了相应的修订或完善。

(3)对原第二版中存在的某些疏漏进行了更正。

(4)为了方便读者使用本教材,本教材第三版设计制作了教学课件。

本教材第三版修订由湖北交通职业技术学院陈方晔、王新文负责。

本教材第三版继续邀请长安大学杨少伟教授和中交公路规划设计院有限公司副总工程师栗志海担任主审。

本教材由湖北交通职业技术学院陈方晔教授和新疆交通职业技术学院李绪梅副教授主编。

湖北交通职业技术学院蔡华俊、朱婧、韩红青为本教材制作了教学课件。

由于编者水平有限,书中仍难免有不足之外,敬请读者批评指正。

编　者

2015 年 4 月

第2版

前·言

Preface

全国交通土建高职高专规划教材《公路勘测设计》，于2005年8月由人民交通出版社出版发行。《公路勘测设计》是道路桥梁工程技术专业和相关专业的一门专业课，本教材理论讲解难度适宜，并重点突出了高等职业教育对高技能应用型人才培养的要求。

本教材通过近4年试用，从本书的发行和实际教学反馈情况看，其在内容设置、深度和广度上基本符合了高等职业教育的要求。

2007年，本教材被教育部评为"普通高等教育'十一五'国家级规划教材"。

这次修订，是在交通部新颁布的《公路路线设计规范》(JTG D20—2006)和《公路勘测规范》(JTG C10—2007)开始实施后进行的。根据新规范和"十一五"国家级规划教材的编写要求，作者对本教材进行了全面修订；第八章公路交叉设计内容，因规范变化较多，进行了修编；另外还对教材第一版中存在的错漏进行了更正。

本版教材修订由湖北交通职业技术学院陈方晔、王新文、杨榕、朱婧负责，第八章由湖北交通职业技术学院杨榕修编。全国交通土建高职高专规划教材编审委员会特邀长安大学公路学院杨少伟教授和中交公路规划设计院有限公司栗志海副总工担任本书主审，他们从理论与实践两方面分别提出了很多宝贵的修改意见和建议，在此表示衷心的感谢！本教材修订过程中，得到了人民交通出版社卢仲贤的指导和帮助，在此表示衷心的感谢！虽经反复斟酌、认真修订，但由于编者水平有限，其中仍难免有不足之处，敬请广大师生及同行批评指正。

编　者

2009年6月

第1版

前·言

Preface

2001年7月昆明会议,在交通部科教司路桥工程学科委员会的支持下,与会的十五所高职院校的代表成立了路桥高职教材建设联络组,经各高职高专院校的共同努力和辛勤工作,一年内完成了28种教材的编写出版工作,满足了交通高等职业教育急需的要求。这次会议上将《公路勘测设计》和《路基路面工程》合编成《公路设计》出版。

2004年8月新疆会议,与会代表在"路桥高职教材建设联络组"的基础上,成立了"交通土建高职高专统编教材编审委员会"。由于交通部新标准、规范的颁布,决定对第一轮教材进行修订,本次会议,在广泛征求各高职高专院校意见后,决定编写出版《公路勘测设计》和《路基路面工程》,以满足不同院校教学计划的要求。

2005年6月,《公路勘测设计》审稿会在武汉召开,会议上,与会专家和代表针对高职高专职业教育的特点,对本书的编写提出了许多宝贵意见。即:理论部分以"必需、够用"为原则,尽可能对理论太深和推导过程进行删减,力求体现针对性、先进性、实用性、可操作性、综合性与科学性,以满足高职高专技能型、应用型人才的培养要求。

本书共分九章,由湖北交通职业技术学院陈方晔和新疆交通职业技术学院李绪梅担任主编。具体编写分工如下:第一章、第六章、第七章由湖北交通职业技术学院陈方晔编写;第二章、第三章、第九章由新疆交通职业技术学院李绪梅编写;第四章由湖北交通职业技术学院王新文编写;第五章由黑龙江工程学院张瑞德编写;第八章由吉林交通职业技术学院周秀民编写。

人民交通出版社交通土建高职高专统编教材编审委员会特邀长安大学公路学院副院长杨少伟教授担任本书主审,杨少伟教授非常认真细致地审核了本书的所有章节,做了大量的修改工作,并提出了许多宝贵的修改建议,使本书的编写质量有了很大的提高。在此,向杨少伟教授深表谢意。

本书在编写过程中,得到了人民交通出版社卢仲贤、四川交通职业技术学院李全文、河北交通职业技术学院田平、湖南交通职业技术学院彭富强的精心指导和大力支持,在此一并表示感谢。

本书编写过程中,借鉴和参考了同行的一些成果,在此表示感谢。限于编者学识水平疏浅,书中难免存在不足和疏漏,恳请有关专家和读者提出宝贵建议,以便进一步改善。

编　者

2005 年 7 月

目·录

Contents

第一章
CHAPTER ONE
绪　论

本章学习要点

本章主要学习公路发展规划、公路的分级与技术标准、公路勘测设计的依据和阶段,以及本课程的学习任务和目标。

第一节　公路发展概况及规划

一、交通运输网络构成

交通运输是国民经济的重要组成部分,是国民经济的命脉。它把国民经济各领域和各个地区联系起来,担负着国家建设中原材料与产品的集散、城乡间的物资交流运输任务,并满足人们在物质文化生活上的需要,是联系工业和农业、城市和乡村、生产和消费的纽带,在国家的政治、经济、军事、文化建设中,在社会物质财富的生产和分配过程中,在广大人民群众的生活中具有重要的作用。

1. 国家综合运输系统的构成

现代交通运输由铁路、公路、水运、航空和管道五种运输方式组成。这些运输方式的点、线、面组成了国家综合运输系统。

铁路运输适用于远程的大宗货物及旅客运输,其特点是运量大、迅速,特别是高速铁路(轮轨、磁悬浮)的出现,使铁路运输能力得到进一步提高,但由于铁路运输需转运(两次、三次),装卸费用较高,使其一般只在远距离运输上占有优势。由于受铁路轨道的限制,铁路运输属线形运输。

公路运输适用于旅客及货物各种运距的批量运输。

水路运输是通航地区最廉价的运输方式,但速度慢,并受自然因素制约大;其运输方式包括内河及海洋(近海、远洋)运输。

航空运输适于快速运送旅客、紧急物资及邮件,速度快,但成本也高。

管道运输是用于液态、气态及散装粉状材料运输的专用方式。

2. 公路运输的特点及其在国民经济中的地位

公路运输与其他运输方式比较,具有如下特点:

(1)机动灵活,能迅速集中和分散货物,做到直达运输,不需中转,可以实现"门到门"的直接运输,节约时间和减少中转费用,减少货损。

(2)受交通设施限制少,是使用最广泛的一种运输方式,可伸展到任何山区、农村、机关、单位,可承担其他运输方式的转运任务,是交通运输网中联系其他各种运输方式的纽带。

(3)适应性强,服务面广,时间上随意性强,可适用于小批量运输和大宗运输。

(4)投资少,资金周转快,社会效益显著。

(5)与铁路运输、水路运输比较,公路运输由于汽车燃料价格高,服务人员多,单位运量小,所以在长途运输中,其运输成本偏高。但随着高速公路的迅速发展,汽车制造技术的不断改进,运输管理水平的不断提高,这些不足正在逐步得到改善。

由于公路运输的这些特点,使公路得以快速发展。到20世纪70年代,经济发达国家大多改变了一个多世纪以来以铁路运输为中心的局面,公路运输在各种运输方式中开始起主导作用,特别是现代高速公路的出现,使公路运输在经济建设中发挥了更加重要的作用。公路运输也正在成为我国综合运输体系中最活跃的一种运输方式,并显示出广阔的发展前景。

二、我国公路现状与发展规划

1. 公路发展史

古代:早在公元前2000年前,我国就有了可以行驶牛、马车的道路。秦始皇统一六国后,大修驰道,颁布"车同轨"法令,使得道路建设得到一个较大的发展。

近代:20世纪初(1902年)汽车输入我国,通行汽车的公路开始发展起来。从1906年在广西友谊关修建第一条公路开始,到1949年底,全国公路通车里程有8.1万km。

现代:中华人民共和国成立以后,为了迅速恢复和发展国民经济,巩固国防,国家对公路建设做出了很大的努力,取得了显著成就,特别是改革开放40年来,公路建设迅速发展。

1978年底公路通车里程达88万km。1994年底公路通车里程达到110万km。截至2017年底,我国公路总里程达到477万km。

我国高速公路建设非常迅速。截至2017年底,我国高速公路通车里程达13.6万km,总里程居全球首位。

2. 公路现状及规划

中华人民共和国成立后,特别是改革开放以来,我国公路建设取得了巨大成就,截至2017年末,全国公路总里程477.35万km,比上年末增加7.82万km。公路密度49.72km/百平方公里,提高0.81km/百平方公里。全国四级及以上等级公路里程433.86万km,比上年末增加11.31万km,占公路总里程90.9%,提高0.9%。其中,二级及以上等级公路里程62.22万km,增加2.28万km,占公路总里程13%,提高0.3%。各行政等级公路里程分别为:国道35.84

万 km、省道33.38 万 km、县道55.07 万 km、乡道115.77 万 km。全国高速公路里程13.65 万 km，比上年末增加0.65 万 km。其中，国家高速公路10.23 万 km，增加0.39 万 km。全国高速公路车道里程60.44 万 km，增加 2.90 万 km。全国农村公路(含县道、乡道、村道)里程 400.93 万 km，其中村道230.08 万 km。全国通公路的乡(镇)占全国乡(镇)总数99.99%，其中通硬化路面的乡(镇)占全国乡(镇)总数 99.39%、比上年末提高 0.38%；通公路的建制村占全国建制村总数的 99.98%，其中通硬化路面的建制村占全国建制村总数的 98.35%，提高1.66%。

从20世纪80年代末开始，在"五纵七横"国道主干系统规划的指导下，我国高速公路从无到有，实现了持续、快速和有序的发展；特别是1998年以来，国家实施积极的财政政策，加大了包括公路在内的基础设施建设投资力度，高速公路建设进入了快速发展期，年均通车里程超过4 000km。高速公路的快速发展，极大地提高了我国公路网的整体技术水平，优化了交通运输结构，对缓解交通运输的"瓶颈"制约发挥了重要作用，有力地促进了我国经济发展和社会进步。

2013年6月20日，交通运输部公布《国家公路网规划(2013年—2030年)》。在新的规划中，国家高速公路网进一步完善，在西部地区增加了2条南北纵线，形成"71118"网，由7条首都放射线、11条南北纵线、18条东西横线及地区环线、并行线、联络线等组成，约11.8 万 km(较之前的8.5 万 km 提高了3.3 万 km)，如图1-1所示；另规划远期展望线1.8 万 km，位于西部地广人稀地区。今后十几年，我国将投入4.7万亿元，计划到2030年，建成公路网总规模约580 万 km，国家公路网约40 万 km，其中普通国道约26.5 万 km，国家高速公路约13.6 万 km(含展望线)。

《国家公路网规划(2013年—2030年)》的目标是：形成"布局合理、功能完善、覆盖广泛、安全可靠"的国家干线公路网络，实现首都辐射省会、省际多路连通，地市高速通达、县县国道覆盖。

相距1 000km以内的省会城市间可当日到达，东中部地区省会城市到地市可当日往返，西部地区省会城市到地市可当日到达；区域中心城市、重要经济区、城市群内外交通联系密切，形成多中心放射的路网格局；沿边、沿海公路连续贯通，形成环绕我国大陆的沿边沿海普通国道路线；有效连接国家陆路门户城市和重要边境口岸，形成重要国际运输通道，与东北亚、中亚、南亚、东南亚的联系更加便捷。

其中：普通国道全面连接县级及以上行政区、交通枢纽、边境口岸和国防设施；国家高速公路全面连接地级行政中心，城镇人口超过20万的中等及以上城市，重要交通枢纽和重要边境口岸。

国家级干线公路将形成由"普通国道+国家高速公路"两个层次共同组成的线网格局，普通国道提供普遍的、非收费的交通基本公共服务，国家高速公路提供高效、快捷的运输服务。

根据规划，未来我国的公路交通由两大体系构成：一类是以高速公路为主的收费公路体系，另一类是除了高速公路之外的不收费的公路体系。从长远来看，收费公路里程占公路总里程的比例在3%以下，非收费公路体系则占97%以上。

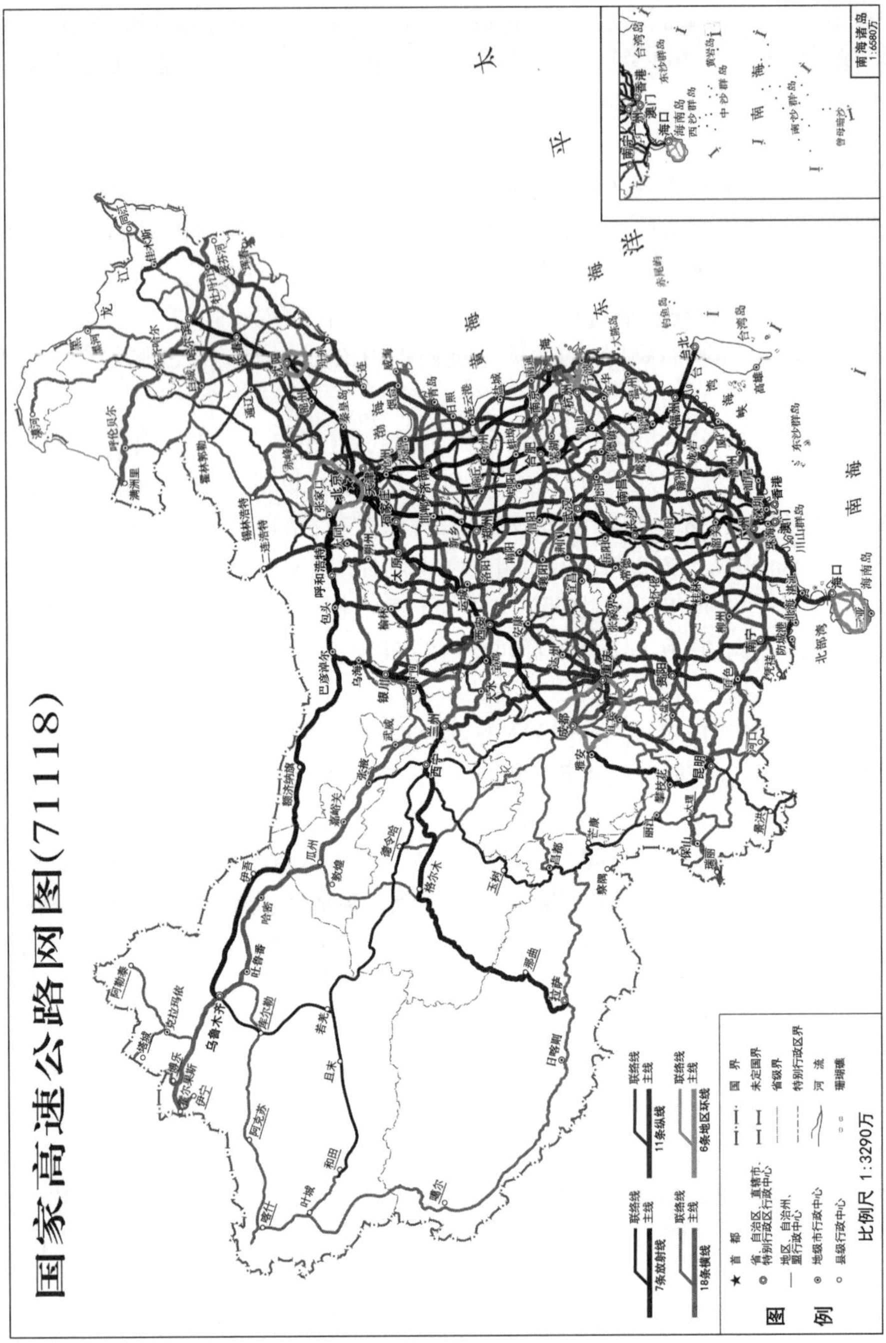

图1-1 国家高速公路网布局方案示意图

第二节 公路的功能、分级与技术标准

一、公路的功能和分级

(一)公路按交通功能分类

公路按照交通功能分为干线公路、集散公路和支线公路。干线公路分为主要干线公路和次要干线公路,集散公路分为主要集散公路和次要集散公路。

1. 主要干线公路

(1)连接20万人口以上的大中城市、交通枢纽、重要对外口岸和军事战略要地。

(2)提供省际及大中城市间长距离、大容量、高速度的交通服务。

2. 次要干线公路

(1)连接10万人口以上的城市和区域性经济中心。

(2)提供区域内或省域内中长距离、较高容量、较高速度的交通服务。

3. 主要集散公路

(1)连接5万人口以上的县(市)、主要工农业生产基地、重要经济开发区、旅游名胜区和商品集散地。

(2)提供中等距离、中等容量及中等速度的交通服务。

(3)与干线公路衔接、使所有的县(市)都在干线公路的合适距离之内。

4. 次要集散公路

(1)连接1万人口以上的县(市)、大的乡镇和其他交通发生地。

(2)提供较短距离、较小容量、较低速度的交通服务。

(3)衔接干线公路、主要集散公路与支线公路,疏散干线公路交通、汇集支线公路交通。

5. 支线公路

(1)以服务功能为主,直接与用路者的出行源点相衔接。

(2)衔接集散公路,为地区出行提供接入与通达服务。

(二)《标准》对公路的分级

《公路工程技术标准》(JTG B01—2014)(以下简称《标准》)将公路根据功能和适应的交通量分为五个等级,即高速公路、一级公路、二级公路、三级公路、四级公路。

1. 高速公路

高速公路为专供汽车分向、分车道行驶并应全部控制出入的多车道公路。高速公路的年平均日设计交通量宜在15 000辆小客车以上。

2. 一级公路

一级公路为供汽车分向、分车道行驶,并可根据需要控制出入的多车道公路。

一级公路的年平均日设计交通量宜在15 000辆小客车以上。

一级公路是连接高速公路或某些大城市的城乡接合部、开发区经济带及人烟稀少地区的干线公路。它实际上有两种不同的任务和功能:一种是干线功能,部分控制出入,只对所选定的相交公路或其他道路提供平面出入连接,而在同其他公路、城市道路、铁路、管线、渠道等相交处设置立体交叉,并设置隔离设施以防止行人、非机动车等进入;另一种是用作集散公路,通常采取接入管理措施。《标准》规定,整体式一级公路一般应设置中央分隔带。

3. 二级公路

二级公路为供汽车行驶的双车道公路。

二级公路的年平均日设计交通量宜为5 000~15 000辆小客车。

二级公路为中等以上城市的干线公路或者是通往大工矿区、港口的公路。为保证汽车的行驶速度和交通安全,在混合交通量大的路段,可设置慢车道供非汽车交通行驶。

4. 三级公路

三级公路为供汽车、非汽车交通混合行驶的双车道公路。

三级公路的年平均日设计交通量宜为2 000~6 000辆小客车。

5. 四级公路

四级公路为供汽车、非汽车交通混合行驶的双车道或单车道公路。

双车道四级公路的年平均日设计交通量宜为2 000辆小客车以下;单车道四级公路的年平均日设计交通量宜为400辆小客车以下。

二、公路技术标准

公路技术标准是指一定数量的车辆在车道上以一定的设计速度行驶时,对路线和各项工程的设计要求。公路技术标准是法定的技术要求,进行公路设计时必须遵守。各级公路的具体标准是由各项技术指标来体现的,主要技术指标包括设计速度、行车道数及宽度、路基宽度、最大纵坡、平曲线最小半径、行车视距、桥梁设计荷载等。设计速度是技术指标中最重要的指标,对工程费用和运输效率的影响最大。对于路线在公路网中具有重要的经济、国防意义者,交通量较大者,地形平易者,应规定较高的设计速度;反之,则应规定较低的设计速度。各级公路的具体指标值将在后面各章节中逐一介绍。

确定一条公路的等级,应首先确定该公路的功能,是干线公路,还是集散公路,即属于直达还是连接,以及是否需要控制出入等,并根据预测交通量初拟公路等级,再结合地形、交通组成等,确定设计速度、路基宽度。

1. 公路等级选用的基本原则

(1)公路等级选用应根据公路功能、路网规划、交通量,并充分考虑项目所在地区的综合运输体系、远期发展规划等,经论证后确定。

一条公路,可分段选用不同的公路等级或同一公路等级采用不同的设计速度、路基宽度,但不同公路等级、设计速度、路基宽度间的衔接应协调,过渡应顺适。

(2)主要干线公路应选用高速公路。

(3)次要干线公路应选用二级或二级以上公路。

(4)主要集散公路宜选用一级公路、二级公路。

(5)次要集散公路宜选用二级公路、三级公路。

(6)支线公路宜选用三级公路、四级公路。

2. 各级公路设计交通量的预测

确定一条公路建设标准的主要因素是公路功能、路网规划和交通量。交通量是指设计年限末的设计交通量。因此,确定公路技术等级前,首先应做好可行性研究。掌握该公路各路段的近期交通量资料并合理地预测远期交通量。认真分析该公路在整个公路网中所占的地位,即公路的使用任务和功能,从而正确地确定公路的建设标准。避免一条公路投入使用不久,因为交通量不适应而改(扩)建。

各级公路设计交通量的预测应符合下列规定:

(1)高速公路和一级公路的设计交通量应按 20 年预测;二级公路、三级公路的设计交通量应按 15 年预测;四级公路可根据实际情况确定。

(2)设计交通量预测的起算年应为该项目可行性研究报告中的计划通车年。

(3)设计交通量的预测应充分考虑走廊带范围内远期社会、经济的发展和综合运输体系的影响。

(4)公路为带状项目,沿途的社会环境、经济环境和自然环境都会有很大差异,其地形、地物以及交通量不会完全相同,甚至会有很大的差别。因此,对于一条比较长的公路可以根据沿途情况的变化和交通量的变化,分段采用不同的车道数或不同的公路等级,技术标准不同的路段之间过渡应顺适。

对于在现行标准施行以前就已存在的各等级公路,仍然可以继续使用,发挥其应有的作用。对于某些需要改(扩)建的公路,根据需要与可能的原则,按照公路网发展规划,有计划地进行改善,提高其通行能力及使用质量,以达到相应等级公路标准的规定。

公路分期修建必须遵照统筹规划、总体设计、分期实施的原则,使前期工程在后期仍能得到充分利用。高速公路整体式断面路段不得横向分割分期修建。

第三节 公路勘测设计的依据和程序

一、公路勘测设计的依据

(一)设计车辆

公路上行驶的车辆主要是汽车,对于混合交通的公路还有一部分非机动车。汽车的物理特性及行驶于路上各种大小车辆的组成对于公路几何设计有决定意义,因此,选择有代表性的车辆作为设计的依据(即设计车辆)是必要的。

1. 车辆类型及外廓尺寸

公路路幅组成、弯道加宽、交叉口的设计、纵坡、视距等都与设计车辆的外廓尺寸有着密切的关系。汽车的种类很多,按使用的目的、结构或发动机的不同可分成各种类型,而作为公路设计依据的汽车可分为五类,即小客车、大型客车、铰接客车、载重汽车、铰接列车。《道路车辆外廓尺寸、轴荷及质量限值》(GB 1589—2004)规定,公路设计所采用的设计车辆外廓尺寸如表1-1和图1-2所示。

设计车辆外廓尺寸 表1-1

车辆类型	总长(m)	总宽(m)	总高(m)	前悬(m)	轴距(m)	后悬(m)
小客车	6	1.8	2	0.8	3.8	1.4
大型客车	13.7	2.55	4	2.6	6.5+1.5	3.1
铰接客车	18	2.5	4	1.7	5.8+6.7	3.8
载重汽车	12	2.5	4	1.5	6.5	4
铰接列车	18.1	2.55	4	1.5	3.3+11	2.3

注:关于铰接列车的轴距(3.3+11)m,3.3m为第一轴至铰接点的距离,11m为铰接点至最后轴的距离。

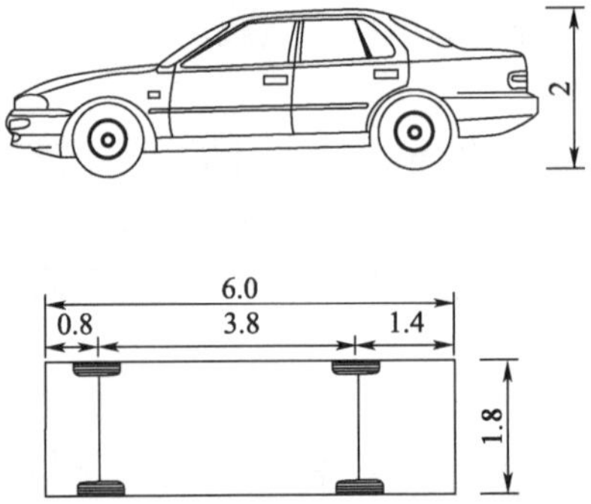

a)

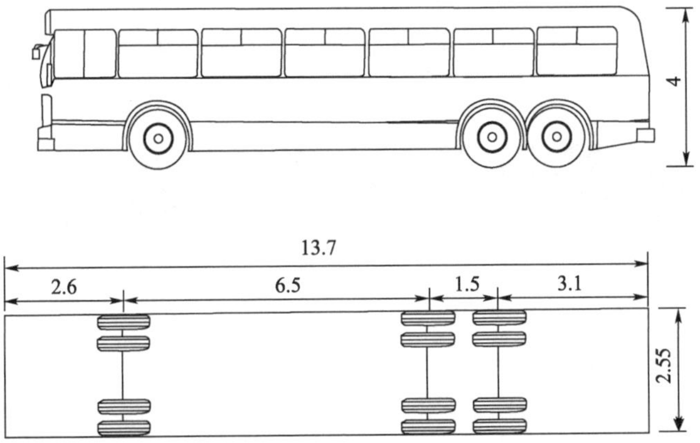

b)

图 1-2

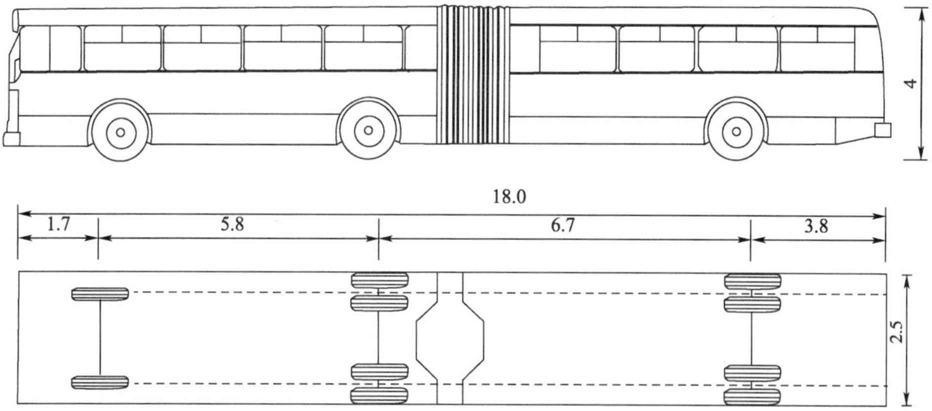

c)

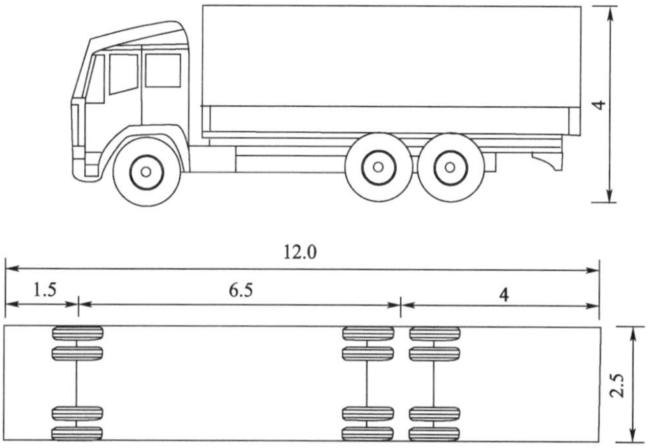

d)

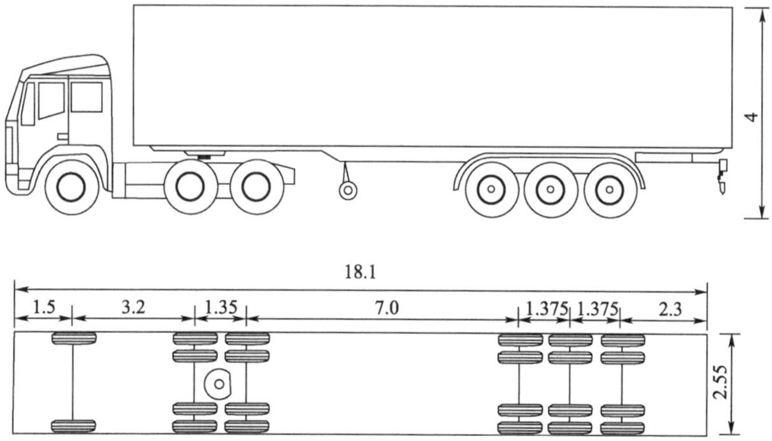

e)

图 1-2 代表车型的外廓尺寸(尺寸单位:m)

a)小客车;b)大型客车;c)铰接客车;d)载重汽车;e)铰接列车

2. 交通量换算

公路上行驶的汽车有各种不同车型,特别是在我国的二级公路、三级公路、四级公路上,还有着相当大比例的非机动车。为了设计方便,我国《标准》将公路上行驶的各种车辆折合成小客车。

各种车辆的折算系数与车辆的行驶速度和该种车型车辆行驶时占用公路净空有关。《标准》规定,交通量换算采用小客车为标准车型。确定公路等级的各汽车代表车型和车辆折算系数规定见表1-2。

代表车型与车辆折算系数 表1-2

代表车型	车辆折算系数	说明
小客车	1.0	座位≤19座的客车和载质量≤2t的货车
中型车	1.5	座位>19座的客车和2t<载质量≤7t的货车
大型车	2.5	7t<载质量≤20t的货车
汽车列车	4.0	载质量>20t的货车

(1)畜力车、人力车、自行车等非机动车,在设计交通量换算中按路侧干扰因素计。

(2)公路上行驶的拖拉机每辆折算为4辆小客车。

(3)公路通行能力分析所要求的车辆折算系数应针对路段、交叉口等形式,按不同的地形条件和交通需求,采用相应的折算系数。

(二)设计速度

评价一条公路的优劣首先要看它在客、货运输方面是否方便,这些是与运行速度和交通安全直接相关的。在车辆行驶过程中,驾驶员采用的速度,除了取决于他本身的驾驶技术和汽车的性能以外,还取决于以下4个基本条件:公路及其路侧的外部特征、气候、其他车辆的影响以及限速标志或设施。上述任何一种条件都能控制速度。当交通量与气候条件良好时,公路的外部特征(包括公路本身的道路条件)基本上决定了驾驶员采用的速度。

1. 设计速度的定义

所谓设计速度是指确定公路设计指标并使其相互协调的设计基准速度。

根据国内外观测数据分析,当设计速度高时,运行速度低于设计速度;而当设计速度低时,运行速度高于设计速度。这也说明设计速度与运行安全有关。

设计速度是公路设计时确定其几何线形的最关键参数。《标准》根据车辆动力性能和地形条件,确定了不同等级公路的设计速度指标。设计速度一经选定,公路的所有相关要素(如圆曲线半径、视距、超高、纵坡、竖曲线半径等指标)均要与其配合,以获得均衡设计。

2. 设计速度的规定

设计速度的最高值:根据汽车性能,并参考国内外的实际经验,从节约能源以及提升人体感官舒适性出发,我国公路采用的设计速度最大值为120km/h。

设计速度的最低值:考虑我国实际的地形条件、土地利用和投资的可能性,确定设计速度的最低值为20km/h。各级公路设计速度规定见表1-3。

各级公路设计速度 表 1-3

公路等级	高速公路			一级公路			二级公路		三级公路		四级公路	
设计速度(km/h)	120	100	80	100	80	60	80	60	40	30	30	20

3. 设计速度的选用

设计速度应根据公路的功能,结合地形、交通组成等条件综合评价来确定,不应仅考虑地形条件。

(1)高速公路设计速度不宜低于100km/h,受地形、地质等条件限制时,可以选用80km/h。

(2)作为干线的一级公路,设计速度宜采用100km/h;受地形、地质等条件限制时,可采用80km/h。作为集散的一级公路,设计速度宜采用80km/h;受地形、地质等条件限制时,可采用60km/h。

(3)高速公路和作为干线的一级公路的特殊困难局部路段,且因新建工程可能诱发工程地质病害时,经论证,该局部路段的设计速度可采用60km/h,但长度不宜大于15km,或仅限于相邻两互通式立体交叉之间的路段。

(4)作为干线的二级公路,设计速度宜采用80km/h;受地形、地质等条件限制时,可采用60km/h。作为集散的二级公路,设计速度宜采用60km/h;受地形、地质等条件限制时,可采用40km/h。

(5)三级公路设计速度宜采用40km/h;受地形、地质等条件限制时,可采用30km/h。

(6)四级公路设计速度宜采用30km/h;受地形、地质等条件限制时,可采用20km/h。

(三)交通量

交通量是指单位时间内通过公路某断面的交通流量(即单位时间内通过公路某断面的车辆数目)。

交通量的具体数值通过交通调查、分析和交通预测确定。交通调查、分析和交通预测是公路建设项目可行性研究阶段进行现状评价,综合分析建设项目的必要性和可行性的基础,也是确定公路建设项目的建设规模、技术等级、工程设施、经济效益评价及公路几何线形设计的主要依据。

交通调查、分析和交通量预测结果的准确性,尤其是预测的水平、质量和可靠程度,将直接影响到项目决策的科学性和工程技术设计的经济合理性。交通量的概念根据单位时间可分为:日交通量(单向/双向、汽车/混合交通)、小时交通量和年累计交通量。

1. 设计日交通量

一条公路的交通量,普遍采用的计量单位是年平均日交通量(简写为AADT),用全年总交通量除以365而得。设计日交通量是指拟建公路到达交通预测年限时能达到的年平均日交通量(辆/d)。它在确定公路等级、论证公路的计划费用或各项结构设计等时有重要作用,但直接用于几何设计却不适宜。因为一年中的每月、每日、每小时交通量都会发生变化,某些季节、某些时段的交通量可能会高出年平均日交通量数倍,因此,年平均日交通量不宜作为具体设计的依据。

远景设计年平均日交通量根据公路使用任务及性质,通过对历年交通观测资料进行推算求得。一般按年平均增长率累计计算确定。

$$N_d = N_0(1+\gamma)^{n-1} \tag{1-1}$$

式中：N_d——预测年的平均日交通量，辆/d；

N_0——起始年的平均日交通量，辆/d，包括现有交通量和公路建成后从其他公路吸引过来的交通量；

γ——年平均增长率，%；

n——远景设计年限。

2. 设计小时交通量

小时交通量(辆/h)是以小时为计算时段的交通量，是确定车道数和车道宽度或评价服务水平的依据。大量的公路交通量变化图示表明，从全天以及全年来看，每小时交通量的变化量是相当大的。如果用一年中最大的高峰小时交通量作为设计依据，会造成浪费，但如果采用日平均小时交通量则不能满足实际需要，会导致交通拥挤，甚至阻塞。

为了使设计交通量的取值既能保证交通安全和道路畅通，又使工程造价经济、合理，可借助一年中小时变化曲线来确定适合于设计使用的小时交通量。方法如下：

将一年中所有小时交通量按其与年平均日交通量百分数的大小顺序排列起来，并绘成曲线，如图1-3所示。

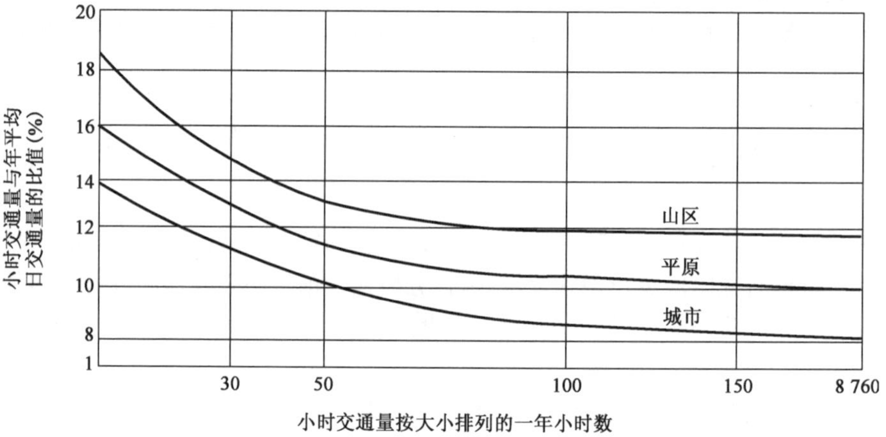

图1-3 年平均日交通量与小时交通量关系曲线

从图1-3中可以看出，在第30~50位小时交通量附近曲线急剧变化，从此向右曲线明显变缓，而在它的左侧，曲线坡度则急剧加大。据此，设计小时交通量的合理取值，应选在第30~50位小时的范围以内。如以第30位小时交通量作为设计依据，意味着在一年中有29个小时交通量超过设计值，将发生拥挤，占全年小时数的0.33%，而能顺利通过的保证率达99.67%。

目前，世界上许多国家(包括我国)采用第30位小时交通量作为设计依据。我国《标准》规定，公路设计小时交通量宜采用年第30位小时交通量，也可根据公路功能采用当地的年第20~40位小时之间最为经济合理时位的小时交通量。

如图 1-3 所示,对于各种不同年份、不同地区的公路都能绘出相应的曲线。虽然各条曲线的弯曲程度和上下位置各有差别,但曲线的基本图形都是类似的。在确定设计小时交通量时,应绘制各路线交通量变化图。存有平时观测资料的公路,必须使用观测资料;没有观测资料的,可参考性质相似、交通情况相仿的其他公路观测资料进行推算。

(四)通行能力

通行能力是指在正常的公路条件、交通条件和驾驶行为等情况下,在一定的时段内(通常取 1h)可能通过公路设施的最大车辆数。将这些条件用服务水平标准来衡量时,就得到各级服务水平下的服务交通量。通行能力反映了公路设施所能疏导交通流的能力,是公路规划、设计和运营管理的重要参数。通行能力根据使用性质和要求,通常分为以下三种形式。

1. 基准通行能力

基准通行能力是指在“理想条件”下,公路设施所能通行的最大小时交通量,即理论上所能通行的最大小时交通量。所谓理想条件包括公路本身和交通状况两个方面,即公路本身应有足够的车道宽度、侧向净宽,且平、纵线形和视距良好;在交通状况方面,只有小客车行驶,没有其他车型混入且不限制车速。现有公路即使是高速公路,基本上也达不到“理想条件”,因此通过的车辆数一般低于基准通行能力。

2. 设计通行能力

设计通行能力是在相应设计服务水平下,公路设施通过车辆的最大小时流率。因此,设计通行能力与选取的服务水平级别有关。

(1)公路服务水平

公路服务水平指驾驶员感受公路交通流运行状况的质量指标,通常用平均行驶速度、行驶时间、驾驶自由度和交通延误等指标表征。

服务水平划分见表 1-4 ~ 表 1-6。

高速公路路段服务水平分级 表 1-4

服务水平等级	v/C 值	设计速度(km/h)		
		120	100	80
		最大服务交通量 [pcu/(h·ln)]	最大服务交通量 [pcu/(h·ln)]	最大服务交通量 [pcu/(h·ln)]
一	$v/C \leq 0.35$	750	730	700
二	$0.35 < v/C \leq 0.55$	1 200	1 150	1 100
三	$0.55 < v/C \leq 0.75$	1 650	1 600	1 500
四	$0.75 < v/C \leq 0.90$	1 980	1 850	1 800
五	$0.90 < v/C \leq 1.00$	2 200	2 100	2 000
六	$v/C > 1.00$	0 ~ 2 200	0 ~ 2 100	0 ~ 2 000

注:v/C 是指在基准条件下,最大服务交通量与基准通行能力之比。基准通行能力是五级服务水平条件下对应的最大小时交通量。

一级公路路段服务水平分级 表1-5

服务水平等级	v/C 值	设计速度(km/h)		
		100	80	60
		最大服务交通量 [pcu/(h·ln)]	最大服务交通量 [pcu/(h·ln)]	最大服务交通量 [pcu/(h·ln)]
一	$v/C \leqslant 0.3$	600	550	480
二	$0.3 < v/C \leqslant 0.5$	1 000	900	800
三	$0.5 < v/C \leqslant 0.7$	1 400	1 250	1 100
四	$0.7 < v/C \leqslant 0.9$	1 800	1 600	1 450
五	$0.9 < v/C \leqslant 1.0$	2 000	1 800	1 600
六	$v/C > 1.0$	0 ~ 2 000	0 ~ 1 800	0 ~ 1 600

二级公路、三级公路路段服务水平分级 表1-6

服务水平等级	延误率(%)	设计速度(km/h)										
		80				60				≤40		
		速度(km/h)	v/C			速度(km/h)	v/C			v/C		
			禁止超车区(%)				禁止超车区(%)			禁止超车区(%)		
			<30	30 ~ 70	≥70		<30	30 ~ 70	≥70	<30	30 ~ 70	≥70
一	≤35	≥76	0.15	0.13	0.12	≥58	0.15	0.13	0.11	0.14	0.12	0.10
二	≤50	≥72	0.27	0.24	0.22	≥56	0.26	0.22	0.20	0.25	0.19	0.15
三	≤65	≥67	0.40	0.34	0.31	≥54	0.38	0.32	0.28	0.37	0.25	0.20
四	≤80	≥58	0.64	0.60	0.57	≥48	0.58	0.48	0.43	0.54	0.42	0.35
五	≤90	≥48	1.00	1.00	1.00	≥40	1.00	1.00	1.00	1.00	1.00	1.00
六	>90	<48	—	—	—	<40	—	—	—	—	—	—

注:延误率为车头时距小于或等于5s的车辆数占总交通量的百分比。

各级服务水平的含义如下:

一级服务水平,交通流处于完全自由流状态。交通量小,速度高,行车密度小,驾驶员能自由地按照自己的意愿选择所需速度,行驶车辆不受或基本不受交通流中其他车辆的影响。在交通流内驾驶的自由度很大,为驾驶员、乘客或行人提供的舒适度和方便性非常优越。较小的交通事故或行车障碍的影响容易消除,在事故路段不会产生车辆停滞排队现象,道路很快就能恢复到一级服务水平。

二级服务水平,交通流状态处于相对自由流的状态,驾驶员基本上可按照自己的意愿选择行驶速度,但是开始要注意到交通流内其他使用者,驾驶员身心舒适水平很高,较小交通事故或行车障碍的影响容易消除,事故路段的运行服务情况比一级差些。

三级服务水平,交通流状态处于稳定流的上半段,车辆间的相互影响变大,选择速度受到其他车辆的影响,变换车道时驾驶员要格外小心,较小交通事故仍能消除,但事故发生路段的服务质量大大降低,严重的阻塞使后面形成排队车流,驾驶员心情紧张。

四级服务水平，交通流处于稳定流范围下限，但是车辆运行明显地受到交通流内其他车辆的影响，速度和驾驶的自由度受到明显限制。交通量稍有增加就会导致服务水平显著降低，驾驶人员身心舒适水平降低，即使较小的交通事故也难以消除，会形成很长的排队车流。

五级服务水平，为拥堵流的上半段，其下是达到最大通行能力时的运行状态。对于交通流的任何干扰，例如车流从匝道驶入或车辆变换车道，都会在交通流中产生一个干扰波，交通流不能消除它，任何交通事故都会形成长长的排队车流，车流行驶灵活性极端受限，驾驶人员身心舒适水平很差。

六级服务水平，是拥堵流的下半段，是通常意义上的强制流或阻塞流。在这一服务水平下，交通设施的交通需求超过其允许的通过量，车流排队行驶，队列中的车辆出现停停走走现象，运行状态极不稳定，可能在不同交通流状态间发生突变。

(2)设计通行能力的计算方法

设计通行能力由可能通行能力乘以与该路服务水平相应的交通量和基准通行能力之比(v/C)得到。

v/C 是在理想条件下，各级服务水平最大服务交通量与基准通行能力之比。基准通行能力是“理想条件”下，公路设施在五级服务水平时所能通行的最大小时交通量。v/C 值小，则最大服务交通量小，车流运行条件好，服务水平就高；v/C 值大，则最大服务交通量大，车流运行条件差，服务水平就低。当设计小时交通量超过设计通行能力时，公路将发生堵塞。

3. 实际通行能力

实际通行能力是指设计或评价某一具体路段时，根据该设施具体的公路几何构造、交通条件以及交通管理水平，对不同服务水平下的服务交通量(如基准通行能力或设计通行能力)按实际公路条件、交通条件等进行相应修正后的小时交通量。

二、公路勘测设计的程序

1. 公路勘测设计依据的技术标准、规范及有关文件

《公路工程技术标准》(JTG B01—2014)；

《公路路线设计规范》(JTG D20—2017)；

《城市道路工程设计规范》(CJJ 37—2012)；

《公路勘测规范》(JTG C10—2007)；

《工程测量规范》(GB 50026—2007)；

《公路工程基本建设项目设计文件编制办法》；

《公路工程建设项目招标投标管理办法》；

《建设工程勘察设计管理条例》；

《公路环境保护设计规范》(JTG B04—2010)。

2. 工程可行性研究

“工程可行性研究”是公路基本建设前期工作的一项重要内容，是建设程序的组成部分，

是建设项目决策和编制计划任务书的科学依据,可定义为"论证工程(或产品)项目技术上的可行性和经济上的合理性,并论证何时修建或分期修建,提供业主决策,保证工程的经济效果"。

公路工程建设必须严格遵守国家规定的基本建设程序。所有大中型项目应根据批准的项目建议书(或委托书),进行可行性研究,可行性研究工作完成后应进行评估。经过综合分析后,提出投资少、效益好的建设方案。

可行性研究工作是交通建设综合管理的手段,必须从运输生产的目的出发。研究技术可行性必须与经济效益相结合,研究经济效益必须考虑采用新技术的可能,重视运输领域的综合效益。

可行性研究应附有必要的图表,其中包括路线方案(及比较方案)图、历年工农业总产值与客货运量统计表、公路客货运量及交通量预测表、效益计算表等。

在进行可行性研究的同时,应进行环境影响分析。以工程性质、路线位置、资源利用、环境影响等为依据;同时,可行性研究还应对工程进行宏观分析,确定项目是否成立。计划任务书下达后,在进行初步设计的同时,应编制环境影响评价书,即根据预测工程对环境的影响,提出对环境污染、破坏的防治措施以及综合整治的方法。

3.设计任务书

公路勘测设计工作是根据批准的设计任务书进行的。设计任务书一般由提出计划的主管部门下达或由下级单位编制后报批。设计任务书应包括下列内容:①建设依据和意义;②路线建设规模和修建性质;③路线基本走向和主要控制点;④工程技术等级和主要技术标准;⑤勘测设计的阶段划分及各阶段完成时间;⑥建设期限,投资估算,需要钢、木、水泥的数量;⑦施工力量的原则安排;⑧路线示意图。

在计划任务书实施过程中,如对建设规模、期限、技术等级标准及路线走向等重大问题有变更时,应报原批准机关审批同意。

4.勘测设计阶段及任务

根据路线的设计和要求,公路勘测设计可分为一阶段设计、两阶段设计和三阶段设计。

(1)一阶段设计:适用于技术简单、方案明确的小型建设项目。即根据批准的设计任务书,采用一阶段施工图设计,编制施工图预算。

(2)两阶段设计:为公路测设通常所采用的测设程序。其步骤为:先进行初测,编制初步设计和工程概算;经上级批准初步设计后,再进行定测,编制施工图和工程预算,也可直接进行定测,编制初步设计;然后根据批准的初步设计,通过补充测量编制施工图。

(3)三阶段设计:对于技术上复杂、基础资料缺乏和不足的建设项目或建设项目中的特殊大桥、互通式立体交叉、隧道、高速公路和一级公路的交通工程及沿线设计中的机电设备等,必要时应采用三阶段设计。即分初步设计、技术设计和施工图设计三个阶段。技术设计阶段主要是对重大、复杂的技术问题,落实技术方案,计算工程数量,提出修正的施工方案,修正设计概算。其深度和要求介于初步设计和施工图设计之间。

不论采用哪种划分阶段设计,在勘测前都要进行实地调查(或称视察),它是勘测前不可缺少的一个步骤,也可与可行性研究结合在一起,但不作为一个阶段。

5. 设计文件编制

设计文件是公路勘测设计的最后成果，经审查批准后可作为公路施工的依据。其组成、内容和要求随设计阶段不同而异。

《公路工程基本建设项目设计文件编制办法》规定，设计文件组成和内容包括总说明书，总体设计（高速公路、一级公路），路线，路基、路面及排水，桥梁、涵洞，隧道，路线交叉，交通工程及沿线设施，环境保护，渡口码头及其他工程，筑路材料，施工方案（施工组织计划），设计概算（施工图预算）共13篇。其表达形式有文字说明、设计图、表格3种。

第四节 本课程概述

一、本课程的性质和学习本课程的基本要求

“公路勘测设计”是交通土建类专业的一门核心课，主要介绍公路勘测设计的基本理论、原理和方法，是实践性很强、与理论紧密结合的课程。因此，学习本课程，必须贯彻理论与实际相结合的原则，通过学习，应能熟悉公路线形的基本设计方法。课程除课堂教学外，还应结合多媒体和实践进行教学，并要求完成一段路线课程设计。在条件允许的情况下，应组织参观或调查，生产实践方面的内容将在毕业实习中得到学习。

二、本课程的特点

公路是一条带状的空间三维结构物，它受到人、车、路和环境等诸多因素的影响和约束。公路交通特性、驾驶员的心理状态与公路几何设计都有着密切的关系。为了能满足行车安全、快速、经济、舒适和路容美观协调等要求，在设计时要深入调查、综合研究各方面的影响因素，从而设计出技术可行、方案合理、结构先进、费用节省、环境协调、效益明显的公路。

本课程与道路工程制图、工程测量、工程地质、桥涵水力水文、桥梁工程、路基路面工程、道路建筑材料、公路工程经济等专业基础课、专业课有着密切的联系，在学习时需综合运用。

三、本课程的主要内容

本课程的主要学习内容包括平面线形设计、纵断面设计、横断面设计、选线、定线及公路外业勘测和公路交叉设计及公路现代测设技术等。

如何进行合理的公路线形几何设计和路线外业勘测是本课程学习的重点。有关公路结构的内容将在路基路面工程、桥梁工程、隧道工程等专业课中学习。

通过本课程的学习，应掌握公路平面、纵断面、横断面设计内容和方法，以及相应的技术标准规范的要求；了解不同地形条件下的选线要点和定线程序；掌握实地放线的方法以及公路外业勘测作业内容。本课程所含内容是从事公路勘测设计和公路施工测设工作必备的知识，应予以重视。

思考题与习题

1. 简述国家高速公路网规划的主要内容。
2.《公路工程技术标准》(JTG B01—2014)将我国公路分为哪几个等级?
3. 公路勘测设计的依据是什么?
4. 公路勘测设计可分为哪几个阶段?简述各阶段的主要任务。

第二章
CHAPTER TWO

平面设计

本章学习要点

本章主要学习平面线形组成，直线、圆曲线和缓和曲线设计的基本方法，超高、加宽的设计计算，《标准》的有关规定和要求，掌握平面设计成果。

公路是一条带状的三维空间结构物，它的中线在水平面上的投影称为公路路线平面。沿着中线竖直剖切公路，再将竖直曲面展开成直面，即公路路线的纵断面。中线上任意一点处公路的法向剖面称为公路路线在该点的横断面。

公路路线的平面、纵断面和横断面是公路的几何组成部分。公路平、纵、横是相互关联的，设计时既要分别进行，又要综合考虑。公路路线设计主要研究公路的平面、纵断面和横断面的设计原理与设计方法。

公路平面线形要素是由直线、圆曲线和缓和曲线构成的，通常称为“平面线形三要素”。直线是曲率为零的线形；圆曲线是曲率为常数的线形；缓和曲线是曲率逐渐变化的线形。三要素是公路平面线形最基本的组成。

第一节 直线

一、直线的线形特征

作为平面线形要素之一的直线，在公路平面设计中使用最为广泛。因为两点之间距离以直线为最短，因此一般在选线和定线时，只要地势平坦，无大的地物、地形障碍，选线、定线人员都会首选考虑使用直线。其主要特征是：

（1）直线以最短的距离连接两个目的地，具有路线短捷、缩短里程和行车方向明确的特点。

（2）直线具有视距良好、行车快速等特点。

(3)由于已知两点就可以确定一条直线,因而直线线形简单,容易测设。

(4)笔直的公路给人以简捷、直达、刚劲的良好印象,但从行车的安全的角度来看,过长的直线,线形呆板,行车单调,易使驾驶员产生疲劳;容易发生超车和超速行驶,行车时驾驶员难以估计车间距离;在直线上夜间行车时,对向车容易产生眩光等。因而,过长的直线路段,往往是发生交通事故较多的路段,行车的安全性较差。

(5)直线虽然路线方向明确,但只能满足两个控制点的要求,难以与地形及周围环境相协调。特别是在山区、丘陵区,采用过长的直线会破坏自然景观,并易造成大挖大填,工程的经济性也较差。

二、直线长度限制

直线是平面线形的基本线形,在设计中,应根据路线所处地段的地形、地物,驾驶员的视觉、心理状态以及保证行车安全等合理布设。对直线的最大、最小长度应有所限制。

1. 直线的最大长度

由于长直线的安全性差,一些国家对直线的最大长度作了规定:德国规定不超过 $20V$(V 是设计车速,以 km/h 为单位,$20V$ 相当于 72s 的行程);苏联规定为 8km;美国规定为 4.83km。我国目前尚无统一的规定。在运用直线线形并确定其长度时,应遵循一定的原则:公路线形应与地形相适应,与景观相协调,对直线的最大长度应有所限制;受地形条件或其他特殊情况限制而采用长直线时,应结合沿线具体情况采取相应的技术措施。

2. 直线的最小长度

(1)同向曲线间的直线最小长度

同向曲线是指两个转向相同的相邻曲线间连以直线形成的平面线形。其中间的直线长度就是指前一曲线的终点至后一曲线的起点之间的长度。当此直线长度很短时,在视觉上容易形成直线与两端的曲线构成反弯的错觉,使整个线形组合缺乏连续性,形成所谓的“断背曲线”。《公路路线设计规范》(JTG D20—2017)(以下简称《规范》)规定:当设计速度≥60km/h 时,同向曲线间直线最小长度(以 m 计)以不小于行车速度(以 km/h 计)的 6 倍为宜,即 $L_1 \geq 6V$,如图 2-1a)所示;当设计速度≤40km/h 时,可参照上述规定执行。

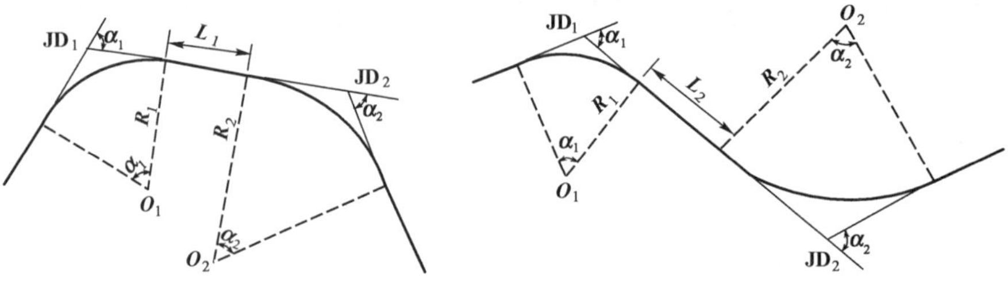

图 2-1 同向与反向曲线

a)同向曲线;b)反向曲线

(2)反向曲线间的直线最小长度

反向曲线是指两个转向相反的相邻曲线间连以直线所形成的平面线形。由于两弯道转弯方向相反,考虑其超高和加宽缓和的需要以及驾驶员的操作方便,对其间的直线最小长度应予以限制。《规范》规定:当设计速度≥60km/h时,反向曲线间直线最小长度(以m计)以不小于设计速度(以km/h计)的2倍为宜,即$L_2 \geq 2V$,如图2-1b)所示;当设计速度≤40km/h时,可参照上述规定执行。

(3)相邻回头曲线间的直线最小长度

回头曲线是指山区公路为克服高差在同一坡面上回头展线时所采用的曲线。《规范》规定,两相邻回头曲线之间,应有较长的距离,由一个回头曲线的终点至下一个回头曲线起点的距离,设计速度为40km/h、30km/h、20km/h时,应分别不小于200m、150m、100m。

三、直线设计要点

1.直线适用条件

(1)路线不受地形、地物限制的平原区或山间的开阔谷地。

(2)市镇及其近郊或规划方正的农耕区等以直线为主体的地区。

(3)为缩短构造物长度以便于施工的长大桥梁、隧道路线。

(4)为争取较好的行车和通视条件的平面交叉前后。

(5)双车道公路在适当间隔内设置一定长度的直线,以提供较好条件的超车路段。

2.直线运用应注意的问题

(1)采用直线时,应特别注意它同地形的关系。在运用直线线形并决定其长度时,必须持谨慎态度,并不宜采用长直线。

(2)长直线或长下坡尽头的平曲线,除曲线半径、超高、视距等必须符合规定要求外,还必须采取设置安全标志、增加路面抗滑能力等措施。

(3)在长直线上纵坡不宜过大,因为长直线加上陡坡,下坡时很容易超速行车导致行车安全问题。

(4)长直线宜与大半径凹形竖曲线组合,这样可以使生硬呆板的直线得到一些缓和或改善。

(5)道路两侧地形过于空旷时,宜采取种植不同树种或设置一定建筑物、雕塑、广告牌等措施,以改善单调的景观。

(6)关于"长直线"的量化问题。我国地域辽阔,地形条件依地区不同有很大的不同,对直线最大长度很难作出统一的规定。总的原则是:公路线形应该与地形相适应,与景观相协调,不强求长直线。我国已建成的多条高速公路,大多位于平原微丘区,在长直线的使用上参照了国外的规定并允许稍有增长。如京津塘高速公路和济青高速公路的直线长不超过3 200m,沈大高速公路多次出现5~8km的长直线,最长的达13km。

(7)直线长度亦不宜过短,特别是同向圆曲线间的直线长度,要符合规范规定。

必须强调,无论是高速公路还是一般公路,在任何情况下都要避免追求长直线。

第二节 圆曲线

圆曲线是公路平面设计中最常用的线形之一。各级公路不论转角大小,在转折处均应设置平曲线,而圆曲线是平曲线的主要组成部分。圆曲线具有易与地形相适应、可循性好、线形美观、易于测设等优点,故使用十分广泛。

一、圆曲线的几何要素

圆曲线的几何要素(图2-2)为:

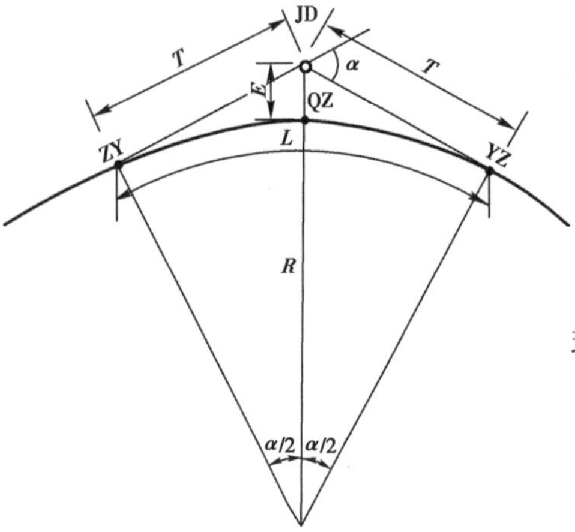

图2-2 圆曲线的几何要素

切线长 $T=R\cdot\tan\dfrac{\alpha}{2}$

曲线长 $L=\dfrac{\pi}{180}\alpha R$

外距 $E=R\left(\sec\dfrac{\alpha}{2}-1\right)$

切曲差 $J=2T-L$

式中:T——切线长,m;

L——曲线长,m;

E——外距,m;

J——切曲差(或校正值),m;

R——圆曲线半径,m;

α——转角,°。

二、圆曲线半径的计算公式与影响因素

行驶在曲线上的汽车由于受离心力作用,其稳定性受到影响,而离心力的大小又与圆曲线半径密切相关,半径越小越不利,所以在选择圆曲线半径时,应尽可能采用较大的值,只有在地形或其他条件受到限制时,才可使用较小的圆曲线半径。为了行车的安全与舒适,《标准》规定了圆曲线半径在不同情况下的最小值。

根据汽车行驶在曲线上力的平衡方程式得到:

$$R=\frac{v^2}{127(\mu\pm i_b)} \tag{2-1}$$

式中:R——圆曲线半径,m;

v——行车速度,km/h;

μ——横向力系数;

i_b——超高横坡度,%。

在指定车速 v 下，最小圆曲线半径取定于容许的最大横向力系数 μ_{max} 和该曲线的最大超高 $i_{b,max}$。以下对这些因素进行讨论。

1. 横向力系数 μ

横向力系数可近似为单位车重上受到的横向力。

横向力的存在会对行车产生不利影响，而且 μ 越大越不利，主要表现在以下几个方面：

(1)考虑汽车行驶的横向稳定性

汽车在圆曲线上行驶的稳定性包括横向倾覆稳定性和横向滑移稳定性。由于在汽车设计和制造时，充分考虑横向倾覆稳定性，将其重心定得足够低，完全可以保证在正常装载和行驶情况下，不会在横向上产生倾覆。因此，在平面线形设计过程中，主要考虑横向滑移稳定性，保证轮胎不在路面上产生滑移即可。为此，需要满足关系式"横向力 $X\leqslant$ 轮胎与路面之间的摩阻力 F"，因为 $X=\mu\cdot G$ 和 $F\approx G\cdot f$，所以只需要满足条件：

$$\mu\leqslant f \tag{2-2}$$

式中：f——轮胎与路面间的摩阻系数，与车速、路面种类及状态、轮胎状态等有关。在干燥路面上为0.4～0.8；在潮湿的黑色路面上，汽车高速行驶时，降到0.25～0.40；路面结冰和积雪时，降到0.2以下；在光滑的冰面上可降到0.06(不加防滑链)。

(2)考虑驾驶操作

曲线上行驶的汽车，在横向力作用下，轮胎会产生横向变形，使轮胎的中间平面与轮迹前进方向形成一个横向偏移角(图2-3)，致使增加了汽车在方向操纵上的困难，尤其是车速较高时，就更不容易保持驾驶方向上的稳定。

(3)考虑燃料消耗和轮胎磨损

由于横向力的影响，行驶在曲线上的汽车比在直线上的汽车的燃料消耗和轮胎磨损都要大，这是因为当汽车在曲线上行驶时，除了要克服行驶阻力外，还要克服横向力对行车的作用，才能使汽车沿着正确的方向行驶，为此增加了燃料的消耗；与此同时，在曲线上行驶时，横向力的作用使汽车轮胎发生变形，致使轮胎的磨损也额外增加了。表2-1中列出了由于横向力系数 μ 的存在，使车辆的燃油消耗和轮胎磨损增加的百分比。

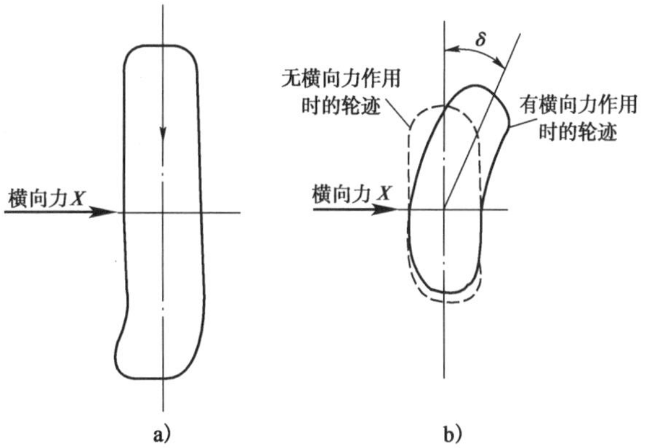

图2-3 汽车轮胎的横向偏移角

a)轮胎横向变形；b)轮迹的偏移角

横向力系数 μ 与燃料消耗、轮胎磨损的关系 表2-1

横向力系数 μ	燃料消耗(%)	轮胎磨损(%)	横向力系数 μ	燃料消耗(%)	轮胎磨损(%)
0	100	100	0.15	115	300
0.05	105	160	0.20	120	390
0.10	110	220			

(4)考虑乘车的舒适性

汽车在曲线上行驶时,随横向力系数μ值的大小不同,乘客将有不同的感受。根据相关试验,乘客感觉和心理反应随μ的变化如下:

当$\mu<0.10$时,不感到有曲线存在,很平稳;

当$\mu=0.15$时,稍感到有曲线存在,尚平稳;

当$\mu=0.20$时,已感到有曲线存在,稍感不平稳;

当$\mu=0.35$时,感到有曲线存在,已感到不平稳;

当$\mu\geqslant0.40$时,非常不稳定,站不住,有倾倒的危险感。

综上所述,μ值的采用关系到行车的安全、经济与舒适。为计算最小圆曲线半径,应考虑各方面因素,采用一个舒适的μ值。研究表明:μ的舒适界限,随行车速度而变化,取0.10~0.16,设计中对高、低速路可取不同的数值。

2. 超高横坡度 i_b

(1)最大超高横坡度 $i_{b,max}$

在车速较高的情况下,为了平衡离心力要采用较大的超高横坡度,但公路上行驶车辆的速度并不一致,特别是在混合交通的公路上,需要兼顾快、慢车的行驶安全。对于慢车,特别是因故暂停在弯道上的车辆,其离心力接近于0或等于0。如超高横坡度过大,超出轮胎与路面间的横向摩阻系数,车辆有沿着路面最大合成坡度下滑的危险,因此必须满足:

$$i_{b,max}\leqslant f_w \tag{2-3}$$

式中:f_w——一年中气候恶劣季节路面的横向摩阻系数。

制定最大超高坡度$i_{b,max}$时,除考虑公路所在地区的气候条件外,还必须给予驾驶员和乘客心理上的安全感。对山岭重丘区、城市附近、交叉口以及有相当数量非机动车行驶的公路,最大超高横坡度比一般公路还要小些。

《规范》对各级公路圆曲线最大超高横坡度的规定见表2-2。

各级公路圆曲线最大超高值 表2-2

公路技术等级	高速公路、一级公路	二级公路、三级公路、四级公路
一般地区(%)	8或10	8
积雪冰冻区(%)	6	
城镇区域(%)	4	

注:一般地区公路,圆曲线最大超高应采用8%;以通行中、小型客车为主的高速公路和一级公路,最大超高可采用10%。

二级公路、三级公路、四级公路接近城镇且混合交通量较大的路段,车速受到限制时,其最大超高值可按表2-3采用。

车速受限制时最大超高值 表2-3

设计速度(km/h)	80	60	40	30	20
超高值(%)	6	4	2		

(2)最小超高横坡度 $i_{b,min}$

公路的超高横坡度不应该小于公路直线段的路拱横坡度,否则不利于公路的排水,故有：

$$i_{b,\min}=i_1 \tag{2-4}$$

式中：i_1——路拱横坡度。

三、圆曲线最小半径

行驶在曲线上的汽车由于受到离心力的作用，其稳定性受到了影响，离心力的大小又与曲线半径密切相关，半径越小越不利。所以在选择圆曲线半径时，应尽可能采用较大的半径值，只有在地形或其他条件受到限制时才可使用较小的曲线半径。为了行车安全与舒适，我国《标准》规定了两种圆曲线最小半径，即圆曲线最小半径和不设超高的圆曲线最小半径。

1. 圆曲线最小半径

圆曲线最小半径是指按设计速度行驶的车辆，能保证其安全行驶的最小半径。它是设计采用的极限值。当μ和i_b都用最大值时，按公式(2-1)可计算出"圆曲线最小半径"。表2-4是我国《标准》中所规定的圆曲线最小半径，是路线设计中的极限值，是在特殊困难条件下不得已才使用的，一般不能轻易采用。

圆曲线最小半径 表2-4

设计速度(km/h)		120	100	80	60	40	30	20
圆曲线最小半径(一般值)(m)		1 000	700	400	200	100	65	30
圆曲线最小半径(极限值)(m)	$I_{max}=4\%$	810	500	300	150	65	40	20
	$I_{max}=6\%$	710	440	270	135	60	35	15
	$I_{max}=8\%$	650	400	250	125	60	30	15
	$I_{max}=10\%$	570	360	220	115	—	—	—

注："一般值"为正常情况下的采用值；"极限值"为条件受限制时可采用的值；"I_{max}"为采用的最大超高值；"—"为不考虑采用对应最大超高值的情况。

2. 不设超高的圆曲线最小半径

在设计速度一定时，当圆曲线半径较大时，离心力就比较小，此时弯道即使采用与直线相同的双向路拱断面时，离心力对外侧车道上行驶的汽车的影响也很小。因此，我国《标准》制定了"不设超高的圆曲线最小半径"，如表2-5所示。此时，横向力系数$\mu=0.035$，横坡度$i=0.015$。

不设超高的圆曲线最小半径 表2-5

设计速度(km/h)		120	100	80	60	40	30	20
不设超高圆曲线最小半径(m)	路拱≤2.0%	5 500	4 000	2 500	1 500	600	350	150
	路拱＞2.0%	7 500	5 250	3 350	1 900	800	450	200

不设超高最小半径是判断圆曲线设不设超高的一个界限。当圆曲线半径大于或等于该设计车速对应的不设超高的最小半径时，圆曲线横断面采用与直线相同的双向路拱横断面，不必设计超高；反之，则采用向内倾斜单向超高横断面形式。

四、圆曲线半径的选用

圆曲线能较好地适应地形的变化,在路线遇到障碍或地形需要改变方向时需设置圆曲线,圆曲线适应范围较广。圆曲线半径选用得当,可获得圆滑舒顺的平面线形。

选用圆曲线半径时,应注意以下几点:

(1)在地形、地物等条件许可时,应优先选用大于或等于不设超高的最小半径。

(2)一般情况下宜采用圆曲线最小半径的4~8倍或超高为2%~4%的圆曲线半径。

(3)在自然条件特殊困难或受其他条件严格限制时,方可采用圆曲线最小半径极限值。

(4)《规范》规定圆曲线最大半径不宜超过10 000m。

第三节 缓和曲线

一、设置缓和曲线的条件和目的

1.设置缓和曲线的条件

当圆曲线半径小于不设超高最小半径,公路等级在三级及以上时,应在直线和圆曲线之间设置缓和曲线,以满足曲率半径逐渐过渡的要求。

2.设置缓和曲线的目的

(1)有利于驾驶员操纵转向盘

汽车从直线驶入圆曲线,即从无限大的半径到一定值的半径或从大半径圆曲线驶入小半径圆曲线时,从汽车前轮转向角逐渐变化的必要性来讲,其中间需要插入一个逐渐变化的缓和曲线,才能保持车速不变而使汽车前轮的转向角从0至α逐渐转向,从而有利于驾驶员操纵转向盘。

(2)消除离心力的突变,提高舒适性

当圆曲线半径较小时,离心力很大。为了使汽车能安全、迅速、平稳、舒适地从没有离心力的直线逐渐驶入离心力较大的圆曲线,或从离心力小的大半径圆曲线逐渐驶入离心力大的小半径圆曲线,消除离心力的突变,必须在直线和圆曲线间或大圆与小圆之间设置曲率半径随弧长逐渐变化的缓和曲线。

(3)完成超高和加宽的过渡

当圆曲线需要设置超高和加宽时,其超高缓和段和加宽缓和段一般应在缓和曲线长度内完成超高或加宽的过渡。

(4)与圆曲线配合得当,增加线形美观

圆曲线与直线径相连接,如果连接处曲率突变,在视觉上会有不平顺的感觉。在圆曲线与直线间设置缓和曲线,可使线形连续圆滑,增加了线形美观。

二、缓和曲线的性质

1. 汽车转弯时行驶的理论轨迹方程

分析汽车由直线进入圆曲线的行驶轨迹，先假定汽车是匀速行驶的，驾驶员也匀速转动转向盘，当转向盘转动角度为 φ 时，前轮相应转动角度为 ϕ（图 2-4），通过理论推导得出弧长和曲率半径的关系。

$$l = \frac{vd}{k\omega\rho}$$

式中：k——小于 1 的系数；

ω——转向盘转动的角速度，rad /s；

d——汽车前后轴轮距，m；

v——汽车匀速行驶的速度，m/s。

因为 v、d、k、ω 均为常数，

令

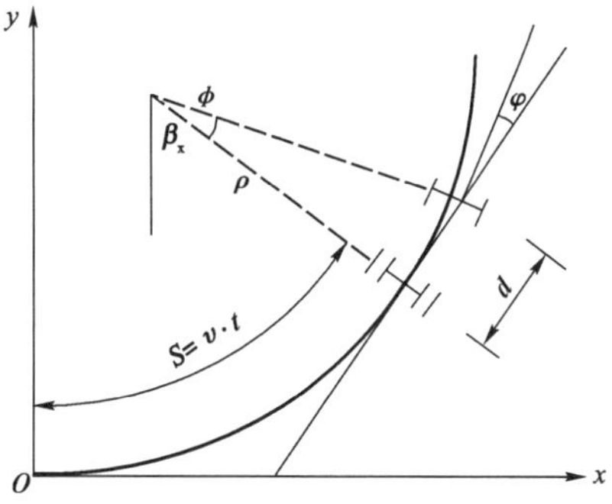

图 2-4　汽车进入曲线行驶轨迹图

$$c = \frac{vd}{k\omega}, \quad l = \frac{c}{\rho} \tag{2-5}$$

式中：l——汽车自直线终点进入曲线经 t 时间后行驶的弧长，m；

ρ——汽车行驶经 t 时间后行驶的弧长 l 处相对应的曲率半径，m；

c——常数。

由此可见，汽车匀速从直线进入圆曲线（或相反），其行驶轨迹的弧长与曲线的曲率半径之乘积为常数，即弧长和半径成反比。

2. 回旋线作为缓和曲线

回旋线的数学表达式为：

$$l\rho = A^2 \tag{2-6}$$

式中：l——回旋线上某点至回旋线起点的曲线长，m；

ρ——回旋线上某点曲率半径，m；

A——回旋线的参数。

汽车行驶理论方程与回旋线数学方程相符，回旋线是公路路线设计中最常用的缓和曲线，我国《标准》规定缓和曲线采用回旋线。另外，经过多年实践证明，回旋线是作为缓和曲线比较好的线形。

回旋线参数 A 的确定：

$$RL_c = A^2, \quad A = \sqrt{RL_c} \tag{2-7}$$

式中：R——圆曲线半径，m；

L_c——缓和曲线长度，m。

只要设计选定圆曲线半径和缓和曲线长度，回旋线参数就确定了。

三、缓和曲线最小长度

由于汽车要在缓和曲线上完成不同曲率的过渡行驶,所以要求缓和曲线有足够的长度,以使驾驶员能从容地操纵转向盘,乘客感觉舒适,线形美观流畅,并且能顺利完成超高和加宽过渡,所以需要规定缓和曲线的最小长度。

1. 控制离心加速度增长率,满足旅客舒适性要求

汽车在缓和曲线上行驶时,半径从无穷大过渡到一定半径,所以离心加速度从零过渡到 $a_{max}=v^2/t$。设离心加速度由零均匀地增加到 a_{max},所以离心加速度的增长率(以 α_s 表示)为:

$$\alpha_s = 0.0213\frac{v^3}{RL_c} \tag{2-8}$$

从乘客舒适性来看,α_s 以 0.5～0.75m/s³ 为好,不能过大,我国公路设计中采用 $\alpha_s = 0.6\ \mathrm{m/s^3}$。

$$L_c = 0.035\frac{V^3}{R} \tag{2-9}$$

式中:L_c——缓和曲线最小长度,m;

V——计算行车速度,km/h;

R——圆曲线半径,m。

2. 根据驾驶员操纵转向盘所需经行时间

$$L_c \geqslant vt = \frac{Vt}{3.6}$$

一般认为,汽车在缓和曲线上行驶时间 t 最少为 3s 。

$$L_{cmin} = \frac{V}{1.2}\quad(\mathrm{m}) \tag{2-10}$$

3. 根据超高渐变率适中

由于在缓和曲线上要完成超高过渡,设置超高缓和段,如果缓和曲线太短,使超高渐变太快,不但对行车和路容不利,而且影响乘客舒适性;如果缓和曲线太长,使超高渐变率太小,则对排水不利。《规范》规定了适中的超高渐变率,由此可导出超高过渡段长度的计算公式:

$$L_c = \frac{B}{P}\Delta i \tag{2-11}$$

式中:L_c——超高过渡段长度,m;

B——超高旋转轴至行车道(该路缘带时为路缘带)外侧边缘的宽度,m;

Δi——超高横坡度与路拱坡度的代数差,%;

P——超高渐变率。

4. 从视觉上应有平顺感的要求考虑

实践得知,从回旋线起点至终点形成的方向变位最好是在 3°～29°之间,方向变位角 β 为

(图2-5)：

$$\beta = \frac{180L_c}{2R\pi} \tag{2-12}$$

其中：　　$3° \leqslant \beta \leqslant 29°$

$S_1 \leqslant L_c \leqslant S_2$

按上述4种方法，计算缓和曲线长度的公式与设计速度的关系最大，与半径关系则有差异。为此，我国《标准》规定按设计速度来确定缓和曲线最小长度，同时考虑了行车时间和附加纵坡的要求，各级公路的缓和曲线最小长度见表2-6。

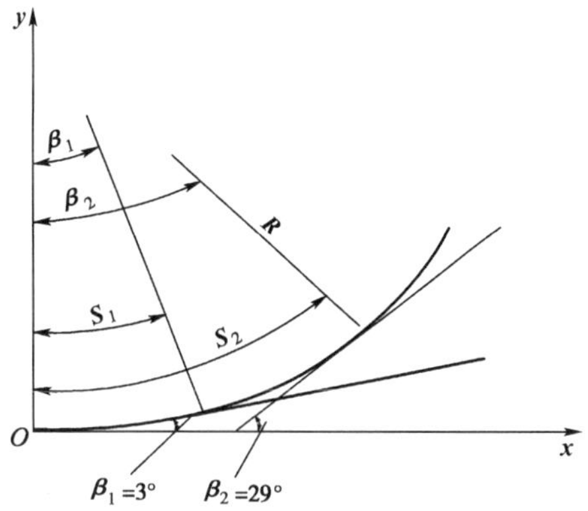

图2-5　视觉上要求的回旋线长度

各级公路的缓和曲线最小长度　　表2-6

公路等级	高速公路			一级公路			二级公路		三级公路		四级公路
设计速度(km/h)	120	100	80	100	80	60	80	60	40	30	20
缓和曲线最小长度(m)	100	85	70	85	70	50	70	50	35	25	20

注：四级公路为超高、加宽缓和段。

四、直角坐标与缓和曲线常数

(一)切线角

在图2-6中，以缓和曲线起点ZH(HZ)为坐标原点，以该点切线为x轴，法线为y轴，缓和曲线上任意一点P的切线与起点(ZH或HZ)切线相交所组成的角为β_x，设P处曲率半径为ρ，曲线长度为l，P点处坐标为(x,y)。

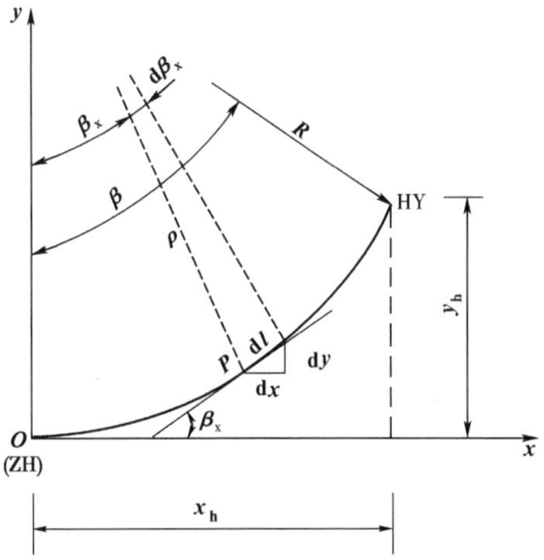

图2-6　缓和曲线的直角坐标

注：β-缓和曲线终点处YH(HY)的切线角，rad。

在P点处任取一段$\mathrm{d}l$，则其所对应的中线角为$\mathrm{d}\beta_x$，按曲率半径定义可知：

$$\mathrm{d}\beta_x = \frac{\mathrm{d}l}{\rho}$$

$$\beta_x = \frac{l^2}{2L_cR} \tag{2-13}$$

当到达缓和曲线终点时，即当$l = L_c$：

$$\beta_x = \frac{L_c}{2R} \tag{2-14}$$

式中：l——从缓和曲线起点ZH(HZ)点至缓和曲线上任意一点的弧长，m；

L_c——缓和曲线全长，m；

R——缓和曲线终点处HY(YH)点的半径，即圆曲线半径，m；

β_x——缓和曲线任意一点的切线角，rad。

(二)缓和曲线直角坐标

由图 2-6 可知：

$$dx = dl \cdot \cos\beta_x$$

$$dy = dl \cdot \sin\beta_x$$

将 $\sin\beta_x$ 和 $\cos\beta_x$ 用函数幂级数展开可知：

将 $\beta_x = l^2/2L_cR$ 代入并分别对 x、y 进行积分，略去高次项得缓和曲线直角坐标

$$\begin{cases} x = l - \dfrac{l^5}{40R^2L_c^{\ 2}} \\ y = \dfrac{l^3}{6RL_c} - \dfrac{l^7}{336R^3L_c^3} \end{cases} \tag{2-15}$$

当 $l = L_c$ 时，缓和曲线终点坐标

$$\begin{cases} x_h = L_c - \dfrac{L_c^3}{40R^2} \\ y_h = \dfrac{L_c^2}{6R} - \dfrac{L_c^4}{336R^3} \end{cases} \tag{2-16}$$

式中：x——缓和曲线上任意一点的横坐标；

y——缓和曲线上任意一点的纵坐标；

x_h——缓和曲线终点处的横坐标；

y_h——缓和曲线终点处的纵坐标；

其余符号意义同前。

(三)缓和曲线常数

为了在直线和圆曲线之间设置缓和曲线，必须将原来的圆曲线向内移动，才能使缓和曲线的起点切于直线上，而缓和曲线的终点又与圆曲线相切，如图 2-7 所示。

1. p 和 q

设有缓和曲线后切线增长值为 q。

设有缓和曲线后圆曲线内移距离为 p，内移圆曲线半径为 R。

$$p = \frac{L_c^2}{24R} \tag{2-17}$$

$$q = \frac{L_c}{2} - \frac{L_c^3}{240R^2} \tag{2-18}$$

2. T_d 和 T_k

如图 2-8 所示，缓和曲线起点、终点切线相交于 Q 点，Q 点至缓和曲线起点的距离为 T_d、至缓和曲线终点的距离为 T_k。

$T_d = x_h - y_h\cot\beta$ 展开简化得：

$$T_d = \frac{2}{3}L_c + \frac{11L_c^3}{360R^2} \tag{2-19}$$

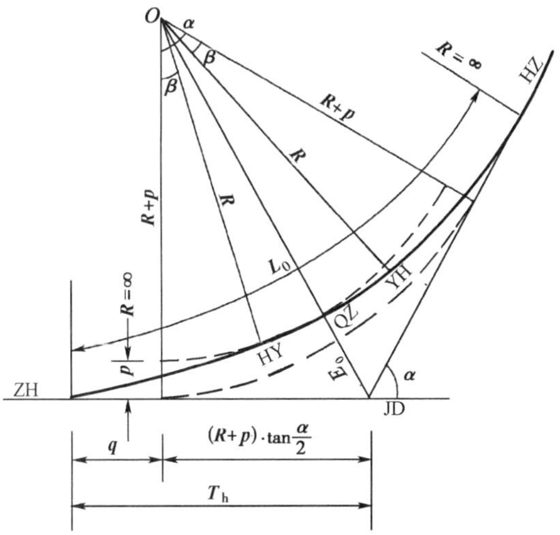

图 2-7　带有缓和曲线的平曲线

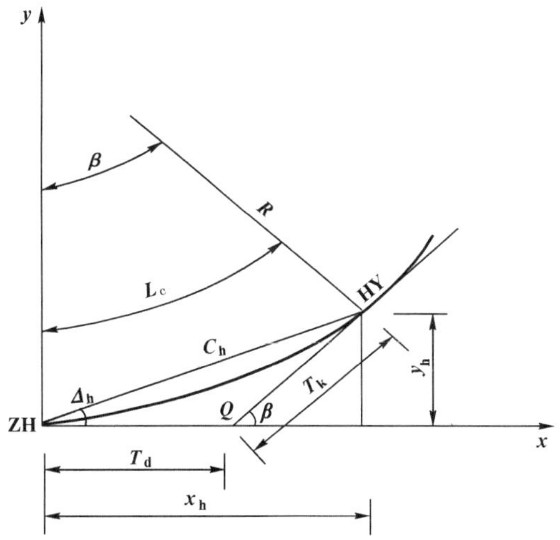

图 2-8　缓和曲线终点的切线

$T_k = y_h \csc\beta$ 展开简化得：

$$T_k = \frac{1}{3}L_c + \frac{L_c^3}{126R^2} \tag{2-20}$$

3. C_h 和 Δ_h

图 2-8 中缓和曲线的长弦 C_h（又称动弦）与横轴的夹角为 Δ_h，即缓和曲线的总偏角。

缓和曲线上任意点的偏角：

$$\Delta = \frac{\beta}{3}\left(\frac{l}{L_c}\right)^2$$

当 $l = L_c$ 时：

$$\Delta_h = \frac{\beta}{3} \tag{2-21}$$

缓和曲线的长弦：

$$C_h = x_h \sec\Delta_h = L_c - \frac{L_c^3}{90R^2} \tag{2-22}$$

缓和曲线终点切线的确定还可以采用以下方法：将仪器置于 HY 点（或 YH 点），照准 ZH 点（或 HZ 点）归零，拨 $2\beta/3$，即为 HY 点（或 YH 点）的切线。

（四）有缓和曲线的公路平曲线

公路平面线形三要素的基本组成为：直线—缓和曲线—圆曲线—缓和曲线—直线，其带有缓和曲线的平曲线几何元素的计算公式如下。

1. 单交点（对称型）

（1）缓和曲线常数

缓和曲线的切线角：

$$\beta = \frac{L_c}{2R} \quad （弧度）$$

未设缓和曲线圆曲线的起点至缓和曲线起点的距离,即切线增长值为:

$$q = \frac{L_c}{2} - \frac{L_c^3}{240R^2}$$

设有缓和曲线后圆曲线的内移值:

$$p = \frac{L_c^2}{24R}$$

(2)平曲线几何要素计算

平曲线切线长:

$$T_h = (R + p)\tan\frac{\alpha}{2} + q$$

平曲线中的圆曲线长:

$$L' = (\alpha - 2\beta)\frac{\pi}{180}R$$

平曲线总长:

$$L_h = (\alpha - 2\beta)\frac{\pi}{180}R + 2L_c$$

外距:

$$E_h = (R + p)\sec\frac{\alpha}{2} - R$$

超距:

$$D_h = 2T_h - L_h$$

2. 双交点

(1)同向两个交点按虚交法设计一个单曲线的情形,如图2-9所示。

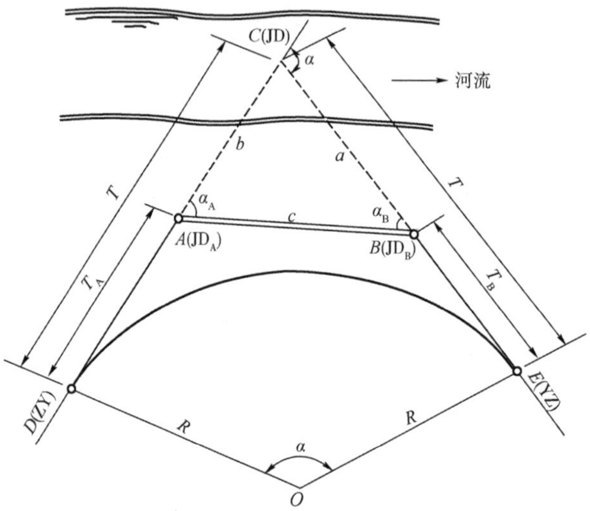

图2-9 虚交单曲线

$$a = \frac{\sin\alpha_A}{\sin\alpha} \cdot AB$$

$$b = \frac{\sin\alpha_B}{\sin\alpha} \cdot AB$$

$$T_A = T - b$$

$$T_B = T - a$$

式中：a、b——虚交三角形边长，m；

AB——辅助交点间距，即辅助基线长，通过实测求得，m；

α_A、α_B——辅助交点转角，实测求得，°；

T_A、T_B——辅助交点至曲线起、终点距离，m；

T——按单交点曲线计算的切线长，m；

α——路线转角，$\alpha = \alpha_A + \alpha_B$，°。

（2）两个同向交点按切基线设计成一个单曲线的情形，如图 2-10 所示。

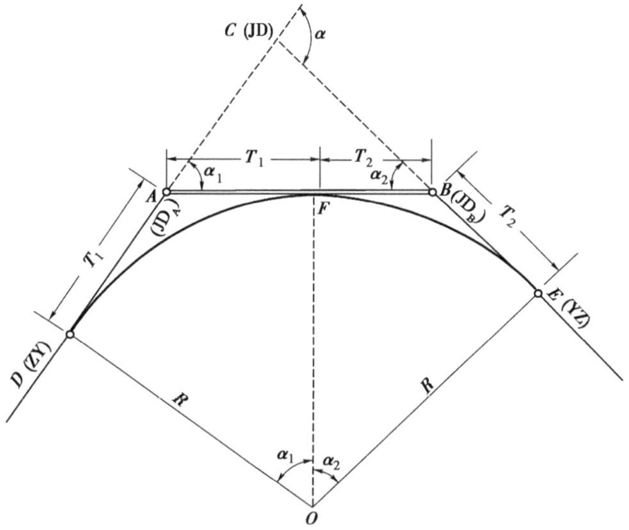

图 2-10　双交点曲线

①当平曲线不设缓和曲线时：

$$T_1 = R\tan\frac{\alpha_1}{2}$$

$$T_2 = R\tan\frac{\alpha_2}{2}$$

$$T_1 + T_2 = R\tan\frac{\alpha_1}{2} + R\tan\frac{\alpha_2}{2}$$

$$R = \frac{T_1 + T_2}{\tan\frac{\alpha_1}{2} + \tan\frac{\alpha_2}{2}}$$

$$R = \frac{AB}{\tan\frac{\alpha_1}{2} + \tan\frac{\alpha_2}{2}}$$

计算出圆曲线半径 R 后,就可以按单圆曲线计算。

②当平曲线设有缓和曲线时:

通常,由于 AB 的长度已知,设计双交点曲线的方式为选定缓和曲线长度 L_c,反求圆曲线半径。

由
$$AB = (R+p)\tan\frac{\alpha_1}{2} + (R+p)\tan\frac{\alpha_2}{2}$$

可以得以下求解公式:

$$24R^2 - 24\frac{AB}{\tan\frac{\alpha_1}{2} + \tan\frac{\alpha_2}{2}}R + L_c^2 = 0$$

由此可确定圆曲线半径 R。

五、缓和曲线的省略条件

(1)对于四级公路,无论圆曲线半径大小,可不考虑设置缓和曲线。

(2)在直线和圆曲线间,当圆曲线半径大于或等于表 2-5 所列"不设超高最小半径"时,缓和曲线无条件省略。

(3)半径不同的圆曲线径相连接处,应设置缓和曲线,但符合下述条件时可以省略缓和曲线。

①小圆半径大于表 2-5 所列"不设超高最小半径"时。

②小圆半径大于表 2-7 所列"小圆临界半径",且符合下列条件之一时:

a. 小圆曲线按规定设置相当于最小回旋线长的回旋线时,其小圆与大圆的内移值之差小于 0.1m。

b. 设计速度大于或等于 80km/h,大圆半径(R_1)与小圆半径(R_2)之比小于 1.5 时。

c. 设计速度小于 80km/h 时,大圆半径(R_1)与小圆半径(R_2)之比小于 2。

复曲线中的小圆临界圆曲线半径 表 2-7

设计速度(km/h)	120	100	80	60	40	30
临界圆曲线半径(m)	2 100	1 500	900	500	250	130

六、缓和曲线的运用

缓和曲线设置在直线与圆曲线间或不同半径圆曲线之间,它的作用是缓和人体感到的离心加速度的急剧变化,且使驾驶员容易做到匀顺地操纵转向盘,提高视觉的平顺度,保持线形的连续性。缓和曲线容易适应自然地形、地物,增加线形设计的自由度。缓和曲线常用回旋线。《标准》规定设置缓和曲线的条件为:凡圆曲线半径小于不设超高的最小半径,公路等级为三级及以上时,都须在直线与圆曲线之间设置回旋线作为缓和曲线。

在运用回旋线时应注意:

(1)当圆曲线半径 R 较小或接近于100m时,回旋线参数 A 应取 R;当 $R<100$m时,则取 $A \geq R$。

(2)当圆曲线半径 R 较大或接近于3 000m时,回旋线参数 A 应取 $R/3$;当 $R>3\ 000$m时,则取 $A<R/3$。

第四节 平曲线超高

当圆曲线半径小于不设超高最小半径时,公路平曲线是由圆曲线与缓和曲线构成的,从直线到圆曲线上的全超高是在缓和曲线段上过渡完成的。

一、平曲线上设置超高的原因和条件

为了减小汽车在曲线路段上行驶时所产生的离心力,在该路段横断面上设置的外侧高于内侧的单向横坡,称为超高。当圆曲线半径小于不设超高的最小半径时,半径越小,离心力越大,汽车行驶条件就越差。为改善汽车行驶条件,减小横向力,将此弯道横断面做成向内倾斜的单向横坡形式,利用重力向内侧的分力减小离心力,改善汽车的行驶条件,见图2-11。

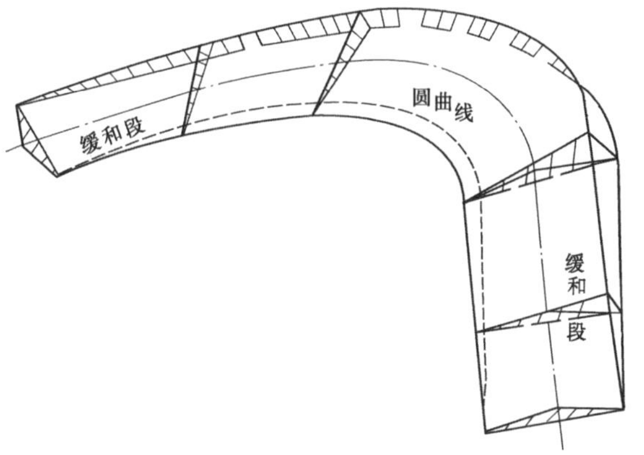

图2-11 超高及超高缓和段

二、圆曲线上全超高横坡度的确定

1. 圆曲线上全超高横坡度的确定

圆曲线超高横坡度应按公路等级、设计速度、圆曲线半径、路面类型、自然条件和车辆组成等情况查《规范》确定,见表2-8,必要时应按运行速度验算。圆曲线段半径不变,则超高横坡度从圆曲线起点至圆曲线终点是一个不变的定值,称为全超高。

圆曲线半径与超高值 表 2-8

设计速度(km/h)		120				100				80				60				
		一般情况			积雪冰冻	一般情况			积雪冰冻	一般情况			积雪冰冻	一般情况				积雪冰冻
		10%	8%	6%		10%	8%	6%		10%	8%	6%		10%	8%	6%	4%	
超高(%)	2	5 500(7 550)~2 950	5 500(7 550)~2 860	5 500(7 550)~2 730	5 500(7 550)~2 780	4 000(5 250)~2 180	4 000(5 250)~2 150	4 000(5 250)~2 000	4 000(5 250)~2 090	2 500(3 350)~1 460	2 500(3 350)~1 410	2 500(3 350)~1 360	2 500(3 350)~1 390	1 500(1 900)~900	1 500(1 900)~870	1 500(1 900)~800	1 500(1 900)~610	1 500(1 900)~860
	3	2 950 ~ 2 080	2 860 ~ 1 990	2 730 ~ 1 840	2 780 ~ 1 910	2 180 ~ 1 520	2 150 ~ 1 480	2 000 ~ 1 320	2 090 ~ 1 410	1 460 ~ 1 020	1 410 ~ 960	1 360 ~ 890	1 390 ~ 940	900 ~ 620	870 ~ 590	800 ~ 500	610 ~ 270	860 ~ 570
	4	2 080 ~ 1 590	1 990 ~ 1 500	1 840 ~ 1 340	1 910 ~ 1 410	1 520 ~ 1 160	1 480 ~ 1 100	1 320 ~ 920	1 410 ~ 1 040	1 020 ~ 770	960 ~ 710	890 ~ 600	940 ~ 680	620 ~ 470	590 ~ 430	500 ~ 320	270 ~ 150	570 ~ 410
	5	1 590 ~ 1 280	1 500 ~ 1 190	1 340 ~ 970	1 410 ~ 1 070	1 160 ~ 920	1 100 ~ 860	920 ~ 630	1 040 ~ 770	770 ~ 610	710 ~ 550	600 ~ 400	680 ~ 490	470 ~ 360	430 ~ 320	320 ~ 200	—	410 ~ 290
	6	1 280 ~ 1 070	1 190 ~ 980	970 ~ 710	1 070 ~ 810	920 ~ 760	860 ~ 690	630 ~ 440	770 ~ 565	610 ~ 500	550 ~ 420	400 ~ 270	490 ~ 360	360 ~ 290	320 ~ 240	200 ~ 135	—	290 ~ 205
	7	1 070 ~ 910	980 ~ 790	—	—	760 ~ 640	690 ~ 530	—	—	500 ~ 410	420 ~ 320	—	—	290 ~ 240	240 ~ 170	—	—	—
	8	910 ~ 790	790 ~ 650	—	—	640 ~ 540	530 ~ 400	—	—	410 ~ 340	320 ~ 250	—	—	240 ~ 190	170 ~ 125	—	—	—
	9	790 ~ 680	—	—	—	540 ~ 450	—	—	—	340 ~ 280	—	—	—	190 ~ 150	—	—	—	—
	10	680 ~ 570	—	—	—	450 ~ 360	—	—	—	280 ~ 220	—	—	—	150 ~ 115	—	—	—	—

续上表

设计速度（km/h）		40					30					20				
		一般情况				积雪冰冻	一般情况				积雪冰冻	一般情况				积雪冰冻
		8%	6%	4%	2%		8%	6%	4%	2%		8%	6%	4%	2%	
超高（%）	2	600（800）~470	600（800）~410	600（800）~330	600（800）~75	600（800）~430	350（450）~250	350（450）~230	350（450）~150	350（450）~40	350（450）~270	150（200）~140	150（200）~110	150（200）~70	150（200）~20	150（200）~120
	3	470 ~ 310	410 ~ 250	330 ~ 130	—	430 ~ 280	250 ~ 170	230 ~ 140	150 ~ 60	—	270 ~ 180	140 ~ 90	110 ~ 70	70 ~ 30	—	120 ~ 80
	4	310 ~ 220	250 ~ 150	130 ~ 70	—	280 ~ 190	170 ~ 120	140 ~ 80	60 ~ 35	—	180 ~ 120	90 ~ 70	70 ~ 40	30 ~ 15	—	80 ~ 60
	5	220 ~ 160	150 ~ 90	—	—	190 ~ 130	120 ~ 90	80 ~ 50	—	—	120 ~ 90	70 ~ 50	40 ~ 30	—	—	60 ~ 40
	6	160 ~ 120	90 ~ 60	—	—	130 ~ 90	90 ~ 60	50 ~ 35	—	—	90 ~ 55	50 ~ 40	30 ~ 15	—	—	40 ~ 25
	7	120 ~ 80	—	—	—	—	60 ~ 40	—	—	—	—	40 ~ 30	—	—	—	—
	8	80 ~ 55	—	—	—	—	40 ~ 30	—	—	—	—	30 ~ 15	—	—	—	—

注：括号值为路拱大于2%时的不设超高最小半径。

2. 圆曲线上的超高横坡度的最大值

为了保证慢车特别是停在弯道上的车辆不产生向内侧滑移现象,特别是冬季路面有积雪结冰情况下,更有可能出现滑移危险,所以超高横坡度不能太大。我国《标准》限制了各级公路圆曲线最大超高值,见表2-2、表2-3。

3. 圆曲线上的超高横坡度的最小值

各级公路圆曲线部分的最小超高横坡度应是该级公路直线部分的路拱横坡度。

三、超高缓和段

(一)超高缓和段设置条件和原因

平面圆曲线部分,当半径小于不设超高的最小半径时必须设置超高,汽车从没有超高的双向横坡直线段进入设有单向横坡全超高的圆曲线上是一个突变,不能顺利行车;从立面来看,这个突变也影响美观。所以,在直线和圆曲线之间必须设置超高缓和段,完成从直线双向横坡逐渐过渡到圆曲线上的单向超高横坡,使汽车顺势地从直线驶入圆曲线,如图2-11所示。

(二)超高缓和段形式

超高缓和段上的超高横坡度从直线上的双向横坡逐渐过渡到圆曲线上的单向超高横坡i_b,其间每一个微分横断面上的公路横断面随前进方向逐渐旋转过渡,这时缓和段上超高横坡度逐渐变化。

1. 无中央分隔带公路的超高过渡

(1)超高横坡度等于路拱坡度时,将外侧车道绕中线旋转,直至路拱坡度值。

(2)超高横坡度大于路拱坡度时,可分别采用以下三种方式:

①绕内边缘线旋转。先将外侧车道绕路面未加宽时的中心线旋转,待达到与内侧车道构成单向横坡后,整个断面绕路面未加宽时的内侧边缘线旋转,直至全超高横坡度值,如图2-12a)所示。

②绕中线旋转。先将外侧车道绕路面未加宽时的路中心线旋转,待达到与内侧构成单向横坡后,整个断面绕路面未加宽时的路中心线旋转,直至全超高横坡度值,如图2-12b)所示。

③绕外边缘线旋转。先将外侧车道绕路面外侧边缘旋转,与此同时,内侧车道随中线的降低而相应降低,此时内侧横坡不变,待达到单向横坡后,整个断面仍绕外侧车道边缘旋转,直至全超高横坡值,如图2-12c)所示。

绕内边缘线旋转设置超高时,由于行车道内侧高程不降低,因此有利于路基纵向排水,一般新建公路多用此种方式。绕中心线旋转可保持中线高程不变,且在超高坡度一定的情况下,外侧边缘的抬高值较小,多用于旧路改建工程。而绕外侧边缘线旋转是一种比较特殊的设计,仅用于路基外缘高程受限制或路容美观有特殊要求的地点。

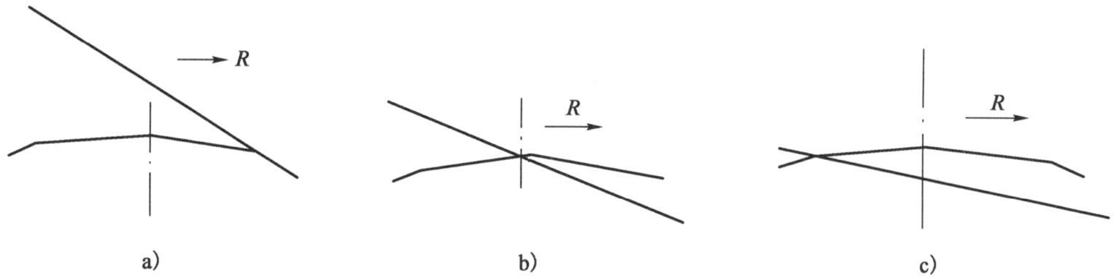

图 2-12 无中央分隔带公路的超高过渡

2. 有中央分隔带公路的超高过渡

(1)绕中央分隔带的中心线旋转

先将外侧行车道绕中央分隔带的中心线旋转,待达到与内侧行车道构成单向横坡后,整个断面一同绕中央分隔带的中心线旋转,直至全超高横坡值,如图 2-13a)所示。

(2)绕中央分隔带两侧边缘线旋转

将两侧行车道分别绕中央分隔带两侧边缘线旋转,使之各自成为独立的单向超高断面,此时中央分隔带维持原水平状态,如图 2-13b)所示。

(3)绕各自的行车道中线旋转

将两侧行车道分别绕各自的行车道中心线旋转,使之各自成为独立的单向超高断面,此时中央分隔带两边缘分别升高与降低而成为倾斜断面,如图 2-13c)所示。

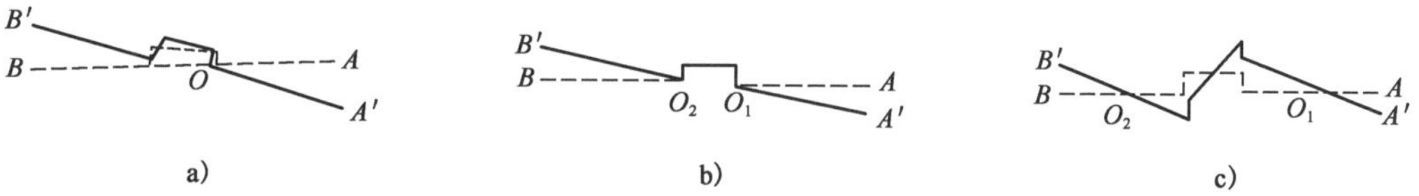

图 2-13 有中央分隔带公路的超高过渡

三种超高过渡方式各有其优缺点,中间带宽度小于或等于 4.5m 的公路可用绕中央分隔带中心线旋转的方式设置超高;各种中间带宽度,都可以采用绕中央分隔带两侧边缘旋转的方式设置超高;对于车道数大于 4 条的公路可采用绕各自行车道中心线旋转的方式设置超高;对于分离式断面的公路,由于上、下行车道是各自独立的,其超高的设置及其过渡可按两条无分隔带的公路分别予以处理。

(三)超高缓和段长度

确定超高缓和段长度应考虑的因素:由于在超高缓和段上逐渐超高,引起行车道外侧边缘或内侧边缘的纵坡逐渐增大或减小,使边缘纵坡与原路线纵坡不一,这个由于逐渐超高而引起外侧边缘纵坡与路线原设计纵坡的差值称为超高渐变率。在考虑超高缓和段长度时,应将超高渐变率控制在一定的数值范围内。超高渐变率的取值要考虑两个方面的问题:

(1)要控制路面外侧边缘的加高速度(或路面内侧边缘的降低速度)。

(2)以路面前进方向为旋转轴的路面旋转角速度不超过一定的限值。

超高渐变率越大,即渐变速度越快,则所需的缓和段可短些,但乘客不舒适;反之,渐变率太小,即渐变速度太慢,乘客舒适,但超高缓和段太长,会增加工程造价。我国《规范》对超高渐变率的规定见表 2-9。

超高渐变率 表 2-9

设计速度(km/h)	超高旋转轴位置		设计速度(km/h)	超高旋转轴位置	
	中线	边线		中线	边线
120	1/250	1/200	40	1/150	1/100
100	1/225	1/175	30	1/125	1/75
80	1/200	1/150	20	1/100	1/50
60	1/175	1/125			

双车道公路超高过渡段长度可按式(2-11)计算。

(四)横断面超高值计算

在明确超高缓和段的构成及缓和段长度计算的基础上,可以计算缓和段上任意一桩位处横断面的超高值。在设计中,考虑到施工方便,实际使用的不是超高横坡度,也不是路面内(外)侧的超高值,而是加宽后由超高横坡度推算出路肩内(外)边缘和路中线与原设计高程(未加宽和超高时的路肩边缘设计高程)的抬高或降低值。

路基设计高程是指路基断面上某一位置相对于水平面基准点的相对高度。高速公路、一级公路设计高程一般指中央分隔带的外侧边缘高程,二级公路、三级公路、四级公路一般指未设置超高加宽之前的路肩边缘高程。

改建公路的设计高程,一般按新建公路的规定办理,也可按行车道中线高程或公路中心线高程办理。

当圆曲线半径小于不设超高最小半径时,圆曲线段应按表 2-9 的要求设置全超高,在直线和圆曲线相连接处应设置超高缓和段。

公路中线和路基内、外侧边缘线与路基设计高程的差应予以计算并列于"路基设计表"中,以便于施工。

对于新建二级公路、三级公路、四级公路,圆曲线半径小于不设超高最小半径时,平曲线段超高值计算公式列于表 2-10,计算图式如图 2-14 所示。对于改建二级公路、三级公路、四级公路超高值的计算公式,列于表 2-11 中,计算图式如图 2-15 所示。

绕内边轴旋转的超高值计算公式 表 2-10

超高值		计算公式 $0 \leq x \leq L_1$	计算公式 $L_1 \leq x \leq L_c$	备注
圆曲线段	外缘 h_c	$ai_0 + (a+b)i_b$		各超高值均与设计高程比较,h''_c 和 h''_{cx} 为降低值 $L_1 = \frac{i_1}{i_b} L_c$ $B_{jx} = \frac{x}{L_c} B_j$
	中线 h'_c	$ai_0 + \frac{b}{2} i_b$		
	内缘 h''_c	$ai_0 - (a+B_j)i_b$		
超高缓和段	外缘 h_{cx}	$a(i_0 - i_1) + [ai_1 + (a+b)i_b]\frac{x}{L_c}$ 或 $h_{cx} = \frac{x}{L_c} h_c$		
	中线 h'_{cx}	$ai_0 + \frac{b}{2} i_1$	$ai_0 + \frac{b}{2} \cdot \frac{x}{L_c} i_b$	
	内缘 h''_{cx}	$ai_0 - (a+B_{jx})i_1$	$ai_0 - (a+B_{jx})\frac{x}{L_c} i_b$	

注：h_c——路肩外边缘最大超高值；

h'_c——路中线最大超高值；

h''_c——路基内边缘最大降低值；

h_{cx}——缓和段上任意断面处，外侧路肩的超高值；

h'_{cx}——缓和段上任意断面处，加宽前路中线的超高值；

h''_{cx}——缓和段上任意断面处，加宽后路肩内边缘的降低值；

L_c——缓和段长度全长；

L_1——双向坡路面过渡到超高坡度为路拱坡度时所需的临界长度；

B_j——圆曲线部分路基的全加宽值；

B_{jx}——缓和段上 x 处距离路基加宽值；

a——路肩宽度；

b——路面宽度；

i_0——原路肩横坡度；

i_1——原路拱横坡度；

i_b——圆曲线超高横坡度；

x——缓和段内任意点处距缓和段起点的距离。

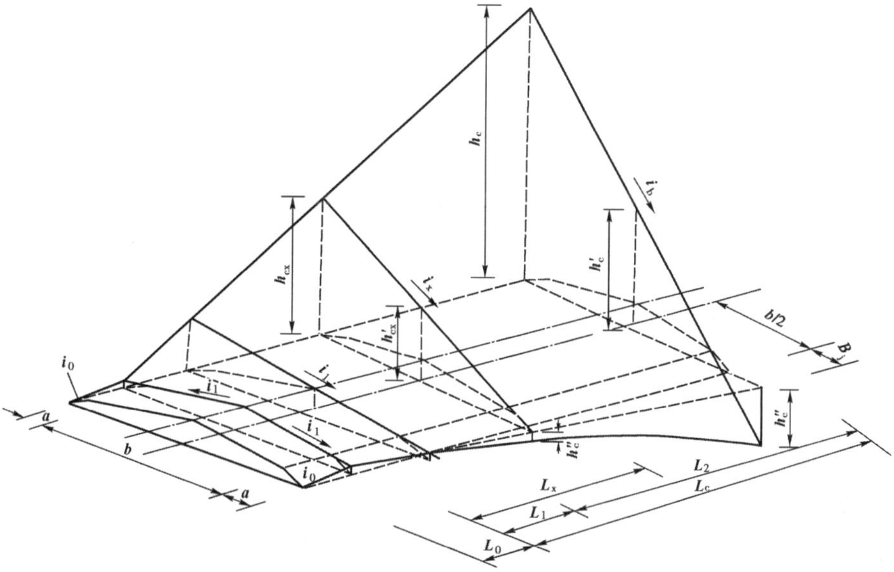

图 2-14　绕内边轴旋转的超高缓和段

绕中线旋转的超高值计算公式　　表 2-11

超高值		计算公式		备注
		$0 \leqslant x \leqslant L_1$	$L_1 \leqslant x \leqslant L_c$	
圆曲线段	外缘 h_c	$a(i_0 - i_1) + \left(a + \frac{b}{2}\right)(i_1 + i_b)$		各超高值均与设计高程比较，h''_c 和 h''_{cx} 为降低值 $L_1 = \frac{2i_1}{i_1 + i_b} L_c$ $B_{jx} = \frac{x}{L_c} B_j$
	中线 h'_c	$ai_0 + \frac{b}{2} i_1$		
	内缘 h''_c	$ai_0 + \frac{b}{2} i_1 - \left(a + \frac{b}{2} + B_j\right) i_b$		
超高缓和段	外缘 h_{cx}	$a(i_0 - i_1) + \left(a + \frac{b}{2}\right)\frac{x}{L_c}(i_1 + i_b)$ 或 $h_{cx} = \frac{x}{L_c} h_c$		
	中线 h'_{cx}	$ai_0 + \frac{b}{2} i_1$		
	内缘 h''_{cx}	$ai_0 - (a + B_{jx}) i_1$	$ai_0 + \frac{b}{2} i_1 - \left(a + \frac{b}{2} + B_{jx}\right)\frac{x}{L_c} i_b$	

注：表中符号意义同前。

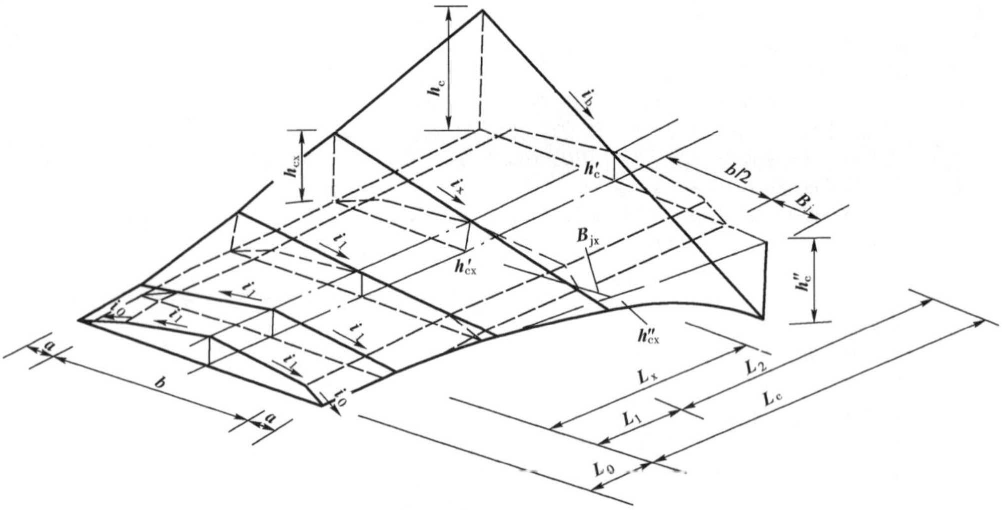

图 2-15 绕中心轴旋转的超高缓和段

第五节 圆曲线加宽

一、圆曲线上设置加宽的原因和条件

1. 圆曲线上设置加宽的原因

(1)汽车在圆曲线上行驶时,各个车轮的轨迹半径是不相等的,后轴内侧车轮的行驶轨迹半径最小,前轴外侧车轮的行驶轨迹半径最大。因而在圆曲线半径较小时,车道内侧需要更宽一些的路面以满足后轴外侧车轮的行驶轨迹要求,故当曲线半径小时需要加宽曲线上的行车道宽度。

(2)汽车在圆曲线上行驶时,驾驶员不可能将前轴中心的轨迹操纵得完全符合理论轨迹,而是有一定的摆幅(其摆幅值的大小与实际行车速度有关),汽车在圆曲线上行驶时的摆幅要比直线上大。所以,当圆曲线半径小时,要加宽曲线上的行车道宽度,以利于安全。

2. 圆曲线上设置加宽的条件

我国《标准》规定,当圆曲线半径小于或等于 250m 时,应在圆曲线内侧设置加宽。

二、全加宽值的确定

1. 加宽值计算

(1)圆曲线上的全加宽值计算(图 2-16)

$$B_j = \frac{d^2}{R} + \frac{0.1V}{\sqrt{R}} \tag{2-23}$$

式中:d——汽车后轴至前保险杠的距离,m;

B_j——圆曲线上的全加宽值,m;

R——圆曲线的半径,m;

V——设计速度,km/h,按会车时的车速计,一般取 $V=40\text{km/h}$。

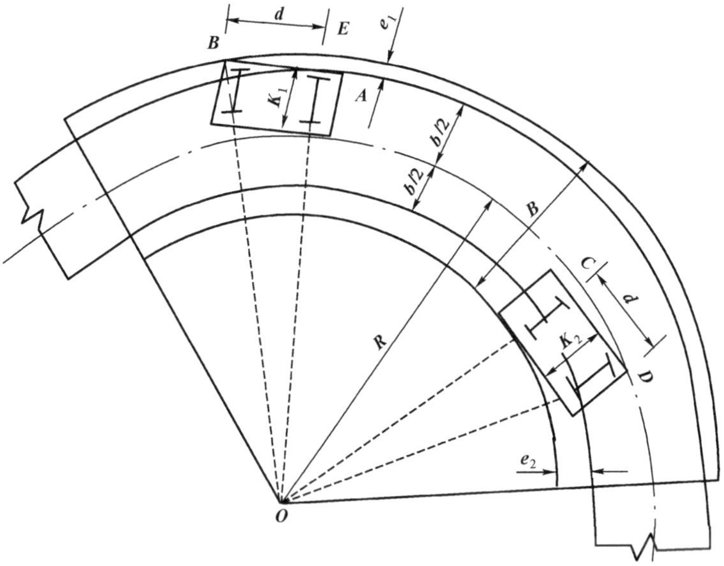

图 2-16 普通汽车的加宽

(2)半挂车加宽值计算

半挂车对加宽的要求由牵引车、半挂车和不同车速时汽车的摆动偏移三部分组成,可按下式计算:

$$B_j=\frac{d_1^2}{R}+\frac{d_2^2}{R}+\frac{0.1V}{\sqrt{R}} \tag{2-24}$$

式中:d_1——牵引车后轴至保险杠前缘距离,m;

d_2——牵引车后轴至拖车后轴的距离,m;

其余符号意义同前。

2. 加宽的规定和要求

二级公路、三级公路、四级公路的圆曲线半径小于或等于 250m 时,应设置加宽。双车道公路路面加宽值应符合表 2-12 的规定,圆曲线加宽值应根据公路功能、技术等级和实际交通组成确定,并应符合下列规定:

(1)作为干线的二级公路,应采用第 3 类加宽值。

(2)作为集散的二级公路和三级公路,在考虑铰接列车通行时,应采用第 3 类加宽值;不考虑通行铰接列车时,可采用第 2 类加宽值。

(3)作为支线的三级公路、四级公路可采用第 1 类加宽值。

(4)有特殊车辆通行的专用公路,应根据特殊车辆验算确定其加宽值。

加宽应设置在曲线内侧。双向行驶整体式断面加宽,应先于曲线内侧设置整幅加宽总值,之后调整中心标线或者分隔带位置,以使双向两幅加宽均位于曲线内侧。

双车道全加宽值 表 2-12

加宽类别	设计车辆	圆曲线半径(m)								
		200~250	150~200	100~150	70~100	50~70	30~50	25~30	20~25	15~20
第1类	小客车	0.4	0.5	0.6	0.7	0.9	1.3	1.5	1.8	2.2
第2类	载重汽车	0.6	0.7	0.9	1.2	1.5	2.0	—	—	—
第3类	铰接列车	0.8	1.0	1.5	2.0	2.7	—	—	—	—

注:单车道公路路面加宽值应为表列规定值的一半。

三、加宽缓和段

1. 加宽缓和段设置原因

当圆曲线段设置全加宽而直线段不加宽时,为了使路面由直线段正常宽度断面过渡到圆曲线段全加宽断面,需要在直线和圆曲线之间设置加宽缓和段。在加宽缓和段上,路面宽度应逐渐变化。加宽过渡段设置应根据公路性质和等级采用不同的方法。

2. 加宽缓和段形式

(1)比例过渡

二级公路、三级公路、四级公路的加宽缓和段设置,应采用在相应的缓和曲线或超高、加宽缓和段全长范围内按长度成比例增加的方法,如图 2-17 所示。

$$B_{jx} = \frac{x}{L_c} B_j \tag{2-25}$$

式中:B_{jx}——加宽缓和段上任意点加宽值,m;

x——任意点距加宽缓和段起点的距离,m;

B_j——圆曲线上的全加宽值,m;

L_c——加宽缓和段全长,可取缓和曲线长为加宽缓和段长度。

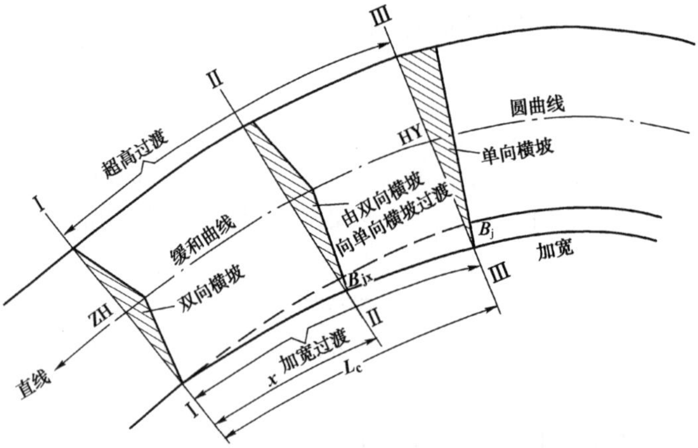

图 2-17 圆曲线缓和段

(2)高次抛物线过渡

对于高等级公路设置加宽缓和段时,应采用高次抛物线过渡形式:

$$B_{jx}=\left[4\left(\frac{x}{L_c}\right)^3-3\left(\frac{x}{L_c}\right)^4\right]B_j \tag{2-26}$$

式中各符号意义同前。

3. 加宽缓和段长度

(1)对于设置有缓和曲线的平曲线,加宽缓和段应采用与缓和曲线相同的长度。

(2)对于不设缓和曲线,但设置有超高缓和段的平曲线,可采用与超高缓和段相同的长度。

(3)对于不设缓和曲线,又不设置超高缓和段的平曲线,其加宽缓和段长度应按渐变率为1∶15 且长度不小于 10m 的要求设置。

第六节 中桩坐标的计算

一、测量坐标系统

1. 大地坐标系统

在大地坐标系中,地面点在地球椭球上的投影位置用大地经度、大地纬度和大地高来表示。大地坐标系的建立,主要涉及地球椭球的选取及其定位方式,我国先后建立了“1954 年北京坐标系”“1980 年国家大地坐标系”“新 1954 年北京坐标系”,2008 年6 月,又正式启用了“2000 国家大地坐标系”。一个大地坐标系有一个大地原点(2000 国家大地坐标系大地原点位于陕西咸阳),地面点的大地坐标均由此点推算得出。

2. 高斯平面直角坐标系统

我国从 1952 年开始采用高斯投影系统,以高斯投影的方法建立了高斯平面直角坐标系统。地面点的高斯平面坐标与大地坐标可以相互转换。高速公路的勘测设计和施工放样都采用高斯平面直角坐标系统进行。

3. 平面直角坐标系统

当测量范围较小、二级和二级以下公路、独立桥梁隧道及其他构造物时,可以把该测区的球面当作平面看待进行直接投影,采用平面直角坐标系统。

二、中桩坐标计算

(一)计算导线点的坐标

当采用导线测量作为公路平面控制测量时,导线应与国家三角点进行联测,可使所测的导线点与国家三角点形成一个整体,取得导线坐标起算数据。在有条件的地方可优先采用全球定位系统进行导线测量,或采用全站仪进行导线测量,直接读取导线点坐标。采用其他方法需

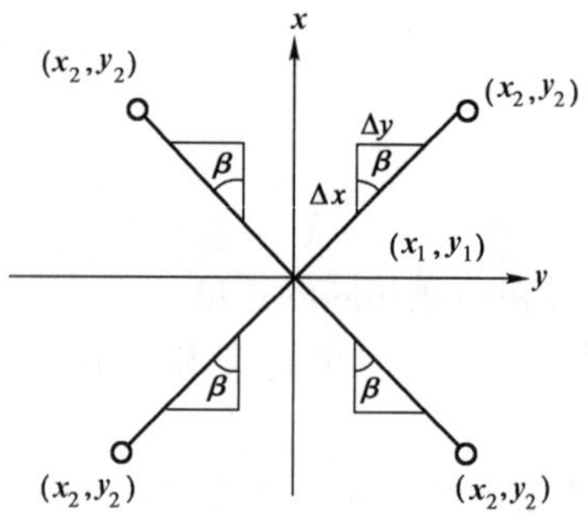

图 2-18　路线的方位角计算

测出导线各边长和夹角后,用坐标增量法逐点推算各导线点的坐标。

1. 方位角确定(图 2-18)

$$\tan\beta = \left|\frac{\Delta y}{\Delta x}\right|$$

方位角 $A_i = \beta$　　$\Delta y > 0, \Delta x > 0$(第一象限)

$A_i = 180° - \beta$　　$\Delta y > 0, \Delta x < 0$(第二象限)

$A_i = 180° + \beta$　　$\Delta y < 0, \Delta x < 0$(第三象限)

$A_i = 360° - \beta$　　$\Delta y < 0, \Delta x > 0$(第四象限)

2. 坐标计算

$$\begin{cases} X_{i+1} = X_i + D\cos A_i \\ Y_{i+1} = Y_i + D\sin A_i \end{cases}$$

式中,D 为两导线点间的水平距离。

(二)计算中桩坐标

1. 未设缓和曲线的单圆曲线坐标计算

(1)圆曲线起、终点坐标计算

如图 2-19 所示,JD_i 的坐标为(X_{JD_i}, Y_{JD_i}),交点前后直线边的方位角分别为 A_{i-1}、A_i,圆曲线的半径为 R,平曲线切线长为 T_i,曲线起、终点的坐标可用下式计算。

圆曲线起点的坐标:

$$\begin{cases} X_{ZY_i} = X_{JD_i} - T_i\cos A_{i-1} \\ Y_{ZY_i} = Y_{JD_i} - T_i\sin A_{i-1} \end{cases}$$

圆曲线终点的坐标:

$$\begin{cases} X_{YZ_i} = X_{JD_i} + T_i\cos A_i \\ Y_{YZ_i} = Y_{JD_i} + T_i\sin A_i \end{cases}$$

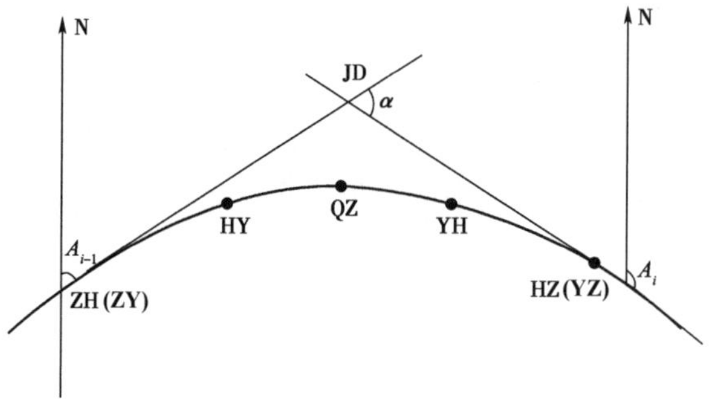

图 2-19　中桩坐标计算示意图

(2)圆曲线任意点坐标计算

ZY ~ QZ 段(YZ ~ QZ 段)的坐标计算以曲线起点 ZY(曲线终点 YZ 点)为坐标原点,切线为 X'轴,法线为 Y'轴,建立直角坐标系。

$$X' = R\sin\left(\frac{l'}{R} \cdot \frac{180}{\pi}\right)$$

$$Y' = R - R\cos\left(\frac{l'}{R} \cdot \frac{180}{\pi}\right)$$

式中：l'——圆曲线上任意点至 ZY（YZ）点的弧长。

ZY ~ QZ 段的各点的坐标：

利用上述公式计算出以 ZY 为坐标原点圆曲线段内各加桩 X'、Y'的值，则 ZY ~ QZ 段的各点的坐标为：

$$\begin{cases} X = X_{ZY_i} + X'\cos A_{i-1} - \zeta Y'\sin A_{i-1} \\ Y = Y_{ZY_i} + X'\sin A_{i-1} + \zeta Y'\cos A_{i-1} \end{cases}$$

YZ ~ QZ 段的各点的坐标：

利用上述公式计算出以 YZ 为坐标原点圆曲线段内各加桩 X'、Y'的值，则 QZ ~ YZ 段的各点的坐标为：

$$\begin{cases} X = X_{YZ_i} - X'\cos A_i - \zeta Y'\sin A_i \\ Y = Y_{YZ_i} - X'\sin A_i + \zeta Y'\cos A_i \end{cases}$$

式中：ζ——路线转向，右转角时 $\zeta = 1$，左转角时 $\zeta = -1$，以下各式同。

2. 设缓和曲线的单圆曲线坐标计算

（1）曲线起、终点坐标计算

如图 2-19 所示，JD_i 的坐标为（X_{JD_i}，Y_{JD_i}），交点前后直线边的方位角分别为 A_{i-1}、A_i，圆曲线的半径为 R，缓和曲线长度为 L_c，平曲线切线长为 T_{H_i}，曲线起、终点的坐标可用下式计算：

$$\begin{cases} X_{ZH_i} = X_{JD_i} - T_{H_i}\cos A_{i-1} \\ Y_{ZH_i} = Y_{JD_i} - T_{H_i}\sin A_{i-1} \end{cases} \tag{2-27}$$

$$\begin{cases} X_{HZ_i} = X_{JD_i} + T_{H_i}\cos A_i \\ Y_{HZ_i} = Y_{JD_i} + T_{H_i}\sin A_i \end{cases} \tag{2-28}$$

（2）曲线任意点坐标计算

ZH ~ QZ 段的坐标计算以曲线起点 ZH 为坐标原点、切线为 X'轴、法线为 Y'轴建立直角坐标系。

缓和曲线段 X'、Y'：

$$\begin{cases} X' = l - \dfrac{l^5}{40R^2L_c^2} \\ Y' = \dfrac{l^3}{6RL_c} - \dfrac{l^7}{336R^3L_c^3} \end{cases} \tag{2-29}$$

圆曲线段 X'、Y'：

$$\begin{cases} X' = R\sin\left(\beta + \dfrac{l'}{R} \cdot \dfrac{180}{\pi}\right) + q \\ Y' = R - R\cos\left(\beta + \dfrac{l'}{R} \cdot \dfrac{180}{\pi}\right) + p \end{cases} \tag{2-30}$$

利用上述公式计算出缓和段内各加桩和圆曲线段内各加桩 X'、Y'的值,则 ZH ~ QZ 段的各点的坐标为:

$$\begin{cases} X = X_{ZH_i} + X'\cos A_{i-1} - \zeta Y'\sin A_{i-1} \\ Y = Y_{ZH_i} + X'\sin A_{i-1} + \zeta Y'\cos A_{i-1} \end{cases} \tag{2-31}$$

QZ ~ HZ 段的坐标计算:

以曲线终点 HZ 为坐标原点、切线为 X'、法线为 Y'建立直角坐标系,利用式(2-30)和式(2-31)可以计算出缓和曲线和圆曲线段内各点的 X'、Y'的坐标,则 QZ ~ HZ 段的各点的坐标为:

$$\begin{cases} X = X_{HZ_i} - X'\cos A_i - \zeta Y'\sin A_i \\ Y = Y_{HZ_i} - X'\sin A_i + \zeta Y'\cos A_i \end{cases} \tag{2-32}$$

3. 直线段中桩坐标的计算

位于 ZH 之前或 HZ 点之后的直线段可利用 JD 点的坐标或 ZH、HZ 点的坐标与该点的距离计算出该点的坐标。

【例 2-1】 某高速公路,路线 JD_2 的坐标为:X_{JD_2} = 2 588 711.270m,Y_{JD_2} = 20 478 702.880m;路线 JD_3 的坐标 X_{JD_3} = 2 591 069.056m,Y_{JD_3} = 20 478 662.850m;路线 JD_4 的坐标 X_{JD_4} = 2 594 145.875m,Y_{JD_4} = 20 481 070.75m;JD_3 的里程桩号为 K6 + 790.306;圆曲线半径 R = 2 000m,缓和曲线长度 L_c = 100m。试计算该平曲线的主点桩号及按整桩号(20m)确定平曲线各主点和加桩的坐标。

解:(1)计算路线转角

$$\tan A_{32} = \left|\frac{Y_{JD_2} - Y_{JD_3}}{X_{JD_2} - X_{JD_3}}\right| = \left|\frac{+40.030}{-2\ 357.786}\right| = 0.016\ 977\ 792$$

$$A_{32} = 180 - 0°58'21.6'' = 179°01'38.4''$$

$$\tan A_{34} = \frac{Y_{JD_4} - Y_{JD_3}}{X_{JD_4} - X_{JD_3}} = \frac{+2\ 407.90}{+3\ 076.819} = 0.782\ 593\ 97$$

$$A_{34} = 38°02'47.5''$$

右角 $\beta = 179°01'38.4'' - 38°02'47.5'' = 140°58'50.9''$

$\beta < 180°$,为右转角。

右转角 $\alpha = 180° - 140°58'50.9'' = 39°01'09.1''$

①缓和曲线常数:

$$\beta = \frac{L_c}{2R}\frac{180}{\pi} = 1°25'56.6''$$

$$p = \frac{L_c^2}{24R} = 0.208\text{m}$$

$$q = \frac{L_c}{2} - \frac{L_c^3}{240R^2} = 49.999\text{m}$$

②平曲线要素:

$$T_H = (R + p)\tan\frac{\alpha}{2} + q = 758.687\text{m}$$

$$L' = (\alpha - 2\beta)\frac{\pi}{180}R = 1\ 262.027\text{m}$$

$$L_H = (\alpha - 2\beta)\frac{\pi}{180}R + 2L_c = 1\ 462.027\text{m}$$

$$E_H = (R + p)\sec\frac{\alpha}{2} - R = 122.044\text{m}$$

$$D_H = 2T_H - L_H = 55.347\text{m}$$

③主点桩桩号：

JD_3	K6 + 790.306
$-T_H$	758.687
ZH	K6 + 031.619
$+L_c$	100
HY	K6 + 131.619
$+L'$	1 262.027
YH	K7 + 393.646
$+L_c$	100
HZ	K7 + 493.646
$-L_H/2$	713.014
QZ	K6 + 762.632
$+D_H/2$	27.674
JD_3	K6 + 790.306

(2)中桩坐标及方位角

ZH 点的坐标：

$$A_{23} = A_{32} + 180° = 359°01'38''$$

$$\begin{cases} X_{ZH_3} = X_{JD_3} - T_H\cos A_{23} = 2\ 590\ 310.479\text{m} \\ Y_{ZH_3} = Y_{JD_3} - T_H\sin A_{23} = 20\ 478\ 675.729\text{m} \end{cases}$$

ZH ~ HY 第一缓和曲线上的中桩坐标的计算，如桩号 K6 + 100：

$$l = 6\ 100 - 6\ 031.619 = 68.381\text{m}$$

$$X' = l - \frac{l^5}{40R^2L_c^2} = 68.380\text{m}$$

$$Y' = \frac{l^3}{6RL_c} = 0.266\text{m}$$

$$\begin{cases} X = X_{ZH_3} + X'\cos A_{23} - Y'\sin A_{23} = 2\ 590\ 378.854\text{m} \\ Y = Y_{ZH_3} + X'\sin A_{23} + Y'\cos A_{23} = 20\ 478\ 674.834\text{m} \end{cases}$$

HY 点的坐标计算：

$$l = 6\ 131.619 - 6\ 031.619 = 100\text{m}$$

$$X' = l - \frac{l^5}{40R^2L_c^2} = 99.994\text{m}$$

$$Y' = \frac{l^3}{6RL_c} = 0.833\text{m}$$

$$\begin{cases} X = X_{ZH_3} + X'\cos A_{23} - Y'\sin A_{23} = 259\ 041.473\text{m} \\ Y = Y_{ZH_3} + X'\sin A_{23} + Y'\cos A_{23} = 20\ 478\ 674.864\text{m} \end{cases}$$

HY ~ QZ 圆曲线部分的中桩坐标计算,如桩号 K6 +500:

$$l' = 6\ 500 - 6\ 131.619 = 368.381\text{m}$$

$$X' = R\sin\left(\beta + \frac{l'}{R} \cdot \frac{180}{\pi}\right) + q = 465.335\text{m}$$

$$Y' = R - R\cos\left(\beta + \frac{l'}{R} \cdot \frac{180}{\pi}\right) + p = 43.809\text{m}$$

$$\begin{cases} X = X_{ZH_3} + X'\cos A_{23} - Y'\sin A_{23} = 2\ 590\ 776.491\text{m} \\ Y = Y_{ZH_3} + X'\sin A_{23} + Y'\cos A_{23} = 20\ 478\ 711.632\text{m} \end{cases}$$

QZ 点的坐标计算:

$$l' = 6\ 762.632 - 6\ 131.619 = 631.014\text{m}$$

$$X' = R\sin\left(\beta + \frac{l'}{R} \cdot \frac{180}{\pi}\right) + q = 717.929\text{m}$$

$$Y' = R - R\cos\left(\beta + \frac{l'}{R} \cdot \frac{180}{\pi}\right) + p = 115.037\text{m}$$

$$\begin{cases} X = X_{ZH_3} + X'\cos A_{23} - Y'\sin A_{23} = 291\ 030.257\text{m} \\ Y = Y_{ZH_3} + X'\sin A_{23} + Y'\cos A_{23} = 20\ 478\ 778.562\text{m} \end{cases}$$

HZ 点的坐标计算:

$$A_{34} = 38°02'47.5''$$

$$\begin{cases} X_{HZ_3} = X_{JD_3} + T_H\cos A_{34} = 2\ 591\ 666.530\text{m} \\ Y_{HZ_3} = Y_{JD_3} + T_H\sin A_{34} = 20\ 479\ 130.430\text{m} \end{cases}$$

YH ~ HZ 第二缓和曲线上的中桩坐标计算:

如 K7 +450 点的坐标:

$$l = 7\ 493.646 - 7\ 450 = 43.646\text{m}$$

$$X' = l - \frac{l^5}{40R^2L_c^2} = 43.646\text{m}$$

$$Y' = \frac{l^3}{6RL_c} = 0.069\text{m}$$

$$\begin{cases} X = X_{HZ_3} - X'\cos A_{34} - Y'\sin A_{34} = 2\ 591\ 632.116\text{m} \\ Y = Y_{HZ_3} - X'\sin A_{34} + Y'\cos A_{34} = 20\ 479\ 103.585\text{m} \end{cases}$$

YH 点的坐标,$l = 100\text{m}$:

$$\begin{cases} X' = l - \dfrac{l^5}{40R^2L_c^2} = 99.994\text{m} \\ Y' = \dfrac{l^3}{6RL_c} = 0.833\text{m} \end{cases}$$

$$\begin{cases} X = X_{HZ_3} - X'\cos A_{34} - Y'\sin A_{34} = 2\ 591\ 587.270\text{m} \\ Y = Y_{HZ_3} - X'\sin A_{34} + Y'\cos A_{34} = 20\ 479\ 069.460\text{m} \end{cases}$$

QZ ~ YH 点的坐标计算，如 K7 +300：

$$l' = 7\ 393.646 - 7\ 300 = 93.646\text{m}$$

$$X' = R\sin\left(\beta + \frac{l'}{R} \cdot \frac{180}{\pi}\right) + q = 193.612\text{m}$$

$$Y' = R - R\cos\left(\beta + \frac{l'}{R} \cdot \frac{180}{\pi}\right) + p = 5.371\text{m}$$

$$\begin{cases} X = X_{HZ_3} - X'\cos A_{34} - Y'\sin A_{34} = 2\ 591\ 510.764\text{m} \\ Y = Y_{HZ_3} - X'\sin A_{34} + Y'\cos A_{34} = 20\ 479\ 015.320\text{m} \end{cases}$$

直线上中桩坐标的计算，如 K7 +600：

$$D = 7\ 600 - 7\ 493.646 = 106.354\text{m}$$

$$\begin{cases} X = X_{HZ_3} + D\cos A_{34} = 2\ 591\ 750.285\text{m} \\ Y = Y_{HZ_3} + D\sin A_{34} = 20\ 479\ 195.976\text{m} \end{cases}$$

第七节 行车视距

一、视距的种类

为了保证行车安全，驾驶员驾驶汽车在公路上行驶时，在任意点位置都应能看到汽车前方相当远的距离，以便在发现路面障碍物或迎面来车时，能采取措施，以避免相撞，这一必要距离称为行车视距。为了计算方便，《规范》规定行车轨迹为离路面内侧边缘(曲线段为路面内侧未加宽前)1.5m 处，驾驶员眼高为 1.2m，障碍物高 0.1m。

驾驶员发现路面障碍物或迎面来车时，根据其采取措施不同，行车视距可分为以下几种：

(1)停车视距：汽车行驶时，自驾驶员看到障碍物时起，至在障碍物前安全停止，所需要的最短距离。

(2)会车视距：在同一车道上两对向汽车相遇，从互相发现起，至同时采取制动措施使两车安全停止，所需要的最短距离。

(3)错车视距：在没有明确划分车道线的双车道公路上，两对向行驶的汽车相遇，发现后即采取减速避让措施安全错车所需要的最短距离。

(4)超车视距：在双车道公路上，后车超越前车时，从开始驶离原车道之处起，至在与对向来车相遇之前，完成超车安全回到自己的车道，所需要的最短距离。

在上述 4 种视距中，超车视距最长，需单独研究；错车视距最短，容易保证。经研究分析，会车视距约等于停车视距的 2 倍，所以停车视距是最基本视距，双车道公路也应保证足够长度的超车视距的路段。

二、停车视距

停车视距是指驾驶员从发现障碍物时起,至在障碍物前安全停止所需要的最短距离。停车视距可分为反应距离、制动距离和安全距离 3 个部分,如图 2-20 所示。

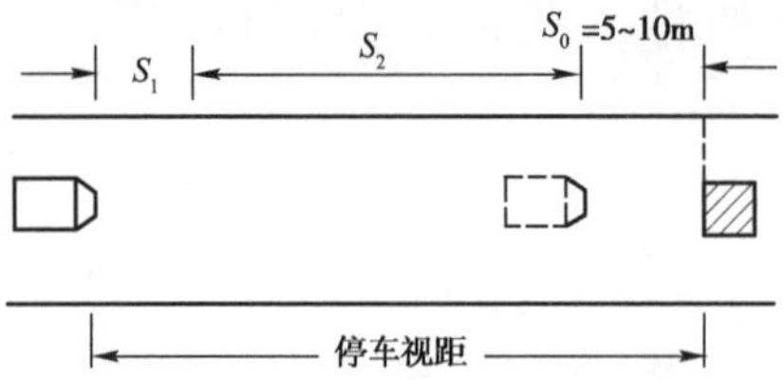

图 2-20 停车视距计算示意图

计算停车视距规定:驾驶员眼高为 1.2m,物高为 0.1m。对于高速公路、一级公路以及大型车比例高的二级公路、三级公路的下坡路段,应采用下坡段货车停车视距对相关路段进行检验。货车停车视距计算时,眼高规定为 2.00m,物高规定为 0.10m。

1. 反应距离 S_1

驾驶员发现前方的障碍物,经过判断决定采取制动措施的那一瞬间到制动器真正开始起作用的瞬间汽车所行驶的距离即反应距离。在这段时间过程中,可分为"感觉时间"和"反应时间"来分析,并用试验来测定。感觉时间很大程度上取决于物体的外形、颜色、驾驶员的视力和机敏程度以及大气的可见度等。根据测定资料,设计上采取感觉时间为 1.5s,制动反应时间取 1.0s 是较适当的,感觉和制动反应总时间 $t=2.5$s,在这段时间内汽车行驶的距离为:

$$S_1=\frac{Vt}{3.6} \tag{2-33}$$

2. 制动距离 S_2

制动距离是指汽车从制动生效到汽车完全停住这段时间所行驶的距离。

$$S_2=\frac{(V/3.6)^2}{2gf_1} \tag{2-34}$$

式中:V——设计速度,km/h;

f_1——纵向摩阻系数,依车速及路面状况而定。

依上式计算,路面处于潮湿状态的小客车停车视距如表 2-13 所示。

潮湿状态下的停车视距 表 2-13

设计速度(km/h)	行驶速度(km/h)	f_1	计算值(m)	规定值(m)	设计速度(km/h)	行驶速度(km/h)	f_1	计算值(m)	规定值(m)
120	102	0.29	212.0	210	40	36	0.38	38.3	40
100	85	0.30	153.70	160	30	30	0.44	28.9	30
80	68	0.31	105.90	110	20	20	0.44	17.3	20
60	54	0.33	73.2	75					

3. 安全距离 S_0

安全距离是指汽车停住至障碍物前的距离,S_0 一般取 5~10m。

所以停车视距为:

$$S_T = \frac{Vt}{3.6} + \frac{(V/3.6)^2}{2gf_1} + S_0 \tag{2-35}$$

三、超车视距

超车视距的全程分为4个阶段,如图2-21所示。

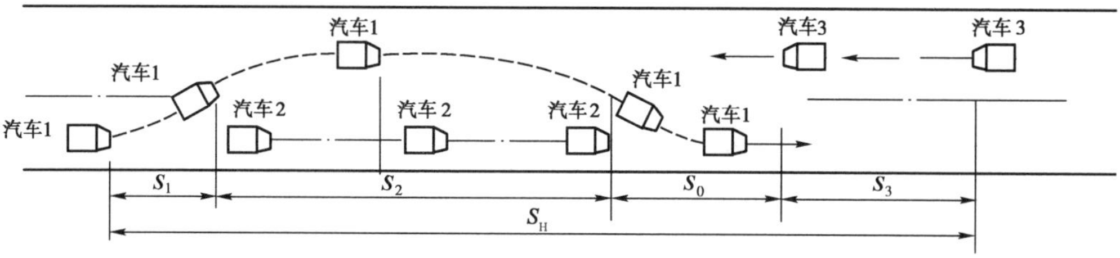

图2-21　超车视距计算示意图

1. 加速行驶距离 S_1

当驾驶员经判断认为有超车的可能,于是加速驶入对向车道,在驶入对向车道之前的加速行驶距离 S_1:

$$S_1 = \frac{V_0 t_1}{3.6} - \frac{at_1^2}{2} \tag{2-36}$$

式中:V_0——超车的初速度,km/h;

t_1——超车加速时间,s;

a——超车平均加速度,m/s^2。

2. 超车在对向车道行驶的距离 S_2

$$S_2 = \frac{Vt_2}{3.6} \tag{2-37}$$

式中:V——超车在对向车道上行驶的速度,km/h;

t_2——超车在对向车道上行驶的时间,s。

3. 超车完时,超车与对向汽车之间的安全距离 S_0

这个距离视超车和对向汽车的行驶速度不同而采用不同的数值,一般取:

$$S_0 = 15 \sim 100\text{m}$$

4. 超车开始加速到超车完时对向汽车的行驶距离 S_3

$$S_3 = \frac{V'(t_1 + t_2)}{3.6} \tag{2-38}$$

式中:V'——对向汽车行驶速度,km/h。

理想全超车过程为:

$$S_H = S_1 + S_2 + S_3 + S_0 \tag{2-39}$$

由于这样计算所得距离较长,在地形复杂时很难实现。

因为尾随在慢车后面的快车驾驶员往往在未看到前面安全区段时,就开始加速进入了对向车道,如果在进入对向车道之后,发现迎面有汽车开来而超车距离不足时,及时返回自己的车道仍尾随在慢车之后。因此超车视距在地形条件困难时可采用:

$$S_H = \frac{2}{3}S_2 + S_3 + S'_3 \tag{2-40}$$

式中:S'_3——对向车行驶的距离,按 t_2 的 2/3 行驶时间确定;

其余符号意义同前。

四、各级公路对视距的要求

由于高速公路和一级公路采用分向分车道行驶,车辆同向行驶不存在会车问题,主要考虑的停车视距,所以,《标准》规定高速公路、一级公路应满足停车视距的要求,见表 2-14。

高速公路、一级公路停车视距 表 2-14

设计速度(km/h)	120	100	80	60
停车视距(m)	210	160	110	75

二级公路、三级公路、四级公路上、下行车道没有分开,混合交通严重,所以,我国《标准》规定二级公路、三级公路、四级公路必须保证会车视距。会车视距长度不应小于停车视距的 2 倍,见表 2-15。

二级公路、三级公路、四级公路停车视距、会车视距与超车视距 表 2-15

设计速度(km/h)		80	60	40	30	20
会车视距(m)		220	150	80	60	40
停车视距(m)		110	75	40	30	20
超车视距(m)	一般值	550	350	200	150	100
	极限值	350	250	150	100	70

注:"一般值"为正常情况下的采用值;"极限值"为条件受限时可采用的值。

双向行驶的双车道公路,应根据需要并结合地形,宜在 3min 的行驶时间里,提供一次满足超车视距要求的超车路段。一般情况下,超车路段不小于路线总长度的 10% ~30%。超车路段的设置应结合地形并力求均匀。

五、视距保证

汽车在直线上行驶时,一般会车视距、停车视距和超车视距是容易保证的。但当汽车在平面弯道上行驶若遇到内侧有建筑物、树木、路堑边坡等,均可能阻碍视线。这种处于隐蔽地段的弯道我们将它称为"暗弯"。凡属于"暗弯"都应该进行视距检查,若不能保证该级公路的设计视距长度,则应该将阻碍视线的障碍物清除。

1. 用解析法确定横净距

平曲线内最大横净距计算公式见表 2-16。表中公式符号如图 2-22 ~图 2-24 所示。

最大横净距计算公式 表 2-16

不设回旋线	$L>S$，见图 2-22a) $h=R_s\left(1-\cos\frac{\gamma}{2}\right)$	$\gamma=\frac{180S}{\pi R_s}$
	$L<S$，见图 2-22b) $h=R_s\left(1-\cos\frac{\alpha}{2}\right)+\frac{1}{2}(S-L_s)\sin\frac{\alpha}{2}$	$L_s=\frac{\pi}{180}\alpha R_s$
设回旋线	$L'>S$ $h=R_s\left(1-\cos\frac{\beta}{2}\right)$	$\beta=\frac{180S}{\pi R_s}$
	$L>S>L'$，见图 2-23 $h=R_s\left(1-\cos\frac{\alpha-2\beta}{2}\right)+(l-l')\sin\left(\frac{\alpha}{2}-\delta\right)$	$\delta=\arctan\left\{\frac{l}{6R_s}\left[l+\frac{l'}{l}+\left(\frac{l'}{l}\right)^2\right]\right\}$ $l'=\frac{1}{2}(L_s-S)$
	$L<S$，见图 2-24 $h=R_s\left(1-\cos\frac{\alpha-2\beta}{2}\right)+\sin\left(\frac{\alpha}{2}-\delta\right)l+\frac{S-L_s}{2}\sin\frac{\alpha}{2}$	$\delta=\arctan\frac{l}{6R_s}$

注：h——最大横净距，m；

S——视距，m；

L——曲线长度，m；

L'——圆曲线长度，m；

l——缓和曲线长度，m；

L_s——曲线内侧行驶轨迹长度，m；

R_s——曲线内侧行驶轨迹的半径，m，其值为未加宽前路面内缘的半径加上 1.5m，即 $R_s=R-\frac{B}{2}+1.5$，B 为路面宽度，m；

α——曲线转角，°；

γ——视距线所对应的圆心角，°；

β——缓和曲线切线角，°。

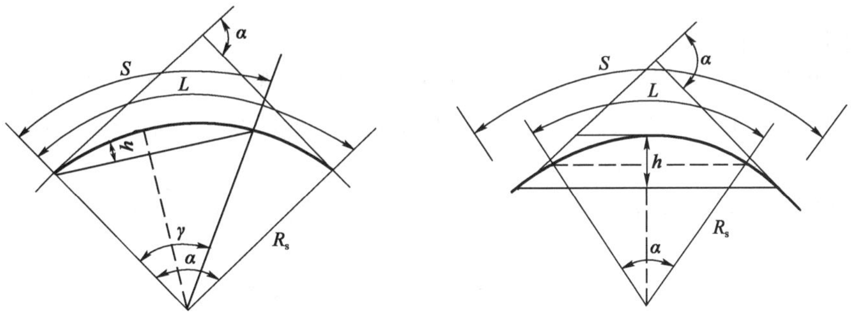

a) b)

图 2-22 不设回旋线时横净距计算图

a) $L>S$；b) $L<S$

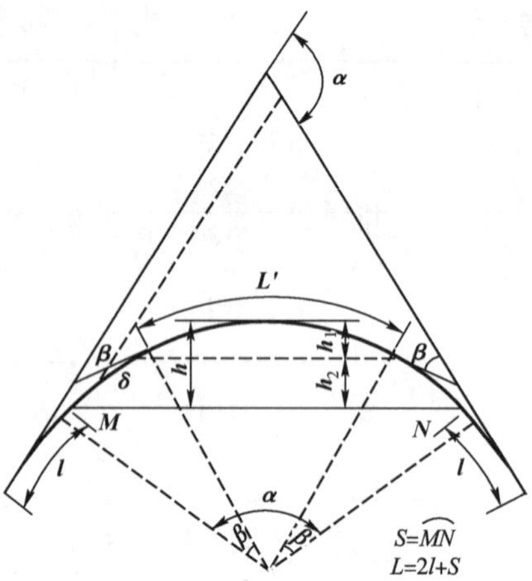

图 2-23　设回旋线时横净距计算图

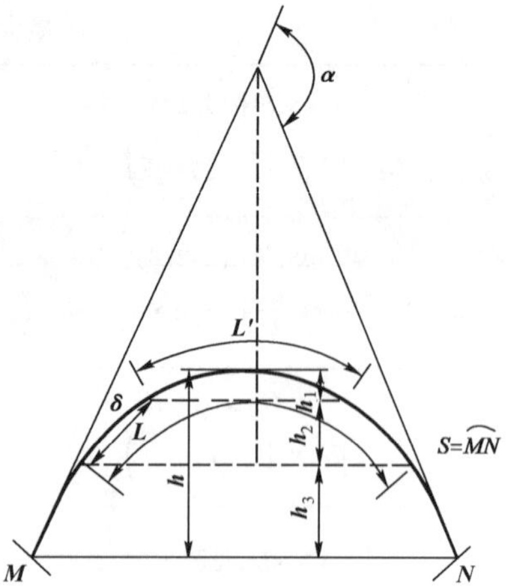

图 2-24　设回旋线横距计算图

2. 几何法确定横净距

用绘图方法确定清除障碍物范围,称为视距包络图,如图 2-25 所示。

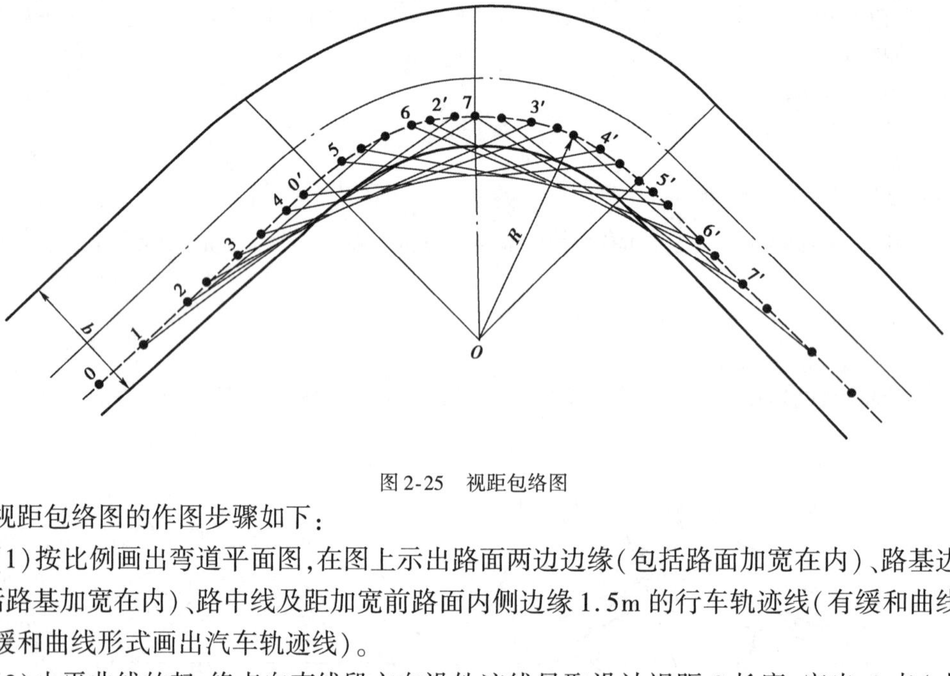

图 2-25　视距包络图

视距包络图的作图步骤如下:

(1)按比例画出弯道平面图,在图上示出路面两边边缘(包括路面加宽在内)、路基边缘线(包括路基加宽在内)、路中线及距加宽前路面内侧边缘 1.5m 的行车轨迹线(有缓和曲线时也应按缓和曲线形式画出汽车轨迹线)。

(2)由平曲线的起、终点向直线段方向沿轨迹线量取设计视距 S 长度,定出 O 点(或对称 O 点)。

(3)从 O 点向平曲线方向沿轨迹线把 O 点至曲线中点的轨迹长度分成若干等份(一般分 10 等份),得 1、2、3…各点或对称 1′、2′、3′…。

(4)从 0、1、2、3…分别沿轨迹方向量取设计视距 S,定出各相应点 0′、1′、2′、3′…,则 0—0′、1—1′、2—2′、3—3′…和对称的 0—0′、1—1′、2—2′、3—3′…都在轨迹线上满足设计视距 S 的要求。

(5)用直线分别连$\overline{00'}$、$\overline{11'}$、$\overline{22'}$…和对称的$\overline{00'}$、$\overline{11'}$、$\overline{22'}$…,各线段互相交叉。

(6)用曲线板内切各交叉线段,画出内切曲线,这条内切曲线就是视距包络线。

(7)视距包络线两端与障碍线相交,在视距包络线与障碍线之间的部分,就是应该清除障碍物的范围。

用几何的方法不但能确定最大横净距,还可以确定弯道上任意桩号的横净距,而解析法只能确定弯道中点的最大横净距。

3. 开挖视距台

用计算方法或视距包络图的方法,计算出横净距后,就可按比例在各桩号的横断图上画出视距台,以供施工放样。其作图步骤如下:

(1)按比例画出需要保证设计视距的各桩号横断面图。

(2)由未加宽时路面内侧边缘向路中心量取1.5m,并垂直向上量1.2m得A点,则A点为驾驶员眼睛位置。

(3)由A点作水平线,并沿内侧方向量取横净距得B点。

(4)由B点垂直向下量取y高度得C点(由于泥土或碎石落在视距台上影响视线,为保证通视,对于土质边坡,$y=0.3$m;对于石质边坡,$y=0.1$m)。

(5)由C点按边坡比例画出边坡线,则图中阴影线部分即为挖除的部分,如图2-26所示。

(6)各桩号分别按需要的横净距开挖视距台,连接起来就能保证设计视距。

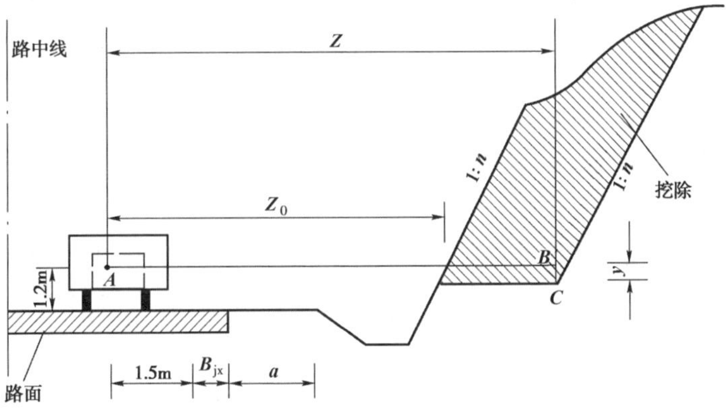

图2-26 开挖视距台

第八节 平面线形设计要点

一、平面线形设计一般原则

1. 平面线形应直捷、连续、顺适,并与地形、地物相适应,与周围环境相协调

在地形平坦开阔的平原微丘区,路线直捷舒顺,在平面线形三要素中直线所占比例较大。

而在地势有很大起伏的山岭重丘区,路线多弯曲,曲线所占比例较大。路线要与地形相适应,这既是美学问题,也是经济问题和保护生态环境问题。直线、圆曲线、回旋线的选用与合理组合取决于地形地物等具体条件,片面强调路线要以直线为主或以曲线为主,或人为规定三者的比例都是错误的。

2. 保持平面线形的均衡与连贯

高、低标准之间要有过渡。结合地形变化,使路线的平面线形指标逐渐过渡,避免出现突变。不同标准路段相互衔接的地点,应选在交通量发生变化处。

3. 应避免连续急弯的线形

这种线形给驾驶员造成不便,给乘客的舒适也带来不良影响。设计时可在曲线间插入足够长的直线或回旋线。

4. 平曲线应有足够的长度

平曲线太短,汽车在曲线上行驶时间过短会使驾驶员操纵转向盘困难,来不及调整,所以《规范》规定了平曲线最小长度,见表2-17。

各级公路平曲线最小长度 表2-17

公路等级	高速公路			一级公路			二级公路		三级公路		四级公路
设计速度(km/h)	120	100	80	100	80	60	80	60	40	30	20
平曲线最小长度(m)	200	170	140	170	140	100	140	100	70	50	40

公路弯道在一般情况下是由两段缓和曲线(或超高、加宽缓和段)和一段圆曲线组成。缓和曲线(一般采用回旋线)的长度不能小于该级公路对其最小缓和曲线长度的规定;中间圆曲线的长度不宜小于3s的行程。

路线转角的大小反映了路线的舒顺程度,以相对小一些为好。但转角过小,即使设置了较大的半径也容易使驾驶员将曲线看成比实际的要短,造成急转弯的感觉。这种现象转角越小越显著,以致造成驾驶员枉作减速转弯的操作。

一般认为,$\theta \leqslant 7^\circ$属于小偏角。对于小转角弯道应设置较长的平曲线,其长度应大于表2-18中规定的“一般值”。但受地形及其他特殊情况限制时,可减短至表中“低限值”。

公路转角等于或小于7°时的平曲线长度 表2-18

公路等级		高速公路			一级公路			二级公路		三级公路		四级公路
设计速度(km/h)		120	100	80	100	80	60	80	60	40	30	20
平曲线最小长度(m)	一般值	$1\,400/\theta$	$1\,200/\theta$	$1\,000/\theta$	$1\,200/\theta$	$1\,000/\theta$	$700/\theta$	$1\,000/\theta$	$700/\theta$	$500/\theta$	$350/\theta$	$280/\theta$
	低限值	200	170	140	170	140	100	140	100	70	50	40

注:表中的θ角为路线转角值,当$\theta<2^\circ$时,按$\theta=2^\circ$。

二、平面线形组合类型

可根据具体情况选用下述几种平面线形组合形式。

1. 基本型(图 2-27)

基本型的两个回旋线参数可以根据地形条件设计成对称的或非对称的曲线。当回旋线两个参数 $A_1=A_2$ 时,称为对称型,这种线形经常采用。根据线形、地形变化的需要,在圆曲线两侧采用 $A_1 \neq A_2$ 的回旋线,设计成非对称型,并注意设置基本型的几何条件:$\alpha > 2\beta_0$(α 为平曲线转角,β_0 为缓和曲线切线角)。

2. S 形

两个反向圆曲线用回旋线连接起来的组合线形称为 S 形,如图 2-28 所示。

S 形相邻两个回旋线参数 A_1 与 A_2 宜相等,设计成对称型。当采用不同的参数时,A_1 与 A_2 之比应小于 2.0,有条件时以小于 1.5 为宜;当 $A_2 \leqslant 200$ 时,A_1 与 A_2 之比应小于 1.5。

两圆曲线半径之比不宜过大,以 $R_1/R_2 \leqslant 2$ 为宜。R_1 为大圆曲线半径(m),R_2 为小圆曲线半径(m)。

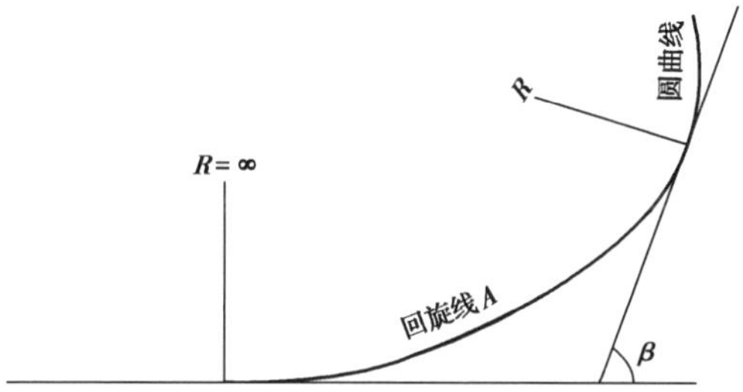

图 2-27 基本型

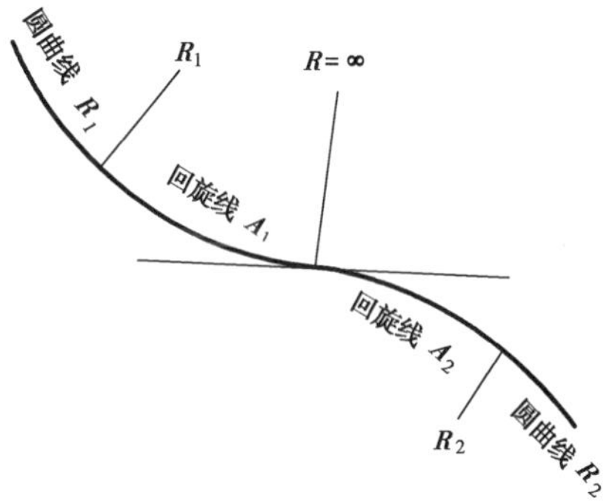

图 2-28 S 形

3. 复曲线

(1)直线与两同向圆曲线直接相连形式

两同向圆曲线按直线—圆曲线 R_1—圆曲线 R_2—直线的顺序组合构成。

(2)两同向圆曲线两端设置缓和曲线形式

两同向圆曲线按直线—回旋线 A_1—圆曲线 R_1—圆曲线 R_2—回旋线 A_2—直线的顺序组合构成。

(3)卵形

用一个回旋线连接两个同向圆曲线的组合形式,称为卵形,按直线—回旋线 A_1—圆曲线 R_1—回旋线—圆曲线 R_2—回旋线 A_2—直线顺序组合构成,如图 2-29 所示。

卵形组合的回旋线参数宜符合下式要求:

$$\frac{R_2}{2} \leqslant A \leqslant R_2$$

式中:A——回旋线参数;

R_2——小圆曲线半径,m。

两圆曲线半径之比,以 $R_2/R_1=0.2 \sim 0.8$ 为宜。

两圆曲线的间距,$D/R_2=0.003 \sim 0.03$ 为宜,以免曲率变化太大。D 为两圆曲线间的最小间距(m)。

4. 凸形

两个同向回旋线间不插入圆曲线而径相衔接的线形称为凸形。

当凸形为对称型时,$\alpha = 2\beta_0$(α 为平曲线转角,β_0 为缓和曲线切线角),如图 2-30 所示。

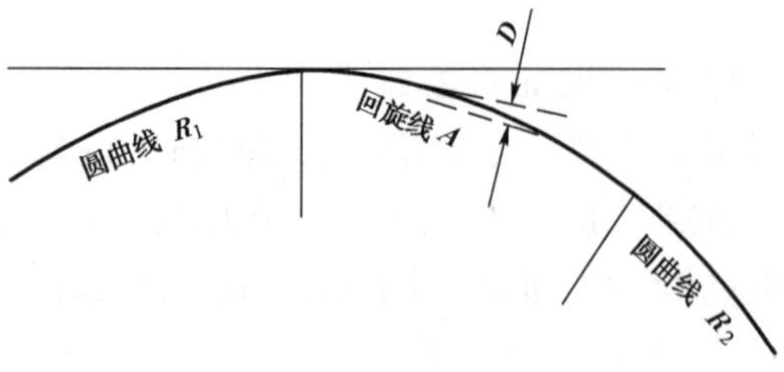

图 2-29 卵形

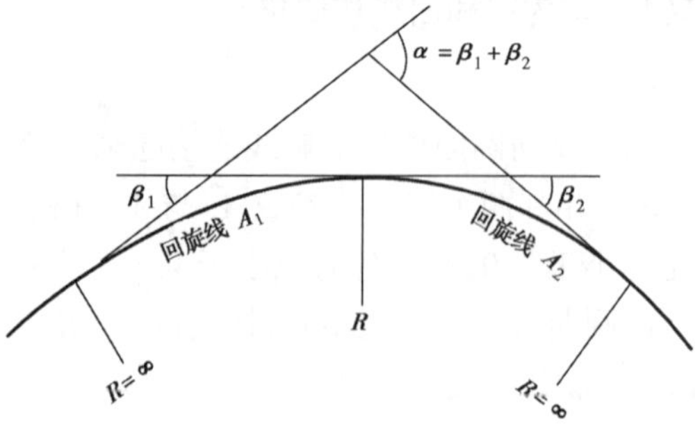

图 2-30 凸形

凸形的回旋线参数及其连接点的曲率半径,应分别符合容许最小回旋线参数和圆曲线一般最小半径的规定。凸形曲线在两回旋曲线衔接处,曲率发生突变,不仅行车操作不便,而且由于超高,路面边缘线纵断面也在该处形成转折,所以凸形曲线作为平面线形是不理想的。只有在地形、地物受限制的路段且对接点的曲率半径相当大时,方可采用凸形组合。

5. 复合型

两个及两个以上同向回旋线,在曲率相等处相互连接的形式称为复合型,如图 2-31 所示。

复合型的两个回旋线参数之比以小于 1∶1.5 为宜。复合型的线形组合仅在地形或其他特殊原因限制时(互通式立体交叉除外)才使用。

6. C 形

同向曲线的两个回旋线在曲率为零处径相衔接(即连接处曲率为 0,$R = \infty$)的形式称为 C 形,如图 2-32 所示。

C 形的线形组合方式仅限于地形条件特殊、路线严格受限制时,方可采用。

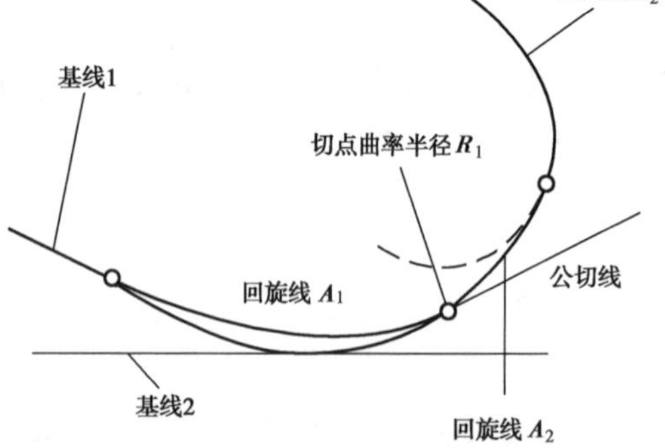

图 2-31 复合型

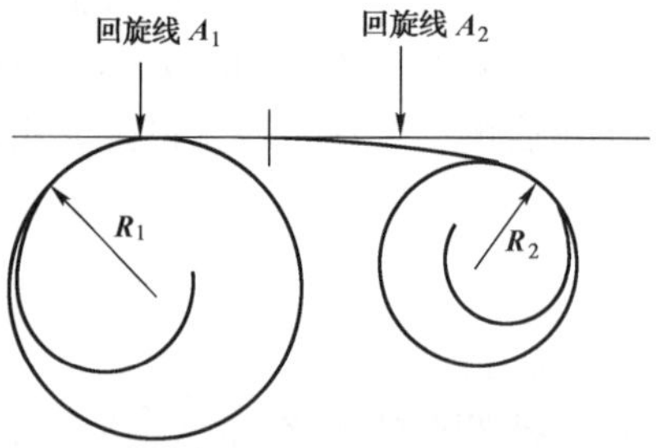

图 2-32 C 形

第九节 公路平面设计成果

一、直线、曲线及转角一览表

“直线、曲线及转角一览表”全面反映路线的平面位置和路线平面线形的各项指标，它是公路设计的主要成果之一，如表2-19所示。完成该表后才能计算“逐桩坐标表”和绘制“路线平面设计图”，同时在公路的纵、横断面和其他构造物设计时都要用该表数据。

二、逐桩坐标表

高速、一级公路的路线高程，在测设和放线时需采用坐标法才能保证测设精度。所以平面设计成果必须提供一份“逐桩坐标表”，如表2-20所示。

三、路线平面设计图

公路路线平面图是设计文件的重要组成部分，该图全面、清晰地反映公路平面位置和经过地区的地形、地物等，是平面设计的重要成果之一(图2-33)。

(一)平面图的比例尺和测绘范围

路线平面图是指包括公路中线在内的有一定宽度的带状地形。若供工程可行性研究，可采用1∶10 000的比例尺测绘(或向国家测绘部门和其他工程单位收集)，但初步设计、施工图设计的设计文件组成部分应采用较大的比例尺，一般测绘时常用1∶2 000，在地形复杂地段的路线初步设计、施工图设计可采用1∶500或1∶1 000。路线带状地形图的测绘宽度，一般路中线两侧各100～200m，对1∶5 000的地形图，测绘宽度每侧应不小于250m，若有比较线，测绘宽度应将比较线包括进去。

路线平面图应示出地形、地物、路线位置及桩号、断链、平曲线主要桩位与其他主要交通路线的关系，以及县以上境界等，标注水准点、导线点及坐标格网或指北图式，示出特大桥、大桥、中桥、隧道、路线交叉位置等。图中还应列出平曲线要素表。

(二)路线平面图的展绘

1. 导线或路中线的展绘

在初测阶段，应先沿着路线走廊布设附和导线，将导线点按其坐标 X、Y 准确地展绘到绘有坐标方格网的图纸上，以导线为基线，作为测绘地形图的依据。

在定测阶段，先将交点按其坐标 X、Y 准确地展绘到绘有坐标方格网的图纸上，再按“逐桩坐标表”所提供的数据，展绘曲线，并注明百米桩、公里桩；以路线为基线，测绘地形。

直线、曲线及转角一览表

表 2-19

交点号	交点坐标		交点桩号	转角值(° ′ ″)	曲线要素(m)						曲线位置					直线长度及方向			测量断链		备注
	X	Y			半径	缓和曲线长	切线长度	曲线长	外距	校正值	第一缓和曲线起点	第一缓和曲线终点	曲线中点	第二缓和曲线起点	第二缓和曲线终点	直线长度(m)	交点距离(m)	计算方位角或计算方向角(° ′ ″)	桩号	增减长度	
1	2	3	4	5	6	7	8	9	10	11	12	13	14	15	16	17	18	19	20	21	22
起点	41 808.20	90 033.60	K0 +000.00																		
																395.59	652.72	138 44 00			
2	41 317.59	90 464.10	K0 +652.72	右 35 35 25	800.00	0.00	256.78	496.93	40.20	16.62		K0 +395.39	K0 +644.41	K0 +892.87							
																104.57	523.86	174 19 25			
3	40 796.31	90 515.92	K1 +159.95	左 57 32 52	250.00	50.00	162.51	301.10	35.69	23.92	K0 +997.44	K1 +047.43	K1 +147.99	K1 +248.54	K1 +298.54						
																558.27	787.53	116 46 33			
4	40 441.52	91 219.07	K1 +923.56	左 34 32 06	150.00	40.00	66.75	130.41	7.55	3.09	K1 +856.81	K1 +896.81	K1 +922.02	K1 +947.22	K1 +987.22						
																328.67	582.80	82 14 27			
5	40 520.20	91 796.47	K2 +503.27	右 78 53 21	200.00	45.00	187.38	320.38	59.53	54.39	K2 +315.89	K2 +360.89	K2 +476.08	K2 +591.27	K2 +636.27						
																0.03	316.05	161 07 48			
6	40 221.11	91 898.70	K2 +764.97	左 51 40 28	224.13	40.00	128.67	242.14	25.22	15.19	K2 +636.30	K2 +676.30	K2 +757.37	K2 +838.44	K2 +838.44						
																365.56	561.55	109 27 20			
7	40 047.40	92 390.47	K3 +271.32	左 34 55 51	150.00	40.00	67.32	131.45	7.72	3.20	K3 +204.00	K3 +244.00	K3 +269.72	K3 +259.44	K3 +335.44						
																528.61	714.86	74 31 29			
8	40 190.11	92 905.94	K3 +802.98	右 22 25 25	600.00	0.00	118.93	234.82	11.67	3.04		K3 +864.05	K3 +801.46	K3 +918.87							
																460.31	579.24	96 56 54			
终点	40 120.03	93 480.92	K4 +379.18																		

逐桩坐标表

表2-20

桩　号	坐　标 (m)		方向角 (° ′ ″)	桩　号	坐　标 (m)		方向角 (° ′ ″)
	X	Y			X	Y	
K1 +500.00	40 632.336	90 840.861	116 46 33	K2 +140.00	40 471.158	91 436.529	82 14 27
K1 +540.00	40 614.316	90 876.572	116 46 33	K2 +160.00	40 473.858	91 456.346	82 14 27
K1 +570.00	40 600.801	90 903.355	116 46 33	K2 +180.00	40 476.558	91 476.163	82 14 27
K1 +600.00	40 587.286	90 930.139	116 46 33	K2 +200.00	40 479.258	91 495.980	82 14 27
K1 +630.33	40 573.623	90 957.216	116 46 33	K2 +220.00	40 481.959	91 515.797	82 14 27
K1 +669.00	40 556.202	90 991.740	116 46 33	K2 +240.00	40 484.659	91 535.613	82 14 27
K1 +680.00	40 551.246	91 001.561	116 46 33	K2 +260.00	40 487.359	91 555.430	82 14 27
K1 +700.00	40 542.236	91 019.416	116 46 33	K2 +280.00	40 490.059	91 575.247	82 14 27
K1 +720.00	40 533.226	91 037.272	116 46 33	K2 +300.00	40 492.759	91 595.064	82 14 27
K1 +750.00	40 519.711	91 064.055	116 46 33	ZH +315.89	40 494.905	91 610.809	82 14 27
K1 +780.00	40 506.196	91 090.838	116 46 33	K2 +340.00	40 497.902	91 634.730	84 05 27
K1 +800.00	40 497.186	91 108.694	116 46 33	HY +360.89	40 499.302	91 655.568	88 41 09
K1 +820.00	40 488.176	91 126.549	116 46 33	K2 +380.00	40 498.828	91 674.665	94 09 37
K1 +840.00	40 479.166	91 144.405	116 46 33	K2 +400.00	40 496.383	91 694.506	99 53 24
ZH +856.33	40 471.593	91 159412	116 46 33	K2 +420.00	40 491.969	91 714.005	105 37 10
K1 +870.00	40 465.708	91 171.216	115 56 42	K2 +440.00	40 485.631	91 732.965	111 20 57
HY +896.81	40 455.191	91 195.860	109 08 10	K2 +460.00	40 477.431	91 751.198	117 04 43
K1 +900.00	40 454.177	91 198.885	107 55 03	QZ +476.08	40 469.544	91 765.206	121 41 07
QZ +922.01	40 448.963	91 220.253	99 30 30	K2 +500.00	40 455.794	91 784.761	128 32 16
K1 +940.00	40 447.061	91 238.126	92 38 19	K2 +520.00	40 442.573	91 799.757	134 16 03
YH +947.00	40 446.902	91 245.344	89 52 51	K2 +540.00	40 427.920	91 813.357	139 59 49
K1 +960.00	40 447.413	91 258.112	85 46 44	K2 +560.00	40 411.983	91 825.427	145 43 36
K1 +980.00	40 449.567	91 277.993	82 29 23	K2 +580.00	40 394.921	91 835.845	151 27 22
HZ +987.22	40 450.531	91 285.148	82 14 27	YH +591.27	40 384.875	91 840.947	154 41 05
K2 +000.00	40 452.257	91 297.811	82 14 27	K2 +600.00	40 376.910	91 844.518	156 56 35
K2 +010.00	40 453.607	91 307.719	82 14 27	K2 +620.00	40 358.262	91 851.740	160 17 15
K2 +030.00	40 456.307	91 327.536	82 14 27	GQ +636.27	40 342.893	91 857.077	161 07 48
K2 +050.00	40 459.007	91 347.353	82 14 27	K2 +650.00	40 329.916	91 861.563	160 31 48
K2 +070.00	40 461.707	91 367.170	82 14 27	K2 +670.00	40 311.219	91 868.655	157 30 02
K2 +100.00	40 465.757	91 396.895	82 14 27	K2 +700.00	40 284.324	91 881.898	149 57 30
K2 +120.00	40 468.458	91 416.712	82 14 27				

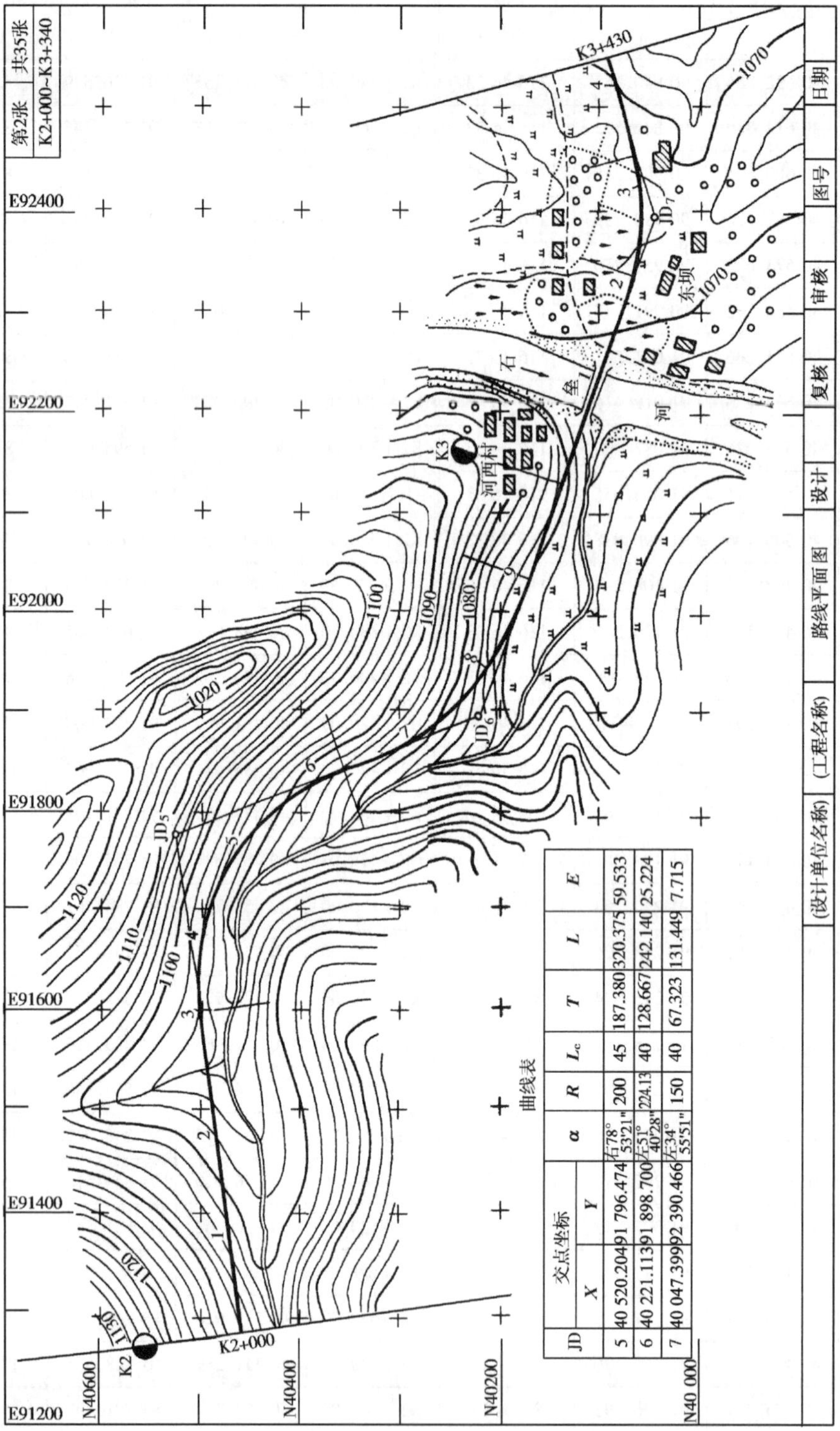

曲线表

JD	交点坐标 X	交点坐标 Y	α	R	L_c	T	L	E
5	40 520.204	91 796.474	右78° 53'21"	200	45	187.380	320.375	59.533
6	40 221.113	91 898.700	左51° 40'28"	224.13	40	128.667	242.140	25.224
7	40 047.399	92 390.466	左34° 55'51"	150	40	67.323	131.449	7.715

图 2-33 公路路线平面图示例

2. 控制点的展绘

各种比例尺的地形图，均应展绘出测绘宽度内的各等级三角点、导线点、图根点、水准点等，并按规定的符号表示。

3. 各种构造物的测绘

各种比例尺的地形图，各类构造物、建筑物及其主要附属设施应按《公路勘测规范》(JTG C10—2007)的规定测绘和表示。对各种线状地物，如管线，高、低压电线等，应实测其支架或电杆的位置。对穿越路线的高压线，应实测其悬垂线距地面的高度并注明伏安。对地下管线等应详细测定其位置。对公路及其附属物应按实际形状测绘。

4. 水系及其附属物的测绘

各种比例尺的地形图，均应展绘出测绘宽度内的海洋海岸线位置，水渠顶边及底边高程，堤坝顶部及坡脚的高程，水井井台高程，水塘塘顶边及塘底的高程。河流、水沟等应注明水流流向。

5. 地形、地貌的测绘

各种比例尺的地形图，对地形、地貌、植被、不良地质地带等均应详细测绘，并用等高线和国家测绘局制定的“地形图图式”符号及数字注明。

思考题与习题

1. 如何填制“直线、曲线及转角表”和“逐桩坐标表”？

2. 某二级公路平原微丘区交点桩号为 K3 + 383.76，$R = 400\text{m}$，右转角 $\alpha = 34°12'32''$，缓和曲线 $L_c = 70\text{m}$，试确定该平曲线要素及平曲线主点的桩号。

3. 某山岭区二级公路，已知 JD_1 的坐标(40 961.914，91 066.103)，JD_2 的桩号 K8 + 284.56、坐标为(40 433.528，91 250.097)，JD_3 的坐标为(40 547.416，91 810.329)，并设 JD_2 半径 $R = 200\text{m}$，缓和曲线长 $L_c = 50\text{m}$。

求：(1) JD_2 的平曲线的要素；

(2) JD_2 的主点桩号、坐标。

4. 已知平原微丘区三级公路设计速度为 40km/h，基线 AB 长度为 200m，复曲线中主曲线的半径 $R_1 = 500\text{m}$，转角 $\alpha_1 = 27°35'46''$，JD_A 点的桩号 K3 + 234.67；副曲线的转角 $\alpha_2 = 32°14'45''$，试计算复曲线要素及主点桩号。

第三章
CHAPTER THREE

纵断面设计

本章学习要点

本章主要学习纵断面线形设计的基本方法、《标准》《规范》的有关规定和要求，掌握纵断面设计成果。

沿着公路中线竖直剖切然后展开即为路线纵断面。由于自然因素的影响以及经济性要求，路线纵断面总是一条有起伏的空间线。纵断面图是公路纵断面设计的主要成果，也是公路设计的技术文件之一。把公路的纵断面图与平面图结合起来，就能准确地定出公路的空间位置。

在纵断面图上有两条主要的线：一条是地面线，它是根据中线上各桩点的高程而点绘的一条不规则的折线，反映了沿着中线地面的起伏变化情况；另一条是设计线，它是设计人员经过技术上、经济上以及美学上等多方面比较后定出的一条具有规则形状的几何线，反映了公路路线的起伏变化情况。纵断面设计线是由直线和竖曲线组成的。直线(即均匀坡度线)有上坡和下坡，是用坡度和水平长度表示的。直线的坡度和长度影响着汽车的行驶速度和运输的经济以及行车的安全，它们的一些临界值的确定和必要的限制，是以通行的汽车类型及行驶性能来决定的。

在直线的坡度转折处，为平顺过渡要设置竖曲线。按坡度转折形式的不同，竖曲线有凹有凸，其大小用半径和水平长度表示。

路线纵断面图上的设计高程，即路基设计高程，《规范》规定如下：

1. 新建公路路基设计高程

高速公路和一级公路宜采用中央分隔带的外侧边缘高程；二级公路、三级公路、四级公路宜采用路基边缘高程，在设置超高、加宽地段为设超高、加宽前该处边缘高程。

2. 改建公路路基设计高程

一般按新建公路的规定办理，也可视具体情况而采用中央分隔带中线或行车道中线处的高程。

纵断面设计的主要任务就是根据汽车的动力特性、公路等级、地形、地物、水文地质，综合考虑路基稳定、排水以及工程经济性等，研究纵坡的大小、长短、竖曲线半径以及与平面线形的组合关系,以便达到行车安全迅速、运输经济合理及乘客感觉舒适的目的。

第一节 纵坡及坡长设计

一、汽车行驶与公路纵坡的关系

1. 汽车行驶要求

汽车行驶的牵引力来源于汽车的发动机,发动机将燃料燃烧所放出的热能转化为机械能。汽车行驶的阻力有空气阻力、滚动阻力、坡度阻力和惯性阻力,要保证汽车正常行驶,牵引力必须大于或等于各项阻力之和。汽车牵引力的发挥受轮胎和路面之间摩阻力限制,如果轮胎和路面之间摩阻力不够大,牵引力就不可能发挥作用,车轮只能空转打滑,所以汽车的牵引力又受驱动轮与路面之间摩阻力的限制。当路面阻力较大时,汽车行驶条件较差,当路面阻力超过一定限度时,汽车将无法行驶。

2. 汽车在坡道上的行驶要求

(1)纵坡度力求平缓。

(2)陡坡宜短,对长坡道的纵坡度应加以严格限制。

(3)纵坡度的变化不宜太多,尤其应避免急剧起伏变化,力求纵坡均匀。

二、最大纵坡、最小纵坡和坡长限制

1. 最大纵坡

在高差较大的地区,坡度越大,公路里程就越短,一般来说工程数量也越省。但由于汽车的牵引力有一定的限度,故纵坡不能采用太大,必须对纵坡加以限制。最大纵坡是公路纵坡设计的极限值,是纵断面线形设计的一项重要指标。最大纵坡的大小将直接影响路线的长短、使用质量、行车安全以及运营成本和工程的经济性。

汽车沿陡坡行驶时,因升坡阻力增加而增大牵引力,从而降低车速,若长时间爬陡坡,不但会引起汽车水箱沸腾、气阻,使汽车行驶无力以致发动机熄火,导致行驶条件恶化。汽车下坡时,制动次数增加,制动器易发热而失效,驾驶员心理紧张,也容易发生交通事故。因此,从行车安全考虑,对最大纵坡必须加以限制。

(1)确定最大纵坡应考虑的因素

①汽车的动力性能:考虑公路上行驶的车辆,按汽车行驶的必要条件和充分条件来确定。

②公路等级:不同的公路等级要求的行车速度不同,公路等级越高,行车速度越大,要求的纵坡越平缓。

③自然因素:公路所经过的地形、海拔高度、气温、雨量、湿度和其他自然因素,均影响汽车的行驶条件和上坡能力。

(2)最大纵坡的确定

最大纵坡是各级公路纵坡限制值,只有在山岭区路线特别困难时采用,如表3-1所示。

最大纵坡 表3-1

设计速度(km/h)	120	100	80	60	40	30	20
最大纵坡(%)	3	4	5	6	7	8	9

(3)最大纵坡应符合下列规定

①设计速度为120km/h、100km/h、80km/h的高速公路受地形条件或其他特殊情况限制时,经技术经济论证,最大纵坡值可增加1%。

②公路改扩建中,设计速度为40km/h、30km/h、20km/h且利用原有公路的路段,经技术经济论证,最大纵坡值可增加1%。

③桥上纵坡不宜大于4%,桥头引道纵坡不宜大于5%,位于城镇混合交通繁忙处的桥梁,桥上纵坡和桥头引道纵坡均不得大于3%。

④直线码头的引道纵坡宜采用9%~10%,锯齿式码头宜采用4%~6%。

⑤隧道内纵坡应小于3%,大于0.3%,但短于100m的隧道可不受此限,高速公路、一级公路的中短隧道,当条件受限制时,最大纵坡可适当加大,但不宜大于4%。

2. 最小纵坡

为使公路上行车快速、安全和畅通,希望公路纵坡设计得小一些,但是,在长路堑低填方以及其他横向排水不畅通的地段,防止积水渗入路基而影响其稳定,规定各级公路的长路堑路段以及其他横向排水不畅的路段,均应采用不小于0.3%的纵坡。当必须设计水平坡(0%)或小于0.3%的纵坡时,边沟排水设计应与纵坡设计一起综合考虑,其边沟应作纵向排水设计。

3. 坡长限制

(1)最大坡长的限制

公路纵坡的大小及坡长对汽车正常行驶影响很大。坡长限制,系根据汽车动力性能来决定的。长距离的陡坡对汽车行驶不利。连续上坡,发动机过热影响机械效率,从而使行驶条件恶化,下坡则因制动频繁而危及行车安全,因此,纵坡越陡,坡长越长,对行车的影响越大。《标准》对各级公路不同陡坡的最大坡长加以限制,见表3-2。

各级公路纵坡长度限制(m) 表3-2

纵坡坡度(%)	设计速度(km/h)						
	120	100	80	60	40	30	20
3	900	1 000	1 100	1 200			
4	700	800	900	1 000	1 100	1 100	1 200
5		600	700	800	900	900	1 000
6			500	600	700	700	800
7					500	500	600
8					300	300	400
9						200	300
10							200

(2)陡坡组合坡长

进行公路纵坡设计时,当连续陡坡由几个不同坡度值的坡段组合而成时,相邻坡段长度应按限制的规定进行坡长折算。例如,某山岭区三级公路,第一坡段纵坡度为7%,长度为200m,即占坡长限制的2/5;第二坡段纵坡度为6%,长度为200m,即占坡长限制的2/7;第一坡段、第二坡段设计完后还剩:1 -2/5 -2/7 = 31.43/100,若第三坡段采用4%的坡度,第三段坡长最长采用(31.43/ 100) ×1 100 =345.71m,这时就把100%的坡长值全用完了。在使用坡长限制的纵坡度时,坡长只能小于或等于100%的坡长限制,一般情况下,应留有一定的余地。

(3)最小坡长限制

最小坡长限制主要是从汽车行驶平顺性的要求考虑。如果坡长过短,使变坡点增多,汽车行驶在连续起伏地段产生增重与减重的频繁变化,导致车上人员感觉不舒适,车速越高,不适感越突出,而且从路容美观、相邻两竖曲线的设置和纵断面的视距等方面也要求坡长不能太短。为使纵断面线形不至于因起伏频繁而呈锯齿形的状况,并便于平面线形的合理布设,应对纵坡的最小长度作出限制。最小坡长通常以设计速度行驶9 ~15s的行程作为规定值。《标准》规定,各级公路最小坡长如表3-3所示。

公路最小坡长 表3-3

设计速度(km/h)	120	100	80	60	40	30	20
最小坡长(m)	300	250	200	150	120	100	60

三、缓和坡段

在纵断面设计中,当陡坡长度达到限制坡长时,应安排一段缓坡,用以恢复在陡坡上降低的速度。同时,从下坡安全考虑,设计一段缓坡也是非常必要的。缓和坡段的具体位置应结合纵向地形考虑路线的平面线形要素。不同等级的公路其缓和坡度不同,对于越岭公路,《标准》规定缓和坡段的纵坡应不大于3%,其长度应不小于最小坡长要求。

四、平均纵坡

平均纵坡是指一定长度的路段纵向所克服的高差与该路段长度的比。平均纵坡是衡量路线线形设计质量的重要指标之一。

根据对山区公路行车的实际调查发现,有时虽然公路纵坡设计完全符合最大纵坡、坡长限制及缓和坡长的规定,但也不能保证行车的顺利和安全。如果在长距离内,平均纵坡较大,汽车上坡用低速挡时间较长,发动机长时间发热,易导致汽车水箱沸腾、气阻;同样,汽车下坡时,频繁制动,易引起制动器发热,甚至烧毁制动片,加之驾驶员心理过分紧张,极易发生事故。因此,从汽车行驶方便和安全出发,合理运用最大纵坡、坡长限制及缓和坡段的规定,还应控制平均纵坡。

平均纵坡不仅与坡道长度有关,还与相对高差有关。《标准》规定,二级公路、三级公路、四级公路越岭路线连续上坡(或下坡)路段,相对高差为200 ~500m时,平均纵坡不应大于5.5%;相对高差大于500m时,平均纵坡不应大于5%,并注意任意连续3km路段的平均纵坡不应大于5.5%。

五、合成坡度

公路在平曲线地段,若纵向有纵坡并横向有超高时,则最大坡度既不在纵坡上,也不在横向超高上,而是在纵坡和超高的合成方向上,这个最大的坡度称为合成坡度,又称作流水线坡度,如图3-1所示。

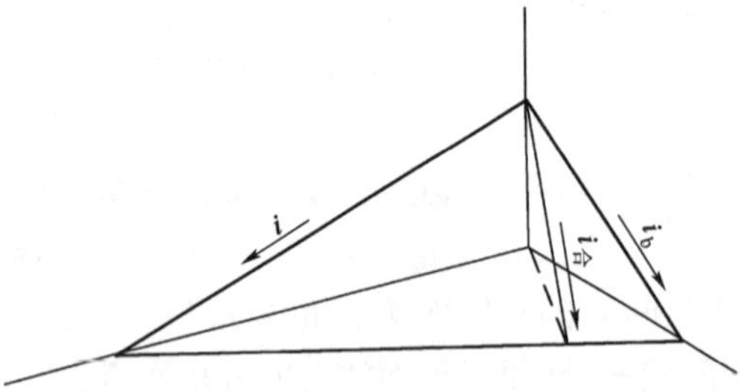

图3-1　合成坡度示意

合成坡度可按矢量关系或勾股定理关系导出:

$$i_{合} = \sqrt{i^2 + i_b^2}$$

式中:$i_{合}$——合成坡度,%;

i——公路平曲线处的纵坡,%;

i_b——公路平曲线处的超高横坡度,%。

汽车在有合成坡度的地段行驶,若合成坡度过大,当车速过慢或汽车停在弯道上时,汽车可能沿合成坡度的方向产生侧滑;同时,若遇急弯陡坡,汽车可能沿合成坡度方向冲出弯道之外而造成事故;此外,当合成坡度较大时,还会造成汽车倾斜、货物偏重,致使汽车倾倒。

因此,我国《标准》规定了各级公路的最大容许合成坡度,见表3-4。

公路最大合成坡度　　表3-4

公路技术等级	高速公路、一级公路				二级公路、三级公路、四级公路				
设计速度(km/h)	120	100	80	60	80	60	40	30	20
合成坡度值(%)	10.0	10.0	10.5	10.5	9.0	9.5	10.0	10.0	10.0

最大合成坡度是控制极限值,一般情况应留有一定的余地。

在纵断面设计拉坡时,纵坡的确定必须考虑满足合成坡度的要求。

当陡坡与小半径平曲线相重叠时,在条件许可的情况下,以采用较小的合成坡度为宜,特别是在下述情况下,合成坡度必须小于8%。

(1)冬季路面有积雪、结冰地区。

(2)自然横坡较陡峻的傍山路段。

(3)非汽车交通量比率高的路段。

各级公路的最小合成坡度不宜小于0.5%。在超高过渡的变化处,合成坡度不应设计成0%。当合成坡度小于0.5%时,应采取综合排水措施,以保证路面排水畅通。

第二节　竖曲线

当纵断面上两条坡度不同的相邻纵坡线相交时,就出现了变坡点。汽车在变坡点上行驶不顺适,故在变坡点处都必须用曲线将前后两条相邻纵坡线顺适连接起来,以适应行车的需要,这条连接两纵坡线的曲线(二次抛物线)称为竖曲线。竖曲线分凸形竖曲线和凹形竖曲线两种形式,所以纵断面设计线是由直线坡段和竖曲线组成。

一、竖曲线要素计算

如图 3-2 所示,O'为变坡点,前坡段纵坡坡度为 i_1,后坡段纵坡坡度为 i_2,则相邻两坡度的差为 $\omega = i_1 - i_2$,上坡时取正值,下坡时取负值。当 $i_1 - i_2$ 为正值时,则为凸形竖曲线。当$i_1 - i_2$为负值时,则为凹形竖曲线。

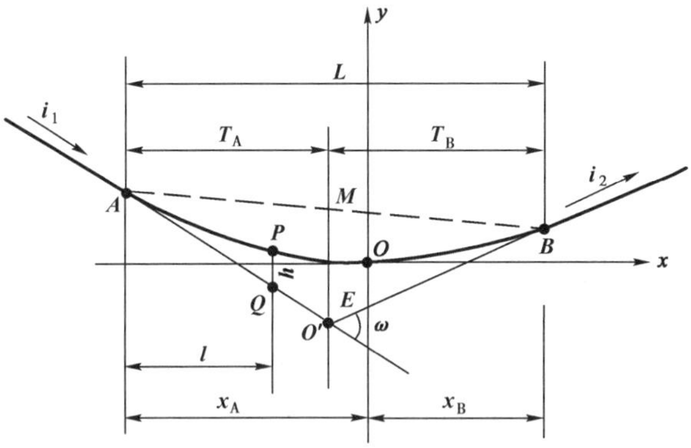

图 3-2 竖曲线计算图示

我国采用二次抛物线作为竖曲线。设抛物线顶点半径为 R,则:

竖曲线长

$$L = R\omega$$

竖曲线切线长

$$T = T_A = T_B \approx \frac{L}{2} = \frac{R\omega}{2}$$

竖曲线的外距

$$E = \frac{T^2}{2R}$$

竖曲线上任意点竖距

$$h = \frac{l^2}{2R}$$

式中:l——竖曲线任意点至竖曲线起点(终点)的距离, m;

R——竖曲线的半径,m。

二、竖曲线的最小半径

1. 确定凸形竖曲线极限最小半径应考虑的因素

(1)缓和冲击

汽车行驶在竖曲线上时,产生径向离心力,使汽车在凸形竖曲线上重力减小,所以确定竖曲线半径时,对离心力要加以控制。

(2)经行时间不宜过短

当竖曲线两端直线坡段的坡度差很小时,即使竖曲线半径较大,竖曲线长度也有可能较短,此时汽车在竖曲线段倏忽而过,冲击增大,乘客不适;从视觉上考虑,也会使人感到线形突然转折。因此,汽车在凸形竖曲线上行驶的时间不能太短,通常控制汽车在凸形竖曲线上行驶时间不得小于3s。

(3)满足视距的要求

汽车行驶在凸形竖曲线上,如果竖曲线半径太小,会阻挡驾驶员的视线。为了行车安全,对凸形竖曲线的最小半径和最小长度应加以限制。

2. 确定凹形竖曲线极限最小半径应考虑的因素

(1)缓和冲击

在凹形竖曲线上行驶重量会增大;半径越小,离心力越大;当重量变化程度达到一定时,就会影响到旅客的舒适性,同时也会影响汽车的悬架系统。

(2)前照灯照射距离要求

汽车行驶在凹形竖曲线上时,也同样存在视距问题。对地形起伏较大地区的路段,在夜间行车时,若半径过小,前照灯照射距离过短,影响行车安全和速度;在高速公路及城市道路上有许多跨线桥、门式交通标志及广告宣传牌等,如果它们正好处在凹形竖曲线上方,也会影响驾驶员的视线。

(3)跨线桥下视距要求

为保证汽车穿过跨线桥时有足够的视距,汽车行驶在凹形竖曲线上时,应对竖曲线最小半径加以限制。

(4)经行时间不宜过短

汽车在凹形竖曲线上行驶的时间不能太短,通常控制汽车在凹形竖曲线上行驶时间不得小于3s。

总之,无论是凸形竖曲线还是凹形竖曲线,都要受到上述缓和冲击、视距及行驶时间三种因素控制。竖曲线极限最小半径是缓和行车冲击和保证行车视距所必需的竖曲线半径的最小值,该值只有在地形受限制迫不得已时方可采用。通常为了使行车有较好的舒适条件,设计时多采用大于极限最小半径1.5~2.0倍的值,该值为竖曲线一般最小值。与平曲线相似,当坡度角较小时,即使采用较大的竖曲线半径,竖曲线的长度也很短,这样容易使驾驶员产生急促的变坡感觉,同时,竖曲线长度过短,易对行车造成冲击。我国按照汽车在竖曲线上以设计速度行驶3s行程时间控制竖曲线最小长度。各级公路的竖曲线最小长度和半径规定如表3-5所列,在进行竖曲线设计时,不但要满足竖曲线半径要求,还必须满足竖曲线最小长度规定。

公路竖曲线最小半径和竖曲线最小长度 表3-5

设计速度(km/h)		120	100	80	60	40	30	20
凸形竖曲线半径(m)	一般值	17 000	10 000	4 500	2 000	700	400	200
	极限值	11 000	6 500	3 000	1 400	450	250	100

续上表

设计速度(km/h)		120	100	80	60	40	30	20
凹形竖曲线半径(m)	一般值	6 000	4 500	3 000	1 500	700	400	200
	极限值	4 000	3 000	2 000	1 000	450	250	100
竖曲线长度(m)	一般值	250	210	170	120	90	60	50
	极限值	100	85	70	50	35	25	20

注:表中所列“一般值”为正常情况下的采用值;“极限值”为条件受限制时,经技术经济论证后的采用值。

三、竖曲线的设计和计算

(一)竖曲线设计

选用竖曲线半径时,为获得更好的视觉效果,还应将竖曲线半径选择大一些,使人视觉上感到舒适畅顺。有条件时宜采用大于或等于表3-6所列视觉所需的最小竖曲线半径值。

视觉所需的最小竖曲线半径 表3-6

设计速度(km/h)	竖曲线半径(m)		设计速度(km/h)	竖曲线半径(m)	
	凸形	凹形		凸形	凹形
120	20 000	12 000	80	12 000	8 000
100	16 000	10 000	60	9 000	6 000

相邻竖曲线衔接时应注意:

(1)同向竖曲线:特别是两同向凹形竖曲线间,如果直坡段接近或达到最小坡长时,宜合并设置为单曲线或复曲线。

(2)反向竖曲线:反向竖曲线间应设置一段直线坡段,直坡段的长度一般不小于设计速度的3s行程,以使汽车从失重(或增重)过渡到增重(或失重)有一个缓和段。

(3)竖曲线设置应满足排水需要。相邻纵坡之代数差很小时,采用大半径竖曲线时,如果导致竖曲线上的纵坡小于0.3%,不利于排水,应做专门的排水设计。

(二)竖曲线计算

1.计算竖曲线的基本要素

竖曲线长:L;切线长:T;外距:E。

2.计算竖曲线的起、终点桩号

$$竖曲线的起点桩号 = 变坡点的桩号 - T$$
$$竖曲线的终点桩号 = 变坡点的桩号 + T$$

3.计算竖曲线上任意点切线高程及改正值

$$切线高程 = 变坡点的高程 \pm (T - l) \cdot i$$

改正值

$$h=\frac{l^2}{2R}$$

4.计算竖曲线上任意点设计高程

某桩号在凸形竖曲线上的设计高程 = 该桩号在切线上的设计高程 $-h$

某桩号在凹形竖曲线上的设计高程 = 该桩号在切线上的设计高程 $+h$

【例3-1】 某山岭区二级公路,变坡点桩号为K3+030.00,高程为427.68m,前坡为上坡,$i_1=+5\%$,后坡为下坡,$i_2=-4\%$,竖曲线半径 $R=2\ 000$m。试计算竖曲线诸要素以及桩号为K3+000.00和K3+100.00处的设计高程,如图3-3所示。

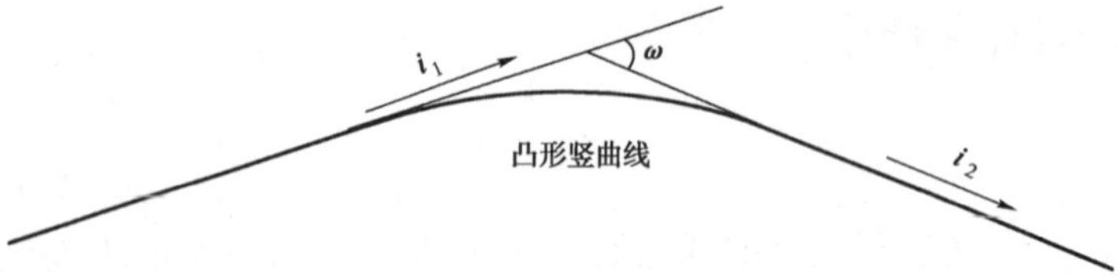

图3-3 竖曲线计算示意

(1)计算竖曲线要素

$$\omega=i_1-i_2=5\%-(-4\%)=0.09$$

所以该竖曲线为凸形竖曲线。

曲线长

$$L=R\omega=2\ 000\times0.09=180\text{m}$$

切线长

$$T=\frac{L}{2}=\frac{180}{2}=90\text{m}$$

外距

$$E=\frac{T^2}{2R}=\frac{90^2}{2\times2\ 000}=2.03\text{m}$$

(2)竖曲线起、终点桩号

竖曲线起点桩号 = (K3+030.00) − 90 = K2+940.00

竖曲线终点桩号 = (K3+030.00) + 90 = K3+120.00

(3)K3+000.00、K3+100.00的切线高程和改正值

K3+000.00的切线高程 = 427.68 − (K3+030.00 − K3+000.00) × 5% = 426.18m

$$\text{K3}+000.00\text{的改正值}=\frac{(\text{K3}+000.00-\text{K2}+940.00)^2}{2\times2\ 000}=0.90\text{m}$$

K3+100.00的切线高程 = 427.68 − (K3+100.00 − K3+030.00) × 4% = 424.88m

$$\text{K3}+100.00\text{的改正值}=\frac{(\text{K3}+120.00-\text{K3}+100.00)^2}{2\times2\ 000}=0.10\text{m}$$

(4)K3+000.00和K3+100.00的设计高程

K3+000.00的设计高程 = 426.18 − 0.9 = 425.28m

K3+100.00的设计高程 = 424.88 − 0.1 = 424.78m

第三节 爬坡车道

爬坡车道是陡坡路段正线行车道外侧增设的供载货车行驶的专用车道。

一、设置爬坡车道的条件

四车道高速公路、四车道一级公路以及二级公路连续上坡路段，符合下列情况之一时，宜在上坡方向行车道右侧设置爬坡车道：

(1)沿连续上坡方向载重汽车的运行速度降低到表3-7的容许最低速度以下。

上坡方向容许最低速度 表3-7

设计速度(km/h)	120	100	80	60	40
容许最低速度(km/h)	60	55	50	40	25

(2)上坡路段的设计通行能力小于设计小时交通量。

(3)经设置爬坡车道与改善主线纵坡不设爬坡车道技术经济比较论证，设置爬坡车道的效益费用比、行车安全性较优。

二、爬坡车道的设计

1.横断面组成

爬坡车道设于上坡方向主线行车道右侧，如图3-4所示。爬坡车道的宽度一般为3.5m，包括设于其左侧路缘带的宽度0.5m。爬坡车道的路肩和主线一样仍然由硬路肩和土路肩组成，但由于爬坡车道上汽车行驶速度较低，其硬路肩宽度可以不按主线的安全标准要求设计，一般为1.0m，而土路肩宽度以按主线要求设计为宜。

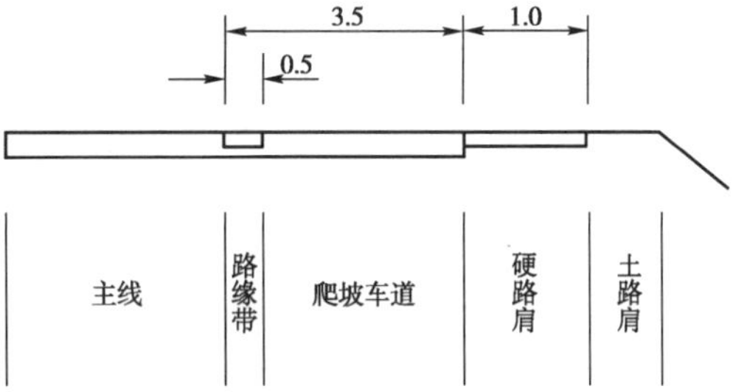

图3-4 爬坡车道横断面组成(尺寸单位:m)

窄路肩不能用于停车，在长而连续的爬坡车道路段上，其右侧应按规定设置紧急停车带。

2.横坡度

如上所述，因为爬坡车道的行车速度比主线小，为了行车安全起见，高速公路主线的超高坡度与爬坡车道的超高坡度的对应关系见表3-8。

爬坡车道的超高值 表3-8

主线的超高坡度(%)	10	9	8	7	6	5	4	3	2
爬坡车道的超高坡度(%)	5		4					3	2

超高坡度的旋转轴为爬坡车道内侧边缘线。

若爬坡车道位于直线路段时,其横坡度的大小同主线路拱坡度,采用直线式横坡,坡向向外。

另外,爬坡车道右侧路肩的横坡度大小和坡向,参照正线与右侧路肩之间关系的有关规定确定。

3. 平面布置与长度

爬坡车道的布设形式如图 3-5 所示。

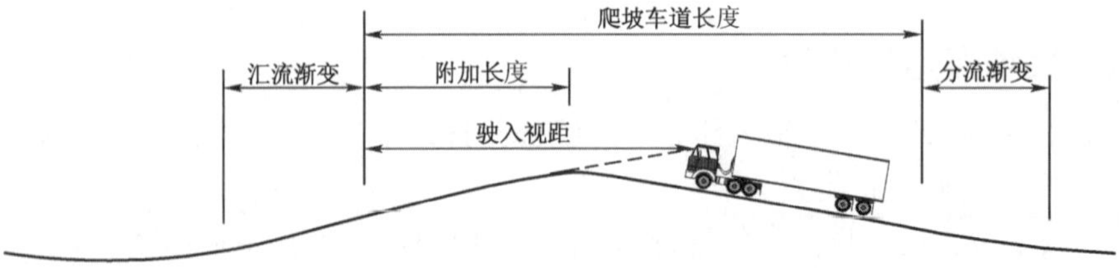

图 3-5　典型爬坡车道

爬坡车道的起点,应设于陡坡路段上载重汽车运行速度降低至表 3-7 中“容许最低速度”处。爬坡车道的终点,应设于载重汽车爬经陡坡路段后恢复至“容许最低速度”处,或陡坡路段后延伸的附加长度的端部。该陡坡路段后延伸的附加长度规定见表 3-9。

陡坡路段后延伸的附加长度　　表 3-9

附加段纵坡(%)	下坡	平坡	上坡			
			0.5	1.0	1.5	2.0
附加长度(m)	100	150	200	250	300	350

相邻两爬坡车道相距较近时,宜将两爬坡车道直接相连。

爬坡车道起点、终点处应设置分流、汇流渐变段,其长度规定如表 3-10 所示。

爬坡车道分流、汇流渐变段长度　　表 3-10

公路等级	分流渐变段长度(m)	汇流渐变段长度(m)
高速公路、一级公路	100	150 ~ 200
二级公路	50	90

第四节　公路平、纵线形组合设计

公路的空间线形是指由公路的平面线形和纵断面线形及横断面所组成的空间带状结构物。公路设计是从路线规划开始的,然后经选线、平面线形设计、纵断面设计和平纵线形组合设计,最终以平、纵、横组合的立体线形展现出来。汽车行驶过程中,驾驶员所选择的实际行车速度是根据他对立体线形的判断作出的,因此,设计中不仅仅要满足平面、纵断面线形标准,还必须满足公路空间线形视觉的连续性,并有足够的舒适感和安全感。

一、视觉分析

1. 视觉分析的意义

公路设计除应考虑自然条件、汽车行驶力学的要求外,还要把驾驶员在心理和视觉上的反应作为重要因素考虑。汽车在公路上行驶时,驾驶员是通过视觉、运动感觉和时间的变化来判断线形的。对于公路的线形、周围景观、标志及其他有关信息,驾驶员几乎都是通过视觉感受到的。

从视觉心理出发,对公路的空间线形及其与周围自然景观和沿线建筑的协调等进行研究分析,以保持视觉的连续性,使行车具有足够的舒适感和安全感的综合设计称为视觉分析。

2. 视觉与车速的动态规律

驾驶员的视觉判断能力与车速密切相关,车速越高,其注视前方越远,则视角逐渐变小。驾驶员的注意力集中和心理紧张程度随车速的增加而增加,注意力集中点和视野距离随车速提高而增大,当汽车高速行驶时,驾驶员对前景细节的视觉开始变得模糊不清,而视角随车速逐渐变窄,已不能顾及两侧景象了。由此可见,在快速道路上,必须使驾驶员明白无误地了解线形,尽量避免由于判断错误而导致驾驶失误。

3. 视觉评价方法

所谓线形状况是指公路平面和纵断面线形所组成的立体形状,在汽车快速行驶中给驾驶员提供的连续不断的视觉印象。设计者通过公路透视图评价线形组合是否顺势流畅,对易产生判断失误和茫然的地方,必须在设计阶段进行修改。

二、公路平、纵线形组合设计

1. 组合原则

平面与纵断面的线形组合是指在满足汽车运动学和力学要求的前提下,研究如何满足驾驶员视觉和心理方面的连续性、舒适感,研究与周围环境的协调和良好的排水条件。公路平、纵线形组合的基本原则是:

(1)应能在视觉上自然地诱导驾驶员的视线,并保持视觉的连续性。

(2)平面与纵断面线形的技术指标应大小均衡,不要悬殊太大,使线形在视觉上和心理上保持协调。

(3)选择组合得当的合成坡度,以利于路面排水和安全行车。

对于高速公路、一级公路以及设计速度≥60km/h 的公路,应注重立体线形设计,尽量做到线形连续、指标平衡、视觉良好、景观协调、安全舒适。设计速度愈高,线形设计所考虑的因素应愈周全。

对于设计速度≤40km/h 的公路,首先应在保证行车安全的前提下,正确运用线形要素最小值,在条件许可、不过多增加工程量的情况下,力求做到各种线形要素合理组合,并尽量避免和减少不利的组合,以期充分发挥投资效益。

2. 组合方式

(1)平曲线和竖曲线组合

平曲线和竖曲线两者在一般情况下应相互重合,如图3-6所示,宜将竖曲线的起、终点,放在平曲线的缓和段内。这种立体线形不仅能起到诱导视线的作用,而且可取得平顺和流畅的效果。

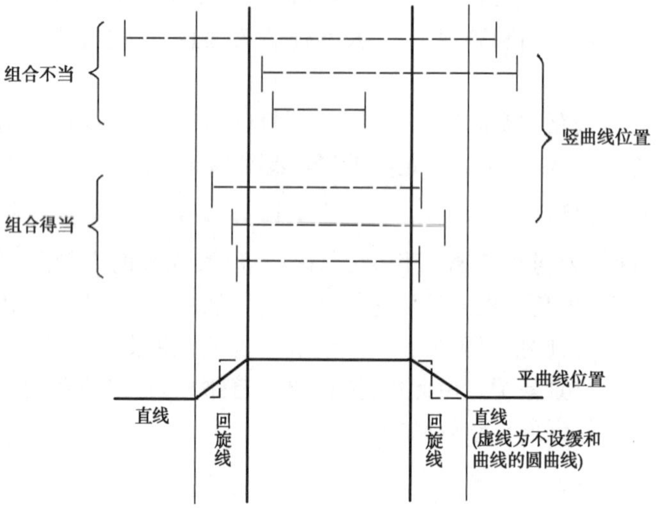

图3-6 平曲线与竖曲线组合

平曲线与竖曲线大小应保持均衡,平、竖曲线几何要素要大体平衡、匀称、协调,不要把过缓与过急、过长与过短的平曲线和竖曲线组合在一起。表3-11为平纵曲线半径大致均衡的参考值。

当平曲线半径和竖曲线半径都很小时,平曲线和竖曲线两者不宜重叠。

平、纵曲线半径的均衡参考值 表3-11

平曲线半径(m)	竖曲线半径(m)	平曲线半径(m)	竖曲线半径(m)
500	10 000	1 100	30 000
700	12 000	1 200	40 000
800	16 000	1 500	60 000
900	20 000	2 000	100 000
1 000	25 000		

凸形竖曲线的顶部或凹形竖曲线的底部不得插入小半径的平曲线,也不得与反向平曲线拐点相重合,以免误导驾驶员视线,使驾驶员操作失误,引起交通事故。

(2)平面直线与纵断面的组合

平面的长直线与纵断面直坡段相配合,对双车道公路能为超车提供方便,在平坦地区易与地形相适应,但行车单调,驾驶员易疲劳。从美学的观点上,平面的直线与一个大半径的凸形竖曲线配合为好,与一个凹形竖曲线配合次之;在直线中,较短距离内两次以上的变坡会形成反复凹凸的“驼峰”和“凹陷”，使线形视觉效果既不美观也不连续。

平面直线与纵断面组合时应注意：

①平面长直线配纵面长坡时，线形单调、枯燥，容易使驾驶员疲劳和超速行驶。

②平面直线上短距离内纵面多次变坡，有“隐蔽”路段，同时影响夜间行车前照灯照射。

③在平面直线段内不能插入短的竖曲线。

④在平面长直线上不能设置陡坡及竖曲线长度短、半径小的凹形竖曲线。

⑤在平面直线上的纵断面线形应避免出现驼峰、凹陷、跳跃等使驾驶员视觉中断的线形。

三、线形组合特征及注意问题

线形组合特征及注意问题见表3-12。

线形组合特征及注意问题　　表3-12

空间线形组合	特　征	注意事项
平面长直线与纵断面长坡段组合	1. 线形单调、枯燥，在行车过程中景观无变化，容易使驾驶员产生疲劳； 2. 驾驶员易超速行驶，超车频繁； 3. 但在交通比较错综复杂的路段（如交叉口），采用这种线形要素是有利的	1. 为调节单调的视觉，增设视线诱导设施； 2. 设计画车道线、设置标志； 3. 注意改变景观，分段绿化，用与路旁建筑设施配合等方法来弥补
平面直线与凹形竖曲线组合	1. 具有较好的视距条件； 2. 线形不再生硬、呆板； 3. 给予驾驶员以动的视觉印象，提高了行车的舒适性	1. 注意避免采用较短的凹形竖曲线，以避免产生折点； 2. 在两个凹形竖曲线间注意不要插入短直线
平面直线与凸形竖曲线组合	1. 线形视距条件差； 2. 线形单调，应尽量避免	注意采用较大的竖曲线半径，以保证有较好的视距
平曲线与纵面直坡段组合	1. 只要平曲线半径选择适当、平面的圆曲线与纵面直坡段组合其视觉效果是良好的； 2. 若平面的直线与圆曲线组合不当（如断背曲线）或平曲线半径较小时，与纵面直坡段组合将在视觉上产生折曲现象	1. 要注意平曲线半径与纵坡度协调； 2. 要注意合成坡度的要求； 3. 要避免急弯与陡坡相组合
平曲线与竖曲线组合	1. 平曲线与竖曲线组合的组合线形，如果平纵面几何要素的大小适当、均衡协调、位置适宜，可以获得视觉舒顺、诱导视线良好的空间线形； 2. 平曲线与竖曲线较小，则会出现一些不良的组合效果	1. 一般情况下，当平、纵曲线半径较大时，应使平、纵曲线对应重叠组合，并使平曲线较长些，将竖曲线包起来； 2. 注意平、纵曲线几何要素指标均衡、匀称、协调，不要把过缓与过急、过长与过短的平纵曲线组合在一起； 3. 注意凸形竖曲线顶部与凹形竖曲线底部，不得与反向平曲线的拐点重合； 4. 避免在一个平曲线上连续出现多个凹、凸竖曲线； 5. 应避免出现“凹陷”“跳跃”等不良线形

第五节 纵断面设计要点及方法

一、纵断面设计要点

纵断面设计的主要内容是根据公路等级、沿线自然条件和构造物控制高程等,确定路线合适的高程、各坡段的纵坡度和坡长,并设计竖曲线。其基本要求是纵坡均匀平顺、起伏和缓,坡长和竖曲线长短适当,平面与纵断面组合设计协调以及填挖经济、平衡。这些要求虽然在选、定线阶段有所考虑,但要在纵断面设计中具体加以实现。

1. 关于纵坡极限值的运用

根据汽车动力特性和考虑经济等因素制定的极限值,设计时不可轻易采用,应留有余地。在受限制较严时,如越岭线,为争取高度、缩短路线长度或避开艰巨工程等,才可有条件地采用。好的设计应尽量考虑人的视觉、心理上的要求,使驾驶员有足够的安全感、舒适感和视觉上的美感。一般来讲,纵坡缓些为好,但为了路面和边沟排水,最小纵坡不应低于0.3%。

2. 关于最小坡长的选用

坡长是指纵断面两变坡点之间的水平距离。坡长不宜过短,以不小于设计速度9s的行程为宜。对连续起伏的路段,坡度应尽量小,一般可取竖曲线最小长度的3~5倍。

3. 各种地形条件下的纵坡设计

(1)平原、微丘地形的纵坡应均匀平缓,注意保证最小填土高度和最小纵坡的要求。丘陵地形应避免过分迁就地形而起伏过大,注意纵坡应顺适、不产生突变。

(2)山岭、重丘地形的沿河线应尽量采用平缓纵坡,坡长不应超过限制长度,注意路基控制高程的要求。

(3)越岭线的纵坡应力求均匀,尽量不采用极限或接近极限的坡度,更不宜在连续采用极限长度的陡坡之间夹短的缓和坡段。越岭路线一般不应设置反坡。

(4)山脊线和山腰线除结合地形不得已时采用较大纵坡外,在可能的条件下纵坡应缓些。

4. 关于竖曲线半径的选用

竖曲线应以选用较大半径为宜。在不过分增加工程数量的情况下,应选用大于或等于一般最小半径的半径值,特殊困难地段方可用极限最小值。坡差小时应尽量采用大的竖曲线半径。当有条件时,宜按表3-6的规定进行设计。

5. 关于相邻竖曲线的衔接

两相邻竖曲线,当它们的转向相同(变坡角符号相同)时称为同向竖曲线,反之称为反向竖曲线。相邻两个同向凹形或凸形竖曲线,特别是同向凹形竖曲线之间,如直坡段不长,应合并为单曲线或复曲线,这样对行车是有利的。对反向竖曲线,最好中间设置一段直坡线,直坡线的长度一般不小于设计速度的3s行程。当半径比较大时,也可直接连接。

二、纵坡设计方法与步骤及注意问题

1. 纵坡设计方法与步骤

(1)准备工作。纵断面设计(俗称拉坡)之前在纵断面图纸上完成:①根据中桩和水准测量记录,按比例标注里程桩号和高程,点绘地面线;②绘出平面直线与平曲线资料以及地基地质说明资料;③将桥梁、涵洞、地质土质等与纵断面设计有关的资料在纵断面图纸上标明;④熟悉和掌握全线有关勘测设计资料,领会设计意图和设计要求。

(2)标注控制点。控制点是指影响纵坡设计高程的控制点。如路线起、终点,越岭垭口,重要桥梁、涵洞的桥面高程,最小填土高度,最大挖深,沿溪线的洪水位,隧道进出口,平面交叉和立体交叉点,与铁路交叉点及受其他因素限制路线必须通过的高程。

在山区道路上,除考虑上述控制点外,还应考虑各横断面上的“经济点”,以求降低造价。

横断面经济点有以下三种情况,如图 3-7 所示。

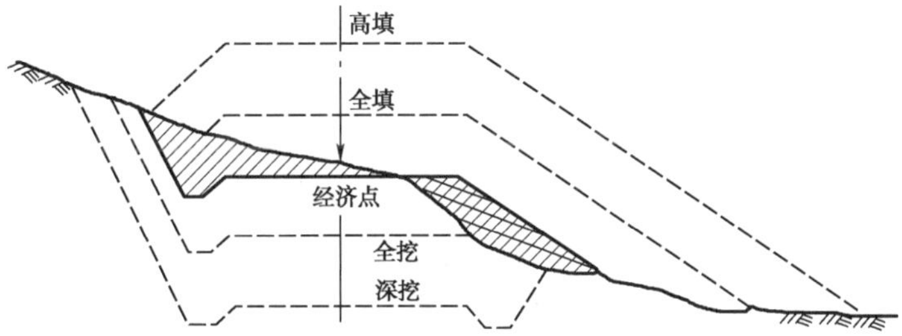

a)

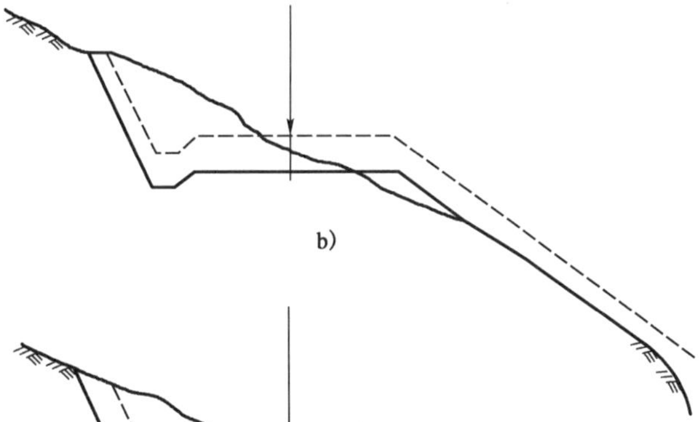

b)

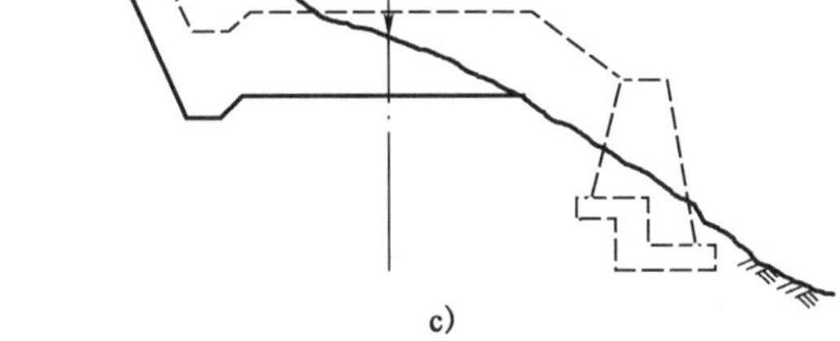

c)

图 3-7　横断面上的经济点

①当地面横坡不大时,可在中桩地面高程上下找到填方和挖方基本平衡的高程,纵坡设计应尽量通过该点。

②当地面横坡较陡,填方往往不易填稳,采用多挖少填或全挖路基的方法比砌筑坡脚、修筑挡土墙经济,此时多挖少填或全挖路基的高程为经济点。

③当地面横坡很陡,无法填方时,需砌筑挡土墙,此时采用全挖路基比填方修筑挡土墙经济。

(3)试定纵坡。在已标出"控制点""经济点"的纵断面图上,根据定线意图,全面考虑地面线起伏情况,纵坡线必须满足控制点及《规范》对坡长、坡度的要求,照顾多数"经济点",通过的经济点越多,则工程量越小,投资就越省,通过穿插与取直,试定出若干直坡段线。对各种可能坡度线方案反复比较,最后定出既符合技术标准,又满足控制点要求,且土石方最省的坡度线,将前后坡度线延长交会出变坡点的初定位置。

(4)调整纵坡。将所定坡度与选线时坡度的安排比较,两者应基本相符,若有较大的差异时,应全面分析,找出原因,决定取舍。对照技术标准,检查纵坡度、坡长、纵坡折减、合成坡度及平面与纵面配合是否适宜,以及路线交叉、桥隧和接线等处的纵坡是否合理,不符合要求时,应调整纵坡线。

(5)核对。选择有控制意义的重点横断面,如高填深挖、地面横坡较陡峻地段路基、挡土墙、重要桥涵以及其他重要控制点等,根据纵断面图上对应桩号填挖的高度,在横断面图上"戴帽"检查是否有填挖过大、坡脚落空或过远、挡土墙过大等情况,若有问题应及时调整纵坡线。

(6)定坡。纵坡线经调整核对后,即可确定纵坡线。逐段将直坡线的坡度值、变坡点的桩号和高程确定下来。变坡点高程是由纵坡度和坡长依次推算而得。由于现在内业设计都由公路 CAD 系统来完成,因此,纵坡坡度也可以由 CAD 系统确定的变坡点高程进行反算。

公路的纵坡设计是在全面掌握设计资料的基础上经过多次方案比较,通过精心设计才能完成。纵坡设计还要注意:

①与平面线形的合理组合,以得到较佳的空间组合线形;

②回头曲线路段纵坡的特殊要求;

③大中桥上不宜设置竖曲线,即不宜设变坡点;

④注意交叉口、城镇、大中桥、隧道等地段路线纵坡的特殊要求。

(7)设置竖曲线。拉坡时已考虑了平、纵组合问题,根据技术标准、平纵组合均衡等确定竖曲线半径,计算竖曲线要素。

(8)根据已定的纵坡和变坡点的设计高程及竖曲线半径,即可计算出各桩号的设计高程。中桩设计高程与对应原地面高程之差即为路基施工高度,当两者之差为"+"时则是填方,为"-"时则是挖方。

2. 纵坡设计应注意的问题

(1)设置回头曲线地段,拉坡时应按回头曲线技术标准先定出该地段的纵坡,然后从两端接坡,应注意在回头曲线地段不宜设竖曲线。

(2)在大中桥上不宜设置竖曲线,桥头两端竖曲线的起、终点应设在桥头 10m 以外,如图 3-8a)所示。

(3)小桥涵允许设在斜坡地段或竖曲线上,为保证行车平顺,应尽量避免在小桥涵处出现驼峰式纵坡,如图3-8b)所示。

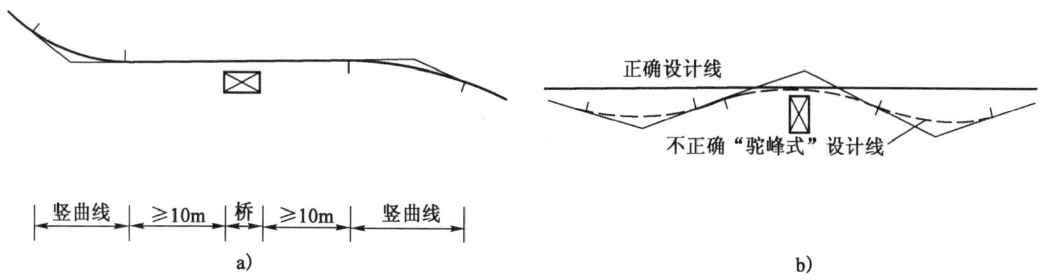

图3-8 桥涵纵坡处理

(4)注意平面交叉口纵坡及两端接线要求。道路与道路交叉时,一般宜设在水平坡段,其长度应不小于最短坡长规定。两端接线纵坡应不大于3%,山区工程艰巨地段不大于5%。

(5)拉坡时如受“控制点”或“经济点”制约,导致纵坡起伏过大,或土石方工程量太大,经调整仍难以解决时,可用纸上移线的方法修改原定纵坡线。具体方法是:按理想要求定出新的纵坡设计线,然后找出对应新设计线的填挖高度,用“模板”在横断面上以新填挖高度左右移动,定出适宜的中线位置。该点距原路中线的横距就是按新纵坡设计要求希望平面线形调整移动的距离,据此可做出纸上平面移线,若为实地定线时,还应到现场改线。这种移线修正纵面线形的方法,在山区和丘陵区道路的纵坡设计中是常用到的。

(6)对连接段纵坡,如大、中桥引道及隧道两端接线等,纵坡应平缓,避免产生突变。

第六节 纵断面设计成果

纵断面设计成果,主要包括路线纵断面图和路基设计表。

一、路线纵断面图

路线纵断面图是公路设计的主要文件之一,它反映路线所经的中心地面起伏情况与设计高程的关系。把它与平面线形结合起来,就能反映出公路路线在空间的位置。

纵断面图采用直角坐标,以横坐标表示里程桩号,纵坐标表示高程。为了明显地表明地形起伏,通常将横坐标的比例采用1:2 000,纵坐标采用1:200。

1. 纵断面图的内容

(1)桩号里程、地面高程与地面线、设计高程与设计线,施工填挖值。

(2)设计线的纵坡度及坡长。

(3)竖曲线及其要素,平曲线资料。

(4)设计排水沟沟底线及坡度、距离、高程、流水方向、土壤地质情况。

(5)沿线桥涵及人工构造物的位置、结构类型及孔径,涵洞可只示出位置。

(6)与铁路、公路交叉的桩号及路名。

(7)沿线跨越河流名称、桩号,现有水位及最高洪水位。

(8)水准点位置、编号和高程。

(9)断链桩位置、桩号及长短链关系。

2. 绘制纵断面设计图的步骤

(1)按一定的比例,在透明毫米方格计算纸上标出与本图适应的横向坐标和纵向坐标,横向坐标标出百米桩号,纵向坐标标出整 10m 高程。

(2)在坐标系中按水准测量提供的各桩号地面高程与相应的桩号配合点绘各桩号地面点,并将各地面高程点用直线依次连接后就成为纵断面图的地面线。

(3)在坐标图上绘出各水准点的位置、编号,并注明高程。

(4)将桥涵位置绘制在坐标图上,并注明孔数、孔径、结构类型、桩号等。

(5)在纵断面设计图下部表内分别注明土壤地质资料、绘出平面直线和平曲线的位置、转向(平曲线以开口梯形表示,开口向上为向左转,开口向下为向右转),并注明平曲线有关资料(一般只需注明交点编号和圆曲线半径)。

(6)纵坡和竖曲线确定后,将设计线(包括直线坡和竖曲线)绘出,并注明纵坡度、坡长(以分式表示,分子为纵坡度,分母为坡长),在各竖曲线范围内分别注明各竖曲线的基本要素(包括变坡点桩号、竖曲线半径、切线长、外距)。

(7)填注其他各有关资料或特定需要的资料。

(8)描图或在透明毫米方格计算纸上直接上墨,待墨汁干后再将无用的铅笔字线擦净。

绘制的纵断面设计图,应按规定采用标准纸和统一格式,以便装订成册(图 3-9)。

二、路基设计表

路基设计表是公路设计文件的组成内容之一,它是平、纵、横等主要测设资料的综合。表中填列所有整桩、加桩及填挖高度、路基宽度(包括加宽)、超高值等有关资料,为路基横断面设计的基本数据,也是施工的依据之一。

路基设计表见表 3-13(一般公路)和表 3-14(高速公路)。

表 3-13 的填算方法如下:

第(1)栏"桩号"和第(5)栏"地面高程"都是从有关测量记录上抄录的;

第(2)栏"平曲线"中,可只列转角号和半径,供计算加宽超高之用;

第(3)、(4)栏"坡度及竖曲线"是从纵断面图上抄录的,转坡点要注明桩号和高程,竖曲线要注明起、终点桩号;

第(6)栏"设计高程"在直坡段为切线高程,在竖曲线段应考虑"改正值",用公式$h = l^2/2R$算出,其中,l 为各桩距竖曲线起点或终点的距离,R 由第(2)栏或直接由纵断面图上抄录,凹形竖曲线改正值为"+"号,凸形竖曲线改正值为"-"号;第(6)栏"设计高程"在竖曲线内,则为该桩号的切线高程与改正值的代数和;

第(7)、(8)栏的"填"、"挖"是第(5)栏与第(6)栏之差,"+"号为挖,"-"号为填;

第(9)、(10)栏为左、右路基宽度,当圆曲线半径小于或等于 250m 时,应考虑平曲线内侧加宽;

一般公路路基设计表

表 3-13

序号	桩　号	平曲线	变坡点高程、桩号及纵坡坡度、坡长	竖曲线	地面高程（m）	设计高程（m）	填挖高度（m）		路基宽度（m）		路基边缘、路中心桩与设计高程之高差（m）			施工时中桩填挖高（m）		备　注
							填	挖	左	右	左	中	右	填	挖	
	1	2	3	4	5	6	7	8	9	10	11	12	13	14	15	16
1	K2 +580.000				102.56	102.50		0.06	5.00		0	0.12	0	0.06		
2	K2 +600.000				102.72	103.03	0.31		5.00	5.00	0	0.12	0	0.43		
3	K2 +620.000				103.26	103.57	0.31		5.00	5.00	0	0.12	0	0.43		
4	K2 +640.000				103.62	104.11	0.49		5.00	5.00	0	0.12	0	0.61		
5	K2 +660.000				104.28	104.64	0.36		5.00	5.00	0	0.12	0	0.48		
6	K2 +680.000				105.16	105.18	0.02		5.00	5.00	0	0.12	0	0.14		
7	K2 +700.000				105.35	105.71	0.36		5.00	5.00	0	0.12	0	0.48		
8	K2 +720.000				105.06	106.25	1.19		5.00	5.00	0	0.12	0	1.31		
9	ZH K2 +738.363				104.84	106.74	1.90		5.00	5.00	0.02	0.12	0.02	2.02		
10	K2 +740.000				104.25	106.79	2.54		5.02	5.00	0.01	0.12	0.01	2.66		bjx =0.02
11	K2 +760.000			+758.789	104.76	107.32	2.56		5.25	5.00	0.01	0.12	0.20	2.68		bjx =0.25
12	K2 +780.000				105.06	107.79	2.73		5.48	5.00	-0.04	0.19	0.38	2.92		bjx =0.48
13	K2 +800.00				105.64	108.14	2.50		5.70	5.00	-0.09	0.26	0.56	2.76		bjx =0.70
14	HY K2 +808.363				105.98	108.24	2.26		5.80	5.00	-0.12	0.29	0.64	2.55		bj =0.80
15	K2 +820.000		$\frac{+2.679\%}{280(640)}$		106.25	108.36	2.11		5.80	5.00	-0.12	0.29	0.64	2.40		bj =0.80
16	K2 +840.000				108.76	108.46		0.30	5.80	5.00	-0.12	0.29	0.64		0.01	bj =0.80
17	QZ K2 +860.246	JD$_4$、K2+865.421 α_y=45°15′18″ R=220 L_c=70		R=3300 T=101.21 e=1.55	110.65	108.45		2.20	5.80	5.00	-0.12	0.29	0.64	1.91		bj =0.80
18	K2 +880.000				111.09	108.31		2.78	5.80	5.00	-0.12	0.29	0.64		2.49	bj =0.80
19	K2 +900.000		$\frac{K2+860.000}{110.000}$		110.36	108.05		2.31	5.80	5.00	-0.12	0.29	0.64		2.02	bj =0.80
20	YH K2 +912.130				108.39	107.83		0.56	5.80	5.00	-0.12	0.29	0.64		0.27	bj =0.80
21	K2 +920.000				107.46	107.67	0.21		5.71	5.00	-0.09	0.26	0.57	0.47		bjx =0.71
22	K2 +940.000				106.25	107.17	0.92		5.48	5.00	-0.04	0.19	0.39	1.11		bjx =0.48
23	K2 +960.000		$\frac{-3.455\%}{220(850)}$	+961.211	105.76	106.54	0.78		5.25	5.00	0.01	0.12	0.20	0.90		bjx =0.25
24	K2 +980.000				105.12	105.78	1.42		5.00	5.00	0.02	0.12	0.02	0.85		bjx =0.02
25	HZ K2 +982.130				104.36	105.78	1.42		5.00	0.02	0.12	0.02	1.54			
26	K3 +000.000				103.65	105.16	1.51		5.00	5.00	0	0.12	0	1.63		
27	K3 +020.000				103.36	104.47	1.11		5.00	5.00	0	0.12	0	1.23		
28	K3 +040.000				103.02	103.78	0.76		5.00	5.00	0	0.12	0	0.88		
29	K3 +0.60.000				102.68	103.09	0.41		5.00	5.00	0	0.12	0	0.53		
30	K3 +080.000				102.38	102.4	0.02		5.00	5.00	0	0.12	0	0.14		

××公路改建工程　　　　　　　　　　　　　　　　　　　　　　　　　　　　　　　**高速公路**

桩号	平曲线		坡度及竖曲线		地面高程(m)	设计高程(m)	填挖高度(m)		路基宽度(m) 左				中分带	右			
	左	右	凹	凸			填	挖	W_4	W_3	W_2	W_1	W	W_1	W_2	W_3	W_4
1	2	3	4	5	6	7	8	9	10	11	12	13	14	15	16	17	18
K0+000					35.074	35.074		0.000	0.75	3.00	7.50	0.50	2.00	0.50	7.50	3.00	0.75
+020					35.174	35.306	0.132		0.75	3.00	7.50	0.50	2.00	0.50	7.50	3.00	0.75
+040					34.291	35.538	1.247		0.75	3.00	7.50	0.50	2.00	0.50	7.50	3.00	0.75
+046.5					32.755	35.613	2.858		0.75	3.00	7.50	0.50	2.00	0.50	7.50	3.00	0.75
+060					32.577	35.770	3.193		0.75	3.00	7.50	0.50	2.00	0.50	7.50	3.00	0.75
+077.2					34.548	35.969	1.421		0.75	3.00	7.50	0.50	2.00	0.50	7.50	3.00	0.75
+080					34.108	36.002	1.894		0.75	3.00	7.50	0.50	2.00	0.50	7.50	3.00	0.75
+100					33.071	36.234	3.163		0.75	3.00	7.50	0.50	2.00	0.50	7.50	3.00	0.75
+120					33.026	36.466	3.440		0.75	3.00	7.50	0.50	2.00	0.50	7.50	3.00	0.75
+140					33.985	36.698	2.713		0.75	3.00	7.50	0.50	2.00	0.50	7.50	3.00	0.75
+160.506				1.159 8% 600	35.529	36.936	1.407		0.75	3.00	7.50	0.50	2.00	0.50	7.50	3.00	0.75
+180					34.424	37.162	2.738		0.75	3.00	7.50	0.50	2.00	0.50	7.50	3.00	0.75
+200					36.606	37.394	0.788		0.75	3.00	7.50	0.50	2.00	0.50	7.50	3.00	0.75
+220					37.047	37.626	0.579		0.75	3.00	7.50	0.50	2.00	0.50	7.50	3.00	0.75
+240					37.394	37.858	0.464		0.75	3.00	7.50	0.50	2.00	0.50	7.50	3.00	0.75
+260					37.577	38.090	0.513		0.75	3.00	7.50	0.50	2.00	0.50	7.50	3.00	0.75
+280	$R=\infty$ L-843.749				37.887	38.322	0.435		0.75	3.00	7.50	0.50	2.00	0.50	7.50	3.00	0.75
+300					37.064	38.554	1.490		0.75	3.00	7.50	0.50	2.00	0.50	7.50	3.00	0.75
+304.251					37.880	38.603	0.723		0.75	3.00	7.50	0.50	2.00	0.50	7.50	3.00	0.75
+320					35.575	38.785	3.210		0.75	3.00	7.50	0.50	2.00	0.50	7.50	3.00	0.75
+340					35.552	39.017	3.465		0.75	3.00	7.50	0.50	2.00	0.50	7.50	3.00	0.75
+360					35.679	39.249	3.570		0.75	3.00	7.50	0.50	2.00	0.50	7.50	3.00	0.75
+380					35.978	39.481	3.503		0.75	3.00	7.50	0.50	2.00	0.50	7.50	3.00	0.75
+400					35.983	39.713	3.730		0.75	3.00	7.50	0.50	2.00	0.50	7.50	3.00	0.75
+420					36.249	39.945	3.696		0.75	3.00	7.50	0.50	2.00	0.50	7.50	3.00	0.75
+440					36.416	40.177	3.761		0.75	3.00	7.50	0.50	2.00	0.50	7.50	3.00	0.75
+460					37.718	40.408	2.690		0.75	3.00	7.50	0.50	2.00	0.50	7.50	3.00	0.75
+480					38.088	40.629	2.541		0.75	3.00	7.50	0.50	2.00	0.50	7.50	3.00	0.75
+500					38.142	40.839	2.697		0.75	3.00	7.50	0.50	2.00	0.50	7.50	3.00	0.75

编制：　　　　　　　　　　　　　　　　　　　　　　　　　　　　　　　　　　　　复

路基设计表 表 3-14

各点与设计高程之高差(m)								边沟及排水沟					
左				右				左			右		
A_4	A_3	A_2	A_1	B_1	B_2	B_3	B_4	坡度	底宽(m)	沟底高程(m)	坡度	底宽(m)	沟底高程(m)
19	20	21	22	23	24	25	26	27	28	29	30	31	32
-0.250	-0.220	-0.160	-0.010	-0.010	-0.160	-0.220	-0.250		0.800	34.024		0.800	34.024
-0.250	-0.220	-0.160	-0.010	-0.010	-0.160	-0.220	-0.250		0.800	34.256		0.800	34.256
-0.250	-0.220	-0.160	-0.010	-0.010	-0.160	-0.220	-0.250		0.800	34.391		0.800	33.791
-0.250	-0.220	-0.160	-0.010	-0.010	-0.160	-0.220	-0.250		0.800	33.173		0.800	32.158
-0.250	-0.220	-0.160	-0.010	-0.010	-0.160	-0.220	-0.250		0.800	34.577		0.800	31.777
-0.250	-0.220	-0.160	-0.010	-0.010	-0.160	-0.220	-0.250		0.800	33.748		0.800	34.919
-0.250	-0.220	-0.160	-0.010	-0.010	-0.160	-0.220	-0.250		0.800	33.942		0.800	31.708
-0.250	-0.220	-0.160	-0.010	-0.010	-0.160	-0.220	-0.250		0.800	33.955		0.800	32.271
-0.250	-0.220	-0.160	-0.010	-0.010	-0.160	-0.220	-0.250		0.800	33.526		0.800	32.226
-0.250	-0.220	-0.160	-0.010	-0.010	-0.160	-0.220	-0.250		0.800	33.585		0.800	32.985
-0.250	-0.220	-0.160	-0.010	-0.010	-0.160	-0.220	-0.250		0.800	35.029		0.800	33.529
-0.250	-0.220	-0.160	-0.010	-0.010	-0.160	-0.220	-0.250		0.800	35.524		0.800	35.135
-0.250	-0.220	-0.160	-0.010	-0.010	-0.160	-0.220	-0.250		0.800	36.344		0.800	36.344
-0.250	-0.220	-0.160	-0.010	-0.010	-0.160	-0.220	-0.250		0.800	36.247		0.800	35.745
-0.250	-0.220	-0.160	-0.010	-0.010	-0.160	-0.220	-0.250		0.800	36.594		0.800	35.189
-0.250	-0.220	-0.160	-0.010	-0.010	-0.160	-0.220	-0.250		0.800	36.777		0.800	34.877
-0.250	-0.220	-0.160	-0.010	-0.010	-0.160	-0.220	-0.250		0.800	37.087		0.800	37.087
-0.250	-0.220	-0.160	-0.010	-0.010	-0.160	-0.220	-0.250		0.800	36.264		0.800	36.264
-0.250	-0.220	-0.160	-0.010	-0.010	-0.160	-0.220	-0.250		0.800	35.590		0.800	37.080
-0.250	-0.220	-0.160	-0.010	-0.010	-0.160	-0.220	-0.250		0.800	34.375		0.800	37.735
-0.250	-0.220	-0.160	-0.010	-0.010	-0.160	-0.220	-0.250		0.800	34.752		0.800	37.352
-0.250	-0.220	-0.160	-0.010	-0.010	-0.160	-0.220	-0.250		0.800	34.879		0.800	35.279
-0.250	-0.220	-0.160	-0.010	-0.010	-0.160	-0.220	-0.250		0.800	35.178		0.800	35.178
-0.250	-0.220	-0.160	-0.010	-0.010	-0.160	-0.220	-0.250		0.800	35.783		0.800	35.183
-0.250	-0.220	-0.160	-0.010	-0.010	-0.160	-0.220	-0.250		0.800	36.449		0.800	35.449
-0.250	-0.220	-0.160	-0.010	-0.010	-0.160	-0.220	-0.250		0.800	36.494		0.800	35.616
-0.250	-0.220	-0.160	-0.010	-0.010	-0.160	-0.220	-0.250		0.800	38.018		0.800	36.218
-0.250	-0.220	-0.160	-0.010	-0.010	-0.160	-0.220	-0.250		0.800	37.688		0.800	37.488
-0.250	-0.220	-0.160	-0.010	-0.010	-0.160	-0.220	-0.250		0.800	38.142		0.800	37.342

核： 总页次：

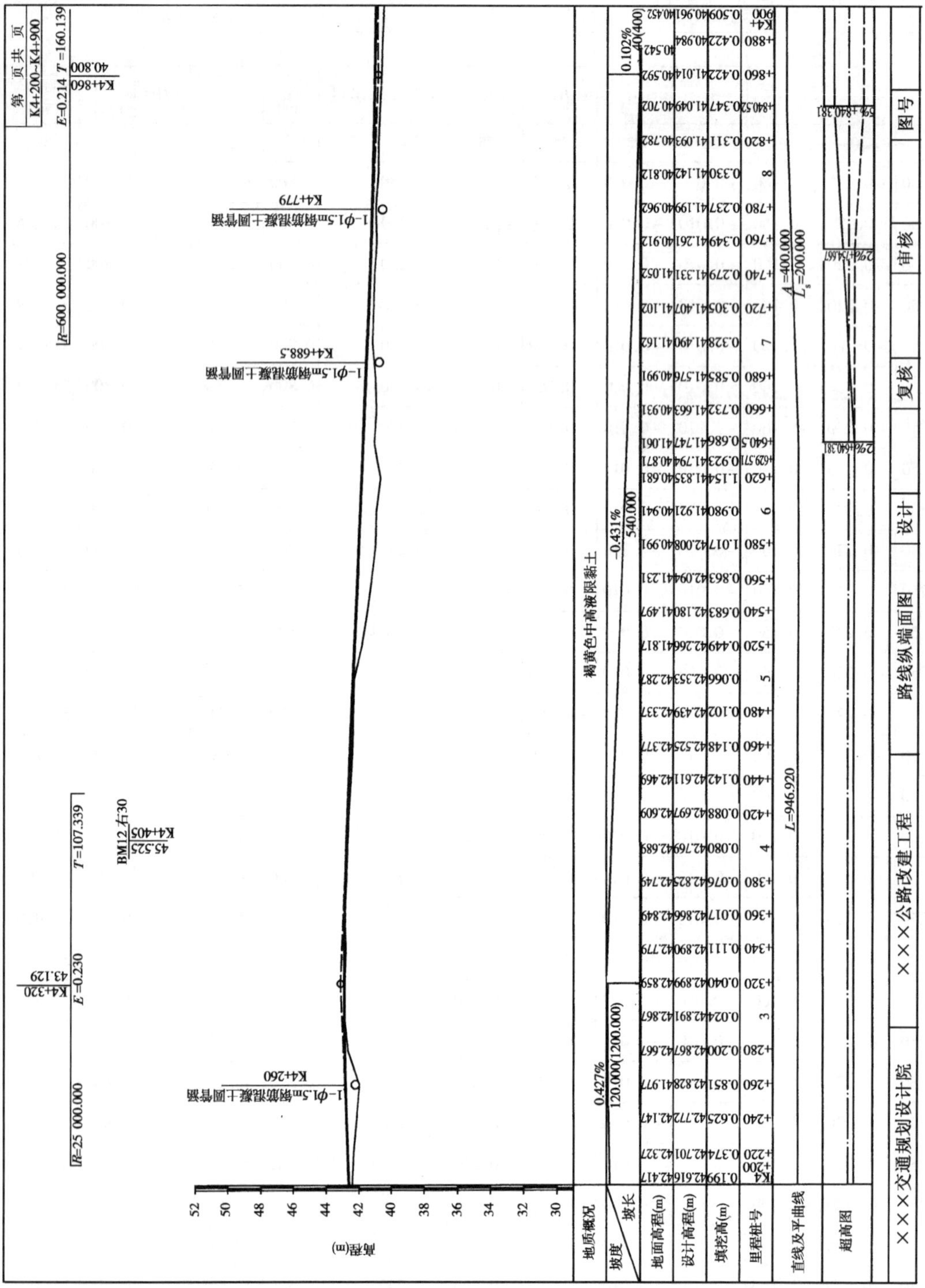

图3-9 路线纵断面图

第(11)、(12)、(13)栏为路基两侧边缘及中桩与设计高程的差，当圆曲线半径小于不设超高最小半径时，应考虑平曲线段超高。

表3-14的填算方法如下：

第(1)栏“桩号”和第(6)栏“地面高程”都是从有关测量记录上抄录的；

第(2)、(3)栏“平曲线”中，可只列转角号和半径，供计算加宽加高之用；

第(4)、(5)栏“坡度及竖曲线”是从纵断面图上抄录的，转坡点要注明桩号和高程，竖曲线要注明起、终点桩号；

第(7)栏“设计高程”在直坡段为切线高程，在竖曲线段应考虑“改正值”，用公式$h=l^2/2R$算出，其中l为各桩距竖曲线起点或终点的距离，R由第(4)、(5)栏得或直接由纵断面图上抄录，凹形竖曲线改正值为“+”号，凸形竖曲线改正值为“-”号；第(7)栏“设计高程”在竖曲线内，应为该桩号的切线高程与改正值的代数和；

第(8)、(9)栏的“填”、“挖”是第(6)栏与第(7)栏之差，“+”号为挖，“-”号为填；

第(10)、(11)、(12)、(13)、(14)、(15)、(16)、(17)、(18)栏“路基宽度”为左土路肩、左硬路肩、左行车道、左路缘带、中分带、右路缘带、右行车道、右硬路肩、右土路肩宽度；

第(19)、(20)、(21)、(22)、(23)、(24)(25)、(26)栏为各点与设计高程的差；

第(27)、(30)栏“坡度”为左、右边沟纵坡；(28)、(31)为左、右边沟底宽；第(29)、(32)栏为左、右边沟沟底高程。

思考题与习题

1. 某公路变坡点的桩号为K2+260，高程为387.62m，前一坡段$i_1=5\%$，后一坡段$i_2=1\%$；竖曲线的半径$R=5\ 000$m。试确定：

(1)判别竖曲线的凹凸性，计算竖曲线的要素；

(2)计算竖曲线起、终点的桩号；

(3)计算K2+200.00、K2+240.00、K2+380.00、K2+500.00各点的设计高程。

2. 山岭重丘区某三级公路，某坡段坡度为6%，坡长采用300m；紧接坡度为5%的坡，坡长采用200m，问在其后面是否还能接7%的陡坡？坡长最长为多少？

3. 填满表3-15所有空格（路肩宽$a=0.75$m，路面宽$b=6$m，路拱坡度$i_1=2\%$，路肩坡度$i_0=3\%$，超高横坡度$i_b=6\%$）。

表3-15

桩号	路基宽度(m)		路基边缘及中桩与设计高程之差(m)		
	左	右	左	中	右
ZH K2+094.68	3.75	3.75	0.00	0.08	0.00
+100					
+120					
HY K2+134.68	4.55				
+140					

续上表

桩　　号	路基宽度(m)		路基边缘及中桩与设计高程之差(m)		
	左	右	左	中	右
+160					
QZ K2 +174.32			-0.07	0.20	0.43
+180					
+200					
YH K2 +213.96					
+220					
+240					
HZ K2 +253.96	3.75	3.75	0.00	0.08	0.00

第四章
CHAPTER FOUR

横断面设计

本章学习要点

本章主要学习横断面的组成、公路建筑限界、路基边坡的确定、横断面设计方法、路基土石方数量计算及调配。

公路中线的法线方向剖面图称为公路横断面图。公路横断面设计是根据行车对公路的要求,结合当地的地形、地质、气候、水文等自然因素,确定横断面的形式、各组成部分的位置和尺寸。设计的目的是保证足够的断面尺寸、强度和稳定性,使之经济合理,同时为路基土石方工程数量计算、公路的施工和养护提供依据。

第一节 路基横断面

一、横断面形式及组成

高速公路和一级公路的路基横断面上下行用中央分隔带分开,其横断面由车道、中间带、路肩以及紧急停车带、爬坡车道、变速车道等组成,如图 4-1a)、b)、c)、d)所示。

二级公路、三级公路、四级公路的路基横断面由行车道、路肩以及错车道组成,如图 4-1e)所示。

我国《公路路线设计规范》(JTG D20—2017)规定路基宽度、路肩宽度、行车道宽度、中间带宽度见表 4-1 ~ 表 4-4。

高速公路和一级公路整体式断面必须设置中间带。中间带由中央分隔带和两条左侧路缘带组成。

(1)高速公路和作为干线的一级公路,中央分隔带宽度应根据公路项目中央分隔带功能确定。

(2)作为集散的一级公路,中央分隔带宽度应根据中间隔离设施的宽度确定。

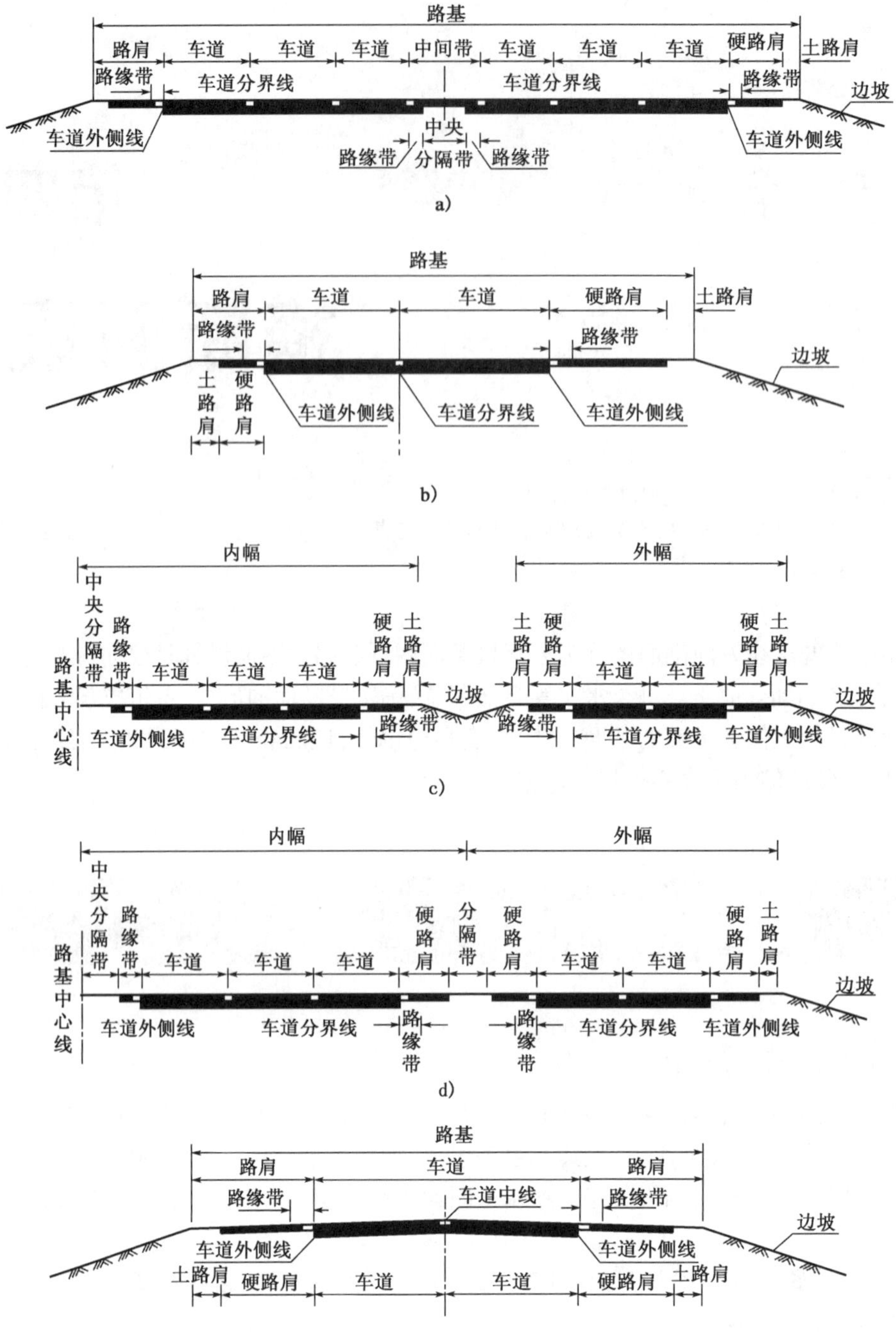

图 4-1　各级公路一般路基断面形式

a)高速公路、一级公路一般整体式断面形式；b)高速公路、一级公路一般分离式断面形式(右幅断面)；c)高速公路分离复合式断面形式(右幅断面)；d)高速公路整体复合式断面形式(右幅断面)；e)二级公路、三级公路、四级公路一般路基断面形式

各级公路路基宽度 表 4-1

公路等级		高速公路、一级公路								
设计速度(km/h)		120			100			80		60
车道数		8	6	4	8	6	4	6	4	4
路基宽度(m)	一般值	42.00	34.50	28.00	44.00	33.50	26.00	32.00	24.50	23.00
	最小值	42.00	—	26.00	41.00	—	24.50	—	21.50	20.00

公路等级		二级公路、三级公路、四级公路					
设计速度(km/h)		80	60	40	30	20	
车道数		2	2	2	2	2 或 1	
路基宽度(m)	一般值	12.00	10.00	8.50	7.50	6.5(双车道)	4.5(单车道)
	最小值	10.00	8.50	—	—	—	

注:1.“一般值”为正常情况下的采用值;“最小值”为条件受限制时可采用的值。

2. 八车道高速公路路基宽度“一般值”为设置左侧硬路肩、内侧车道采用 3.50m 时的宽度;八车道高速公路路基宽度“最小值”为不设置左侧硬路肩、内侧车道采用 3.75m 时的宽度。

路 肩 宽 度 表 4-2

公路等级(功能)		高速公路			一级公路(干线功能)	
设计速度(km/h)		120	100	80	100	80
右侧硬路肩宽度(m)	一般值	3.00 (2.50)	3.00 (2.50)	3.00 (2.50)	3.00 (2.50)	3.00 (2.50)
	最小值	1.50	1.50	1.50	1.50	1.50
土路肩宽度(m)	一般值	0.75	0.75	0.75	0.75	0.75
	最小值	0.75	0.75	0.75	0.75	0.75

公路等级(功能)		一级公路(集散功能)和二级公路			三级公路、四级公路	
设计速度(km/h)		80	60	40	30	20
右侧硬路肩宽度(m)	一般值	1.50	0.75	—	—	—
	最小值	0.75	0.25			
土路肩宽度(m)	一般值	0.75	0.75	0.75	0.50	0.25(双车道) 0.50(单车道)
	最小值	0.50	0.50			

注:1. 正常情况下,应采用“一般值”;在设爬坡车道、变速车道及超车道路段,受地形、地物等条件限制路段及多车道公路特大桥,可论证采用“最小值”。

2. 高速公路和作为干线的一级公路以通行小客车为主时,右侧硬路肩宽度可采用括号内数值。

高速公路、一级公路分离式路基的左侧路肩 表4-3

设计速度(km/h)	120	100	80	60
左侧硬路肩宽度(m)	1.25	1.00	0.75	0.75
左侧土路肩宽度(m)	0.75	0.75	0.75	0.50

车 道 宽 度 表4-4

设计速度(km/h)	120	100	80	60	40	30	20
车道宽度(m)	3.75	3.75	3.75	3.50	3.50	3.25	3.00

注:1. 八车道及以上公路在内侧车道(内侧第1、2车道)仅限小客车通行时,其车道宽度可采用3.5m。
2. 以通行中、小型客运车辆为主且设计速度为80km/h及以上的公路,经论证车道宽度可采用3.5m。
3. 四级公路采用单车道时,车道宽度应采用3.5m。
4. 设置慢车道的二级公路,慢车道宽度应采用3.5m。
5. 需要设置非机动车道和人行道的公路,非机动车道和人行道等的宽度,宜视实际情况确定。

(3)左侧路缘带宽度不应小于表4-5的规定。设计速度为120km/h、100km/h,受地形、地物限制的路段或多车公路内侧车道仅限小型车辆通行的路段,左侧路缘带可论证采用0.50m。

左侧路缘带宽度 表4-5

设计速度(km/h)		120	100	80	60
左侧路缘带宽度(m)	一般值	0.75	0.75	0.50	0.50
	最小值	0.50	0.50	0.50	0.50

二、典型横断面

公路典型横断面如图4-2所示。

1. 一般路堤

路基填土高度小于20m、大于1m的路堤称为一般路堤;路基填土高度小于1m的路堤称为低路堤,低路堤必须在边坡坡脚处设计边沟。当地面横坡度不陡于1∶5时,可以直接填筑路基,地基可不予处理;当地面横坡度陡于1∶5时,地基必须挖成台阶,台阶宽度不小于1m,台阶的底面应向内倾斜2%~4%,台阶的高度,填土时视分层填筑的高度而定,一般每层不大于0.5m;当地面横坡度陡于1∶2时,除地基应挖成台阶外,还应设置支挡工程。

2. 一般路堑

当路基挖方深度小于20m时,一般地质条件下的路堑称为一般路堑。路堑路段均应设置边沟,边沟断面可根据土质情况采用梯形、矩形或三角形,内侧边坡可采用1∶0(矩形)~1∶1.5(梯形)、1∶2~1∶3(三角形),外侧边坡与路堑边坡相同。为拦截上侧地面径流,以保证边坡的稳定,应在坡顶外至少5m处设置截水沟。一般截水沟为底宽不小于0.5m的梯形断面。路堑段的废方应做成规则形状的弃土堆,一般置于下侧坡顶外至少3m处。

3. 半填半挖路基

在山坡路段有时采用半填半挖断面,该断面是路堤和路堑的结合形式,填方部分应按路堤

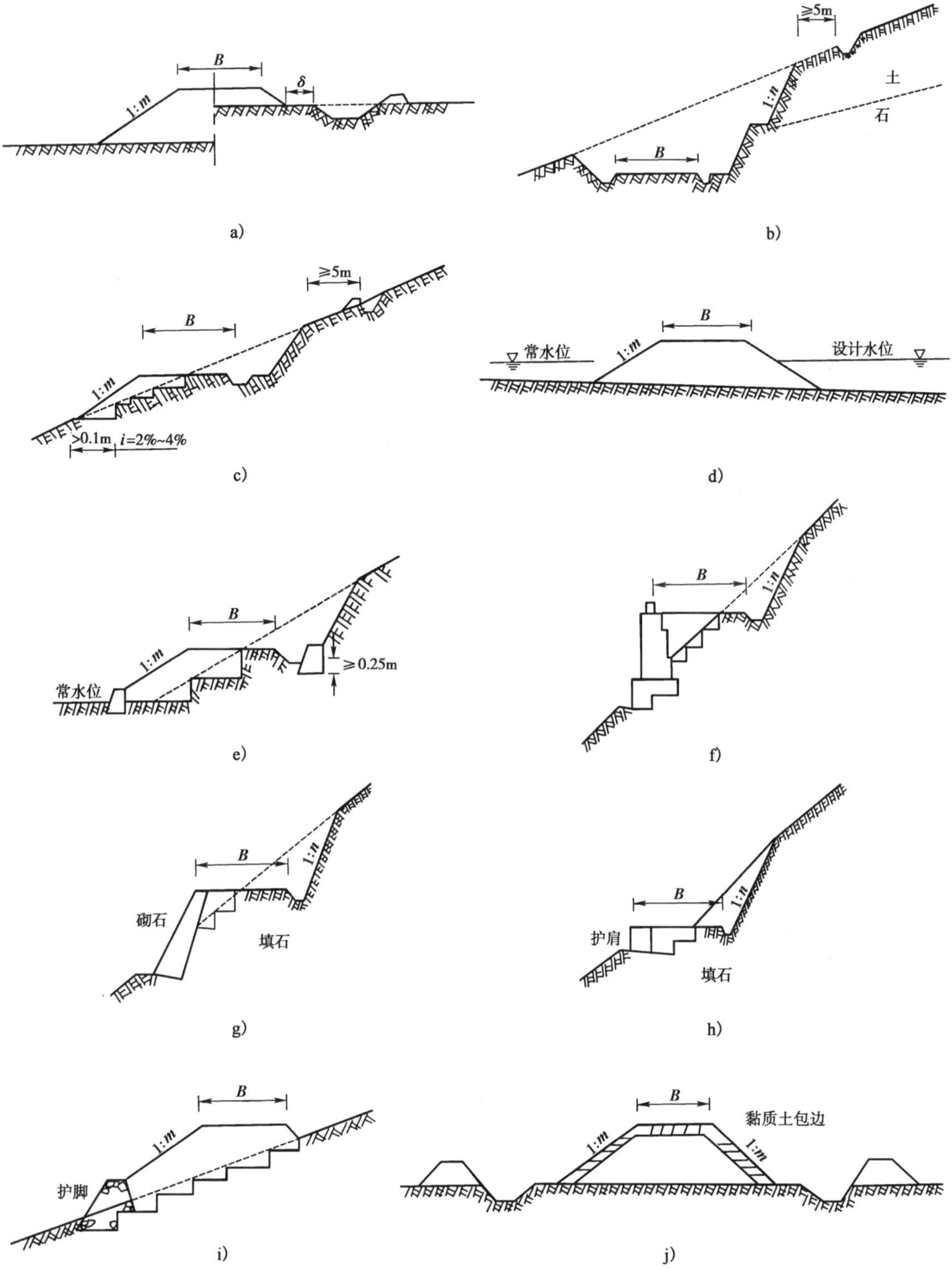

图 4-2　典型横断面图

a)一般路堤;b)挖方路基;c)半填半挖路基;d)沿河路堤;e)矮墙路堤;f)挡土墙路基;g)砌石路基;h)护肩路基;i)护脚路基;j)吹(填)砂(粉煤灰)路基

的要求填筑,挖方部分应按路堑的要求设计。

4.陡坡路基

在山区地面横坡较陡时,通常采用以下路基形式:

护肩路基:当地面横坡较陡,填土高度不大但坡脚太远不宜填筑时,可采用护肩路基,护肩高度不大于2m,内外坡面可以直立,基底为1:5的向内倾斜坡面。墙高≤1m时,顶宽为0.8m;墙高≤2m时,顶宽为1m。

砌石路基或挡土墙路基:当地面横坡太陡,或填土高度较大使坡脚难以填筑时,可采用砌石路基或挡土墙路基。砌石路基可用干砌片石或浆砌片石支挡构造物,能支挡填方稳定路基。它与挡土墙不同的是,砌体与路基几乎成为一个整体,而挡土墙不依靠路基也能独立稳定。挡土墙、护墙的断面尺寸要通过稳定性验算确定。

护脚路基:当陡坡路基填方坡脚伸得较远且不稳定,或坡脚占用耕地时,可采用护脚路基。护脚的尺寸要根据土压力的大小来确定。

矮墙路基:当挖方边坡土质松散易产生碎落时,可采用矮墙路基。矮墙路基与护肩路基相似,但外墙的墙面坡度可采用1:(0.3~0.5)。当挖方边坡地质不良,可能发生滑塌时,可采用挡土墙等支挡工程。

沿河路基:为桥头引道、河滩路堤常采用的形式,路基的高度要考虑设计洪水位;路堤的浸水部分的边坡可采用1:2,并视水流情况采取加固措施,如植草、铺草皮、干砌或浆砌片石等。

利用挖渠土填筑路堤:为与当地农田水利建设相结合的常用的形式。此时,需综合考虑、慎重对待,尤其是渠道的设计流量、流速、水位、纵坡等是否危及公路正常使用,路堤的高度和加固措施是否满足路基强度和稳定性的要求等。

5.取土坑

路堤的填方根据来源可分为调方和借方。调方是把挖方的土调去作填方。当调方运距太远不经济时,需设取土坑采取借方。

取土坑分路侧取土和路外集中取土两种。

(1)路侧取土

①取土坑的位置:在地面横坡不大于1:10的平坦地区,可在路基两侧设置取土坑;在地面横坡大于1:10的平坦地区,取土坑最好设置在地势较高的一侧,这样取土坑可兼作截水沟。

②取土坑的深度和宽度:应根据所取土的数量、施工方法和排水的要求而定。为保证路基的稳定,取土坑的深度建议不大于1m,但在农田地区,为少占耕地,宜深挖窄挖,其深度可根据地质和水文情况而定。

③取土坑的边坡坡度:一般内侧边坡可采用1:1.5,外侧边坡不陡于1:1。

④取土坑的纵坡:为保证排水,取土坑的底面纵坡应不小于0.3%,同时取土坑出水口处的坑底高程应不低于所流入的桥涵进口的高程。

(2)路外集中取土

取土坑应尽量设在荒山、荒地和地势较高的山地上。取土坑的宽度和深度,应与当地联系，统筹规划、布置。

6. 弃土堆

路基挖方尽量考虑移挖作填，或利用废方造田，以便减少废方。为防止废方堆置不当而影响路堑边坡，或因弃土不当造成水土流失，所以弃土堆的设置一般应满足以下要求：

(1)位置的选择：弃土堆通常选择在路堑下方荒地或低洼处；当地面横坡小于1∶5时，可在路堑两侧设置，此时，若路堑上方需设截水沟，截水沟应设在弃土堆外。弃土堆的内侧坡脚与路堑边坡坡顶的距离：当土质干燥坚硬时，应不小于3m；当土质潮湿软弱时，应不小于路堑深度 H 加5m。

(2)外形：弃土堆的形状应规则整齐，顶宽视弃土数量而定，顶面有2%的向外横坡，高度一般不超过3m，边坡不陡于1∶1.5。

第二节 公路建筑限界与公路用地

1. 建筑限界

公路建筑限界又称净空，是为保证车辆、行人的通行安全，对公路和桥面上以及隧道中规定的一定的高度和宽度范围内不允许有任何障碍物侵入的空间界限。它由净高和净宽两部分组成。建筑限界的上缘边界线为水平线(超高路段与超高横坡平行)，两侧边界线与水平线垂直(超高路段与路面垂直)。在进行横断面设计时，应充分研究各路幅组成要素与公路公共设施之间的关系，在有限的空间内合理安排、正确设计，公路标志、标牌、护栏、照明灯柱、电杆、行道树、桥墩、桥台等设施的任何部件不能侵入建筑限界之内。

我国《标准》规定各级公路建筑限界如图4-3所示。

2. 公路用地

公路用地是指为修建、养护公路及其沿线设施而依照国家规定所征用的土地。

公路用地的征用，必须严格遵守国家有关的土地法规，依据公路横断面设计的要求，在保证其修建、养护所必需用地的前提下，尽量节省每一寸土地。

公路用地范围是指：填方地段为公路路堤两侧排水沟外边缘(无排水沟时为路堤或护坡道坡脚)以外，挖方地段为路堑坡顶截水沟外边缘(无截水沟时为坡顶)以外，不小于1m的土地范围。在有条件的地段，高速公路、一级公路不小于3m，二级公路不小于2m的土地范围。桥梁、隧道、互通式立体交叉、分离式立体交叉、平面交叉、交通安全设施、服务设施、管理设施、绿化以及料场、苗圃等应根据实际需要确定用地范围。

在风沙、雪害等特殊地质地带，设置防护设施时，应根据实际需要确定用地范围。

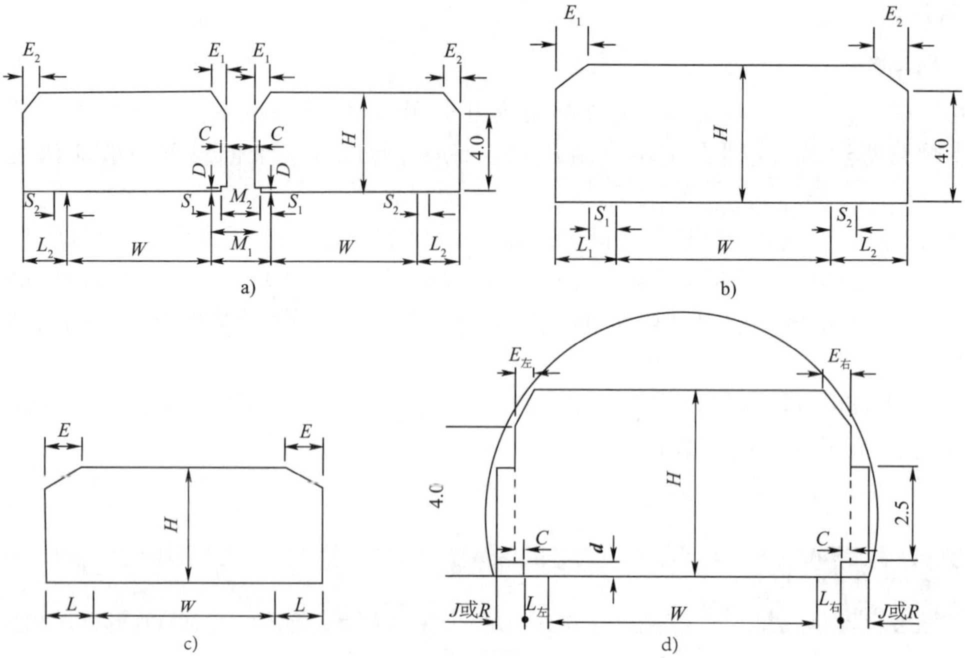

图4-3 建筑限界(尺寸单位:m)

a)高速公路、一级公路(整体式);b)高速公路、一级公路(分离式);c)二级公路、三级公路、四级公路;d)公路隧道

W-行车道宽度;L_1-左侧硬路肩宽度;L_2-右侧硬路肩宽度;S_1-左侧路缘带宽度;S_2-右侧路缘带宽度;L-侧向宽度,二级公路的侧向宽度为硬路肩宽度,三级公路、四级公路的侧向宽度为路肩宽度减去0.25m,设置护栏时,应根据护栏需要的宽度加宽路基;$L_{左}$-隧道内左侧侧向宽度;$L_{右}$-隧道内右侧侧向宽度;C-当设计速度大于100km/h时为0.5m,小于或等于100km/h时为0.25m;D-路缘石高度,小于或等于0.25m,一般情况下,高速公路可不设路缘石;M_1-中间带宽度;M_2-中央分隔带宽度;J-检修道宽度;R-人行道宽度;d-检修道或人行道高度;E-建筑限界顶角宽度,当$L \leqslant 1$m时,$E = L$;当$L > 1$m时,$E = 1$m;E_1-建筑限界顶角宽度,当$L_1 < 1$m,$E_1 = L_1$,或$S_1 + C < 1$m,$E_1 = S_1 + C$;当$L_1 \geqslant 1$m或$S_1 + C \geqslant 1$m时,$E_1 = 1$m;E_2-建筑限界顶角宽度,$E_2 = 1$m;$E_{左}$-建筑限界左顶角宽度,当$L_{左} \leqslant 1$m时,$E_{左} = E_{左}$;当$E_{左} > 1$m时,$E_{左} = 1$m;$E_{右}$-建筑限界右顶角宽度,当$E_{右} \leqslant 1$m时,$E_{右} = L_{右}$;当$L_{右} > 1$m时,$E_{右} = 1$m;H-净空高度

注:1. 设置加(减)速车道、紧急停车带、爬坡车道、错车道、慢车道、车道隔离设施等路段,行车道应包括该部分的宽度。

2. 八车道及以上的高速公路(整体式),设置左侧硬路肩时,建筑限界应包括左侧硬路肩宽度。

3. 一条公路应采用同一净高。高速公路、一级公路、二级公路的净高应为5.00m;三级公路、四级公路的净高应为4.50m。

4. 人行道、自行车道、检修道与行车道分开设置时,其净高应为2.50m。

5. 路基、桥梁、隧道相互衔接处,其建筑限界应按过渡段处理。

第三节 路基边坡

路基边坡即路肩的外边缘与坡脚(路堑则为边沟外侧沟底与坡顶)所构成的坡面,是支撑路基主体的重要组成部分。路基边坡的坡度,习惯上用边坡的高度与宽度的比值来表示,如1:0.5、1:1、1:1.5、1:1.75等。

路基边坡坡度的大小,直接影响路基的稳定性和工程数量。坡度大,则稳定性差,而且坡度过大时边坡易产生滑塌等病害，但工程数量少；坡度小，则稳定性好，但工程数量大。因此，正确合理地确定边坡坡度，是公路横断面设计的主要内容之一。

路基边坡坡度的大小，取决于边坡的高度和土壤的性质，且与当地的气候、水文地质等自然因素有关，选择时必须全面考虑，力求合理。

1. 路堤边坡

路堤的边坡坡度，应根据填料的物理力学性质、气候条件、边坡高度以及基底的工程地质和水文地质条件进行合理的选定。

(1)填土路堤边坡

当地质条件良好，边坡高度不大于20m时，其边坡坡度不宜陡于表4-6的规定值。对边坡高度大于20m的路堤，边坡形式宜采用阶梯形，对边坡坡度必须进行稳定性分析计算确定，对部分边坡应进行单独设计。

路堤边坡坡度表　　表4-6

填料类别	边坡坡度	
	上部高度($H\leq8$m)	下部高度($H\leq12$m)
细粒土	1:1.5	1:1.75
粗粒土	1:1.5	1:1.75
巨粒土	1:1.3	1:1.5

浸水路堤在设计水位以下部分的边坡坡度，不宜陡于1:1.75。

为了必要时便于汽车驶下公路进行疏散，在平原微丘区高度不超过1.0m的路堤，如用地条件许可，可采用不陡于1:3的边坡。

(2)砌石路基边坡

填石路基应选用当地不易风化的片、块石砌筑，内侧填石；岩石风化严重或软质岩石路段不宜采用砌石路基。砌石顶宽不小于0.8m，基底面向内倾斜，砌石高度不宜超过15m。砌石内、外坡率不宜大于表4-7的规定值。

砌石边坡坡度表　　表4-7

序号	砌石高度(m)	内边坡度	外坡坡度
1	≤5	1:0.3	1:0.5
2	≤10	1:0.5	1:0.67
3	≤15	1:0.6	1:0.75

2. 路堑边坡

(1)土质路堑边坡

土质路堑边坡形式及坡度应根据工程地质条件、边坡高度、排水措施、施工方法，并结合自然稳定和人工边坡的调查及力学分析综合确定。边坡高度不大于20m时，边坡坡度不宜大于表4-8的规定值。边坡高度大于20m时，对部分边坡应进行单独勘察设计。

土质路堑边坡坡度 表4-8

土的类别		边坡坡度
黏土、粉质黏土、塑性指数大于3的粉土		1:1
中密以上的中砂、粗砂、砾砂		1:1.5
卵石土、碎石土、圆砾土、角砾土	胶结和密实	1:0.75
	中密	1:1

注:黄土、红黏土、高液限土、膨胀土等特殊土质挖方边坡形式及坡度应按有关规定确定。

(2)岩质路堑边坡

岩质路堑边坡形式及坡度应根据工程地质与水文地质条件、边坡高度、施工方法,并结合自然稳定和人工边坡的调查综合确定。必要时可采用稳定性分析方法予以检算。边坡高度不大于30m时,无外倾软弱结构面的边坡坡度按表4-9确定。

对于有外倾软弱结构面的岩质边坡、坡顶边缘附近有较大荷载的边坡、边坡高度超过表4-9规定范围的边坡,边坡坡度应通过稳定性分析计算确定。硬质岩石挖方路基宜采用光面、顶裂爆破技术。边坡高度大于20m的软弱松散岩质路堑,宜采用分层开挖、分层防护和坡脚预加固技术。岩石挖方边坡高度大于30m时,对部分边坡应进行高边坡单独处理设计。

岩质路堑边坡坡度 表4-9

边坡岩体类型	风化程度	边坡坡度	
		$H<15$m	15m$\leqslant H<30$m
Ⅰ类	未风化、微风化	1:0.1~1:0.3	1:0.1~1:0.3
	弱风化	1:0.1~1:0.3	1:0.3~1:0.5
Ⅱ类	未风化、微风化	1:0.1~1:0.3	1:0.3~1:0.5
	弱风化	1:0.3~1:0.5	1:0.5~1:0.75
Ⅲ类	未风化、微风化	1:0.3~1:0.5	
	弱风化	1:0.5~1:0.75	
Ⅳ类	弱风化	1:0.5~1:1	
	弱风化	1:0.75~1:1	

注:1. 有可靠的资料和经验时,可不受本表限制。
2. Ⅳ类强风化包括各类风化程度的极软岩。

3. 护坡道

护坡道的作用是减缓路堤边坡的平均坡度,是保证路堤稳定的措施之一。一般情况下,当路堤填土高度小于或等于2m时,可不设护坡道;当路堤填土高度大于2m时,应设置宽度为1m的护坡道;当路堤填土高度大于6m时,应设置宽度为2m的护坡道。为利于排水,护坡道表面应做成向外侧倾斜2%的横坡。

第四节 横断面设计方法

横断面设计方法俗称“戴帽子”或“戴帽”，即在横断面测量所得各桩号的横断面地面线上，按纵断面设计确定的填挖高度和平面设计确定的路基宽度、超高、加宽值，结合当地的地形、地质等自然条件，参考典型横断面图式，逐桩号绘出横断面图；对采用挡土墙、护坡等结构物的路段，所采用结构物应绘于相应的横断面图上，并注明其起讫桩号、圬工种类和断面的尺寸，结构物的尺寸要根据土压力的大小，经稳定性验算确定。

横断面设计内容除与行车有关的路幅宽度外，还有与路基工程、排水工程、环保工程有关的各种设施。这些设施的位置和尺寸均应在横断面设计中有所体现。路基横断面形式和尺寸是在平面设计中确定的，在纵断面设计中根据路线的标准和地形的条件确定路基的合理高度。横断面设计中必须结合地形、地质、水文等条件，本着节约用地的原则，选用合理的断面形式，以满足行车顺适、工程经济、路基稳定且便于施工和养护的要求。

在设计每个横断面时，应参考路基典型横断面图示，断面中的边坡坡率、边沟尺寸、挡土墙断面应按现行《公路路基设计规范》(JTG D30)的规定办理。对高填、深挖、特殊地质、浸水路基应单独设计。

横断面设计步骤如下：

(1)按1∶200的比例绘制横断面地面线；定测阶段，横断面地面线是现场测绘的，若纸上定线，可在大比例的地形图上内插获得。在计算机辅助设计中，可以通过数字化仪或键盘向计算机输入横断面各变化点相对中桩的坐标，由计算机自动绘制。

(2)从“路基设计表”中抄入路基中心填挖高度，对于有超高和加宽的曲线路段，还应抄入“左高”“右高”“左宽”“右宽”等数据。

(3)根据现场调查所得来的“土壤、地质、水文资料”，参照“标准横断面图”设计出各桩号横断面，确定路幅宽度、填或挖的边坡坡线，在需要各种支挡工程和防护工程的地方画出该工程结构的断面示意图。在计算机辅助设计中，由计算机自动设计，并利用人机对话调整特殊断面。

(4)根据综合排水设计，画出路基边沟、截水沟、排灌渠等的位置和断面形式，必要时需注明各部分尺寸(不必绘出路拱，但必须绘出超高、加宽)。此外，对于取土坑、弃土坑、绿化等也应尽可能画出。经检查无误后，修饰描绘。

(5)分别计算各桩号断面的填方面积(A_T)、挖方面积(A_W)，并标注于图上。一条道路的横断面图数量极大，为提高手工绘制的工作效率，可事先制作若干透明模板。但根本的解决办法是使用“AutoCAD”，它不但能准确绘制横断面图，而且能自动解算横断面面积。

第五节 路基土石方数量计算及调配

路基土石方是公路工程的一项主要工程量。在公路设计和路线方案比较中,路基土石方数量的多少是评价公路测设质量的主要技术经济指标之一。在编制公路施工组织计划和工程概预算时,还需要确定分段和全线路基土石方数量。

地面形状是很复杂的,填、挖方不是简单的几何体,所以其计算只能是近似的,计算的精确度取决于中桩间距、测绘横断面时采点的密度和计算公式与实际情况的接近程度等。计算时一般应按工程的要求,在保证使用精度的前提下力求简化。

一、横断面面积计算

路基的填挖断面面积,是指断面图中原地面线与路基设计线所包围的面积,高于地面线者为填,低于地面线者为挖,两者应分别计算。通常采用积距法和坐标法计算横断面面积。

(1)积距法:如图4-4所示,将断面按单位横宽划分为若干个梯形和三角形,每个小条块的面积近似按每个小条块中心高度与单位宽度的乘积计算,即 $A_i = bh_i$,则横断面面积:

$$A = bh_1 + bh_2 + bh_3 + \cdots + bh_n = b\sum h_i$$

当 $b = 1\text{m}$ 时,则 A 在数值上就等于各小条块平均高度之和 $\sum h_i$。

(2)坐标法:如图4-5所示,已知断面图上各转折点坐标(x_i, y_i),则断面面积为:

$$A = \frac{1}{2}[\sum(x_i y_{i+1} - x_{i+1} y_i)]$$

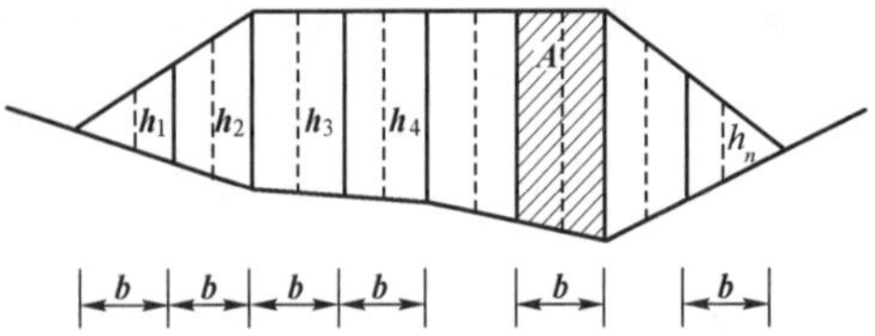

图4-4 积距法计算面积

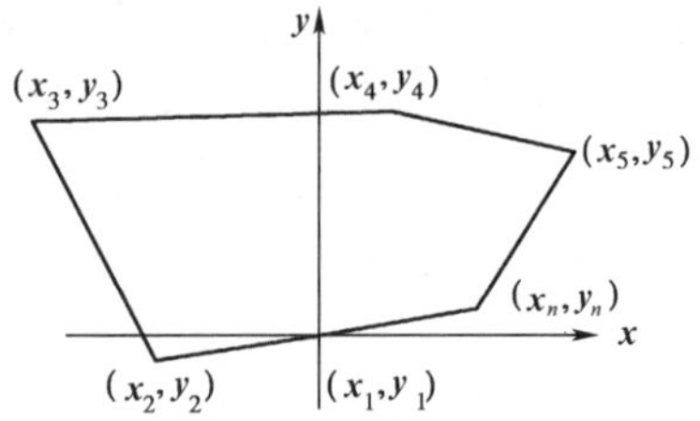

图4-5 坐标法计算面积

坐标法的计算精度较高,适宜用计算机计算。

二、土石方数量计算

路基土石方计算工作量较大,加之路基填挖变化的不规则性,要精确计算土石方体积是十分困难的。在工程上通常采用近似计算,即假定相邻断面间为一棱柱体,则其体积为:

$$V = (A_1 + A_2)\frac{L}{2}$$

式中：V——体积，即土石方数量，m^3；

A_1、A_2——分别为相邻两断面的面积，m^2；

L——相邻断面之间的距离，m。

此种方法称为平均断面法，如图4-6所示。用平均断面法计算土石方体积简便、实用，是公路上常采用的方法。但其精度较差，只有当A_1、A_2相差不大时才较准确。当A_1、A_2相差较大时，则按棱台体公式计算更为接近，其公式如下：

$$V = \frac{1}{3}(A_1 + A_2)L\left(1 + \frac{\sqrt{m}}{1 + m}\right)$$

式中，$m = A_1/A_2$，其中$A_1 < A_2$。

第二种方法精度较高，应尽量采用，其特别适用于计算机计算。

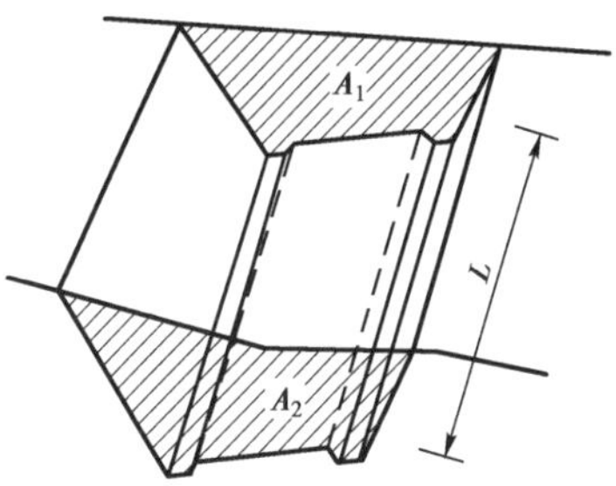

图4-6　土石方数量计算图示

用上述方法计算的土石方体积中，是包含了路面体积的。若所设计的纵断面有填有挖基本平衡，则填方断面中多计算的路面面积与挖方断面中少计算的路面面积相互抵消，其总体积与实际体积相差不大。但若路基是以填方为主或以挖方为主，则最好是在计算断面面积时将路面部分计入，也就是填方要扣除、挖方要增加路面所占的那一部分面积，特别是路面厚度较大时更不能忽略。

计算路基土石方数量时，应扣除大、中桥及隧道所占路线长度的体积；桥头引道的土石方，可视需要全部或部分列入桥梁工程项目中，但应注意不要遗漏或重复；小桥涵所占的体积一般可不扣除。

路基工程中的挖方按天然密实方体积计算，填方按压实后的体积计算，各级公路各类土石方与天然密实方换算系数如表4-10所示，土石方调配时应注意换算。

路基土石方换算系数　　表4-10

公路等级	土石类别				
	土方				石方
	松土	普通土	硬土	运输	
二级及二级以上公路	1.23	1.16	1.09	1.19	0.92
三级公路、四级公路	1.1	1.05	1.00	1.08	0.84

三、路基土石方调配

土石方调配的目的是为确定填方用土的来源、挖方土的去向，以及计价土石方的数量和运量等。通过调配，合理地解决各路段土石方平衡与利用问题，从路堑挖出的土石方，在经济合理的调运条件下移挖作填，尽量减少路外借土和弃土，少占用耕地，以求降低公路造价。

1. *土石方调配计算的几个概念*

(1)平均运距

土方调配的运距，是从挖方体积的重心到填方体积的重心之间的距离。在路线工程中，为简化计算起见,这个距离可简单地按挖方断面间距中心至填方断面间距中心的距离计算,称为平均运距。

(2)免费运距

土、石方作业包括挖、装、运、卸等工序,在某一特定距离内,只按土、石方数量计价而不计运费,这一特定的距离称为免费运距。采用不同施工方法,其免费运距也不同,如人工运输的免费运距为20m,铲运机运输的免费运距为100m。

在纵向调配时,当其平均运距超过定额规定的免费运距,应按其超运运距计算土石方运量。

(3)经济运距

填方用土来源,一是路上纵向调运,二是就近路外借土。一般情况用路堑挖方调去填筑距离较近的路堤还是比较经济的。但如调运的距离过长,以致运价超过了在填方附近借土所需的费用时,移挖作填就不如在路堤附近就地借土经济。因此,采用"借"还是"调",有个限度距离问题,这个限度距离即所谓"经济运距",其值按下式计算:

$$L_{经} = \frac{B}{T} + L_{免}$$

式中:B——借土单价,元/m^3;

T——远运运费单价,元/(m^3·km);

$L_{免}$——免费运距,km。

经济运距是确定借土或调运的界限,当调运距离小于经济运距时,采取纵向调运是经济的,反之,则可考虑就近借土。

(4)运量

土石方运量为平均超运运距单位与土石方调配数量的乘积。

在生产中,例如工程定额是将人工运输免费运距20m,平均每增运距10m划为一个运输单位,称之为"级";当实际的平均运距为40m,超远运距为20m时,则为两个运输单位,称为二级,在路基土石方数量计算表中记作②。

$$总运量 = 调配(土石方)数量 \times n$$

$$n = \frac{L - L_{免}}{A}$$

式中:n——平均超远运距单位(四舍五入取整数);

L——土石方调配平均运距,m;

$L_{免}$——免费运距,m;

A——超远运距单位,m,例如人工运输$A = 10$m,铲运机运输$A = 50$m。

(5)计价土石方数量

在土石方计算与调配中,所有挖方均应予计价,但填方则应按土的来源决定是否计价,如是路外就近借土就应计价,如是移"挖"作"填"的纵向调配利用方,则不应再计价,否则形成双重计价。即计价土石方数量为:

$$V_{计} = V_{挖} + V_{借}$$

式中:$V_{计}$——计价土石方数量,m^3;

$V_{挖}$——挖方数量,m^3;

$V_{借}$——借方数量,m^3。

2. 土石方调配原则

(1)在半填半挖的断面中,应首先考虑在本路段内移挖作填进行横向平衡,多余的土石方再进行纵向调配,以减少总的运量。

(2)土石方调配应考虑桥涵位置对施工运输的影响,一般大沟不采用跨越运输,同时应注意施工的可能与方便,尽可能避免和减少上坡运土。

(3)为使调配合理,必须根据地形情况和施工条件,选用适当的运输方式,确定合理的经济运距,用以分析工程用土是调运还是外借。

(4)土方调配"移挖作填"固然要考虑经济运距问题,但这不是唯一的指标,还要综合考虑弃方和借方的占地,赔偿青苗损失及对农业生产的影响等。有时路堑的挖方纵调作路堤的填方,虽然运距超出一些,运输费用可能高一些,但如能少占地、少影响农业生产,这样,对整体来说未必是不经济的。

(5)不同的土方和石方应根据工程需要分别进行调配,以保证路基稳定和人工构造物的材料供应。

(6)位于山坡上的回头曲线路段,要优先考虑上下线的土方竖向调运。

(7)土方调配对于借土和弃土应事先同当地政府商量,妥善处理。借土应结合地形、农田规划等选择借土地点,并综合考虑借土还田、整地造田等措施。弃土应不占或少占耕地,在可能的条件下宜将弃土平整为可耕地,防止乱弃乱堆,堵塞河流,损害农田。

3. 土石方调配方法

目前生产上采用土石方计算表调配法,直接在土石方表上进行调配,其优点是方法简单,调配清晰,精度符合要求。该表也可由计算机自动完成。具体调配步骤如下:

(1)土石方调配是在土石方数量计算与复核完毕的基础上进行的,调配前应将可能影响运输调配的桥涵位置、陡坡大沟等注明在表旁,供调配时参考。

(2)计算并填写表中"本桩利用""填缺""挖余"各栏。当移石作填土时,石方数应填入"本桩利用"的"土"一栏,并以符号区别。然后按填挖方分别进行闭合核算,其核算式为:

$$填方 = 本桩利用 + 填缺$$

$$挖方 = 本桩利用 + 挖余$$

(3)在作纵向调配前,根据"填缺""挖余"的分布情况,选择适当施工方法及可采用的运输方式,定出合理的经济运距,供土方调配时参考。

(4)根据填缺、挖余分布情况,结合路线纵坡和自然条件,本着技术经济、少占用农田的原则,具体拟订调配方案,将相邻路段的挖余就近纵向调配到填缺内加以利用,并把具体调运方向和数量用箭头表示在纵向调配栏中。

(5)经过纵向调配,如果仍有填缺或挖余,则应会同当地政府协商确定借土或弃土地点,然后将借土或弃土的数量和运距分别填注到借方或废方栏内。

(6)调配完成后,应分页进行闭合核算,核算式为:

填缺 = 远运利用 + 借方

挖余 = 远运利用 + 废方

(7)本公里调配完毕,应进行本公里合计,总闭合核算除上述外,还有:

跨公里调入方 + 挖方 + 借方 = 跨公里调出方 + 填方 + 废方

(8)土石方调配一般在本公里内进行,必要时也可跨公里调配,但需将调配的方向及数量分别注明,以免混淆。

(9)每公里土石方数量计算与调配完成后,须汇总列入"路基每公里土石方表",并进行全线总计与核算。至此完成全部土石方计算与调配工作。

第六节 横断面设计成果

路基横断面设计的主要成果是"两图两表",即路基标准横断面图、路基横断面图、路基设计表与路基土石方数量表。

1. 路基标准横断面图

路基标准横断面图(图 4-1)是路基横断面设计图中所出现的所有路基形式的汇总。它示出了所有设计线(包括边坡、边沟、挡墙、护肩等)的形状、比例及尺寸,用以指导施工。这样路基横断面设计图就不必对每一个断面都进行详细的标注(其中很多断面的比例、尺寸都是相同的),避免了工作的重复与烦琐,也使横断面设计图比较简洁。

2. 路基横断面设计图

路基横断面设计图是路基每一个中桩的法向剖面图,它反映了每个桩位处横断面的尺寸及结构,是路基施工及横断面面积计算的依据。图中应给出地面线与设计线,并标注桩号、施工高度与断面面积。相同的边坡坡度可只在一个断面上标注,挡墙等圬工构造物可只绘出形状,不标注尺寸,边沟也只需绘出形状。横断面设计图应按从下到上、从左到右的方式进行布置,一般采用 1∶200 的比例。

3. 路基设计表

严格地说,路基设计表不能只作为横断面设计的成果,它是路线设计成果的一个汇总,其前半部分是平面与纵面设计的成果。横断面设计完成后,再将"边坡""边沟"等栏填上。其中,"边沟"一栏的"坡度"如不填写,表明沟底纵坡与道路纵坡一致,如果不一致,则需另外填写。

4. 路基土石方数量表

路基土石方是公路工程的一项主要工程量,所以在公路设计和路线方案比较中,路基土石方数量的多少是评价公路测设质量的主要技术经济指标之一,也是编制公路施工组织计划和工程概预算的主要依据。其表格形式参见表 4-11。

路基土石方数量表

表4-11

××公路土建工程

桩号	横断面面积（m²）		距离（m）	总数量	挖方分类及数量（m³）												填方数量（m³）	利用方数量及调配（m³）						借方数量（m³）		弃方数量（m³）		总数量（m³·km）		备注
					土						石							本桩利用		填缺	挖余		纵向利用调配示意图							
					I		II		III		IV		V		VI															
	挖	填			%	数量	%	数量	%	数量	%	数量	%	数量	%	数量		土	石		土	石		土	石	土	石	土	石	
1	2	3	4	5	6	7	8	9	10	11	12	13	14	15	16	17	18	19	20	21	22	23	24	25	26	27	28	29	30	31
K3+000	8.52	0.03																												
			50.00	142			90	128			10	14					49	57			71	14				71	14	71	14	棱台法
+050		2.62																												
			50.00	459			90	413			10	46					44	51			362	46				362	46	362	46	
+100	27.55																													
			20.00	824			90	742			10	82									742	82				742	82	742	82	
+120	56.63																													
			30.00	2023			90	1821			10	202									1821	202				1821	202	1821	202	
+150	78.91																													
			50.00	3726			90	3353			10	373									3353	373				3353	373	3353	373	
+200	70.18																													
			50.00	3614			90	3253			10	361									3253	361	土1221			2032	361	2032	361	
+250	74.43																													
			50.00	1846			90	1661			10	185									1661	185	土1661 石185							
+300	9.59																													
			50.00	160			90	144			10	16					204	144	16	63			土73					2		
+350		12.25																												
			50.00														1038			1038			土1204					96		
+400		30.66																												
			50.00														1432			1432			土1428 石185					238	24	
+450		26.68																												
			50.00	350			90	315			10	35					463	315	35	153			土177					41		
+500	20.98	0.04																												
			10.00	189			90	170			10	19					11	13			157	19				157	19	157	19	
+510	16.94	3.06																												
			10.00	269			90	242			10	27					13	15			227	27				227	27	227	27	
+520	38.28	0.13																												
			20.00	1199			90	1079			10	120					1	1			1078	120				1078	120	1078	120	
+540	84.65																													
			0.82	69			90	62			10	7									62	7				62	7	62	7	
+540.825	83.69																													
			19.18	1167			90	1050			10	117									1050	117	土598			452	117	452	117	
+560	40.55																													
			20.00	727			90	654			10	73									654	73	土654 石73							
+580	32.23																													
			10.82	250			90	225			10	25					5	6			219	25	土219 石25							
+590.825	15.09	1.44																												
			9.18	120			90	108			10	12					10	12			96	12	土96 石12							
+600	11.10	0.74																												
			20.00	100			90	90			10	10					120	90	10	31			土36							
+620	0.85	14.09																												
			20.00	6			90	5			10	1					938	5	1	933			土943 石110					34	4	
+640		90.86																												
			20.00	119			90	107			10	12					612	107	12	507			土588					47		
+660	17.88	0.01																												
			20.00	647			90	582			10	65									582	65				582	65	582	65	
+680	49.40																													
			9.06	449			90	404			10	45					12	14			390	45	土24			366	45	366	45	
+689.064	49.66	4.05																												
			2.94	116			90	104			10	12					4	5			99	12	土99 石12							
+692	29.79																													
			8.00	200			90	180			10	20									180	20	土180 石20							
+700	20.42																													
			20.00	137			90	123			10	14					106	123				14	石14							
+720		15.93																												
			19.06														189			189			土180 石29					3		
+739.064		4.95																												
			0.94														5			5			石5							
+740		4.76																												
			20.00	36			90	32			10	4					32	32	4											
+760	5.30																													
			20.00	152			90	137			10	15									137	15	土137 石15							
+780	10.22																													
			20.00	199			90	179			10	20									179	20	土179 石20							
+800	9.64																													
			20.00	176			90	158			10	18									158	18	土158 石18							
+820	7.91																													
本页小计				19471				17521				1950					5288	990	78	4351	16531	1872				11305	1478	11766	1506	

编制：　　　　复核：　　　　审核：

5. 其他成果

对于特殊情况下的路基(如高填深挖路基、侵河路基、不良地质地段路基等)应单独设计,并绘制特殊路基设计图。图中应示出缘石大样、中央分隔带开口设计图等。

思考题与习题

1. 简述路基标准横断面的组成。

2. 路基边坡对路基稳定性和工程数量有何影响?如何确定路基边坡?

3. 何谓平均运距、免费运距、经济运距?经济运距在土石方调配中有何作用?

4. 横断面设计的内容是什么?

5. 掌握"土石方计算与调配"表的计算与填写方法。

第五章
CHAPTER FIVE

选　线

本章学习要点

本章主要学习公路选线原则、步骤；路线方案比较、平原地区选线、山岭区选线、丘陵区选线。

第一节　概述

公路选线是根据路线的基本走向和技术标准的要求，结合当地的地形、地质、地物及其他沿线条件和施工条件等，选定一条技术上可行、经济上合理，又能符合使用要求的公路中心线的工作。选线的目的是根据国家建设发展的需要，结合自然条件，选定合理的路线，使筑路费用与使用质量达到统一，且行车迅速安全、经济舒适、构造物稳定耐久及易于养护。

公路选线是整个公路勘测设计的关键，是公路线形设计的重要环节，它对公路的使用质量和工程造价都有很大的影响。选线人员必须认真贯彻国家规定的方针政策，坚持群众路线，深入实际，调查研究，反复比较，正确解决技术指标与在自然条件下实地布线之间的矛盾，综合考虑路线、路基、路面、桥涵、隧道、交叉等，最后才能选定出合理的路线。

选线需要考虑自然环境和社会经济条件，以及线形技术指标等各方面的因素。因此，选线是一项涉及面广、影响因素多、政策性和技术性都很强的工作。

一、选线原则

(1)在路线设计的各个阶段，应运用先进的手段对路线方案进行深入、细致的研究，在多方案论证、比较的基础上，选定最优的路线方案。

(2)路线设计应在保证行车安全、舒适、迅速的前提下，使工程数量小、造价低、营运费用省、效益好，并有利于施工和养护。在工程量增加不大时，应尽量采用较高的技术指标，不宜轻易采用低限指标，也不应片面追求高指标。

(3)选线应同农田基本建设相配合,做到少占田地,注意尽量地不占高产田、经济作物田或经济林园(如橡胶林、茶林、果园)等。

(4)充分利用有利地形、地势,尽量回避不利地带,正确运用技术标准,从行车的安全、畅通和施工、养护的经济、方便着眼,对路线与地形的配合加以研究,做好路线平、纵、横面的结合,力求平面短捷舒顺,纵面平缓均匀,横面稳定经济。

(5)通过名胜、古迹、风景地区的公路,应与周围的环境、景观相协调,并适当兼顾美观。注意保护原有的自然生态环境和重要的历史文物遗址。

(6)选线时应对工程地质和水文地质进行深入勘测,查清其对公路工程的影响程度。对于滑坡、崩塌、岩堆、泥石流、岩溶、软土、泥沼等严重不良地质地段和沙漠、多年冻土等特殊地区,应慎重对待。一般情况下,路线应设法绕避这些地区;当路线必须穿过时,应选择合适的位置,缩小穿越范围,并采取必要的工程措施。

(7)大中桥位应在服从路线总方向的原则下,对路桥综合考虑,不要因桥位而过多地增长路线,桥位应尽量选择在河道顺直、水流稳定、地质良好的河段上,并注意方便群众。小桥涵位置应服从路线走向,但在不降低路线技术指标的情况下,也应适当考虑小桥涵位置的合理性。

(8)对于高速公路和一级公路,由于其路幅宽,可根据通过地区的地形、地物、自然环境等条件,利用其上下车道分离的特点,本着因地制宜的原则,合理采用上下行车道分离的形式布线。

(9)要考虑施工条件对选定路线的影响,推荐路线方案要注意结合可能的施工方式和施工力量,并积极采用新结构、新材料和先进的施工技术。

(10)选线应重视环境保护,注意由于道路修筑及汽车运行所产生的影响与污染等问题,具体应注意以下几个方面:

①路线对自然环境与资源可能产生的影响。

②占地、拆迁房屋所带来的影响。

③路线对城镇布局、行政区划、农耕区、水利排灌体系等现有设施造成分割而产生的影响。

④噪声对居民生活的影响。

⑤汽车尾气对大气、水源、农田所造成的污染及影响。

⑥对自然环境、资源的影响和污染的防治措施及其对策实施的可能性。

二、选线的步骤

一条路线的选定是一项由大到小、由粗到细、由轮廓到具体,逐步深入的工作。按照测设程序分阶段、分步骤进行,比较分析后,选定最合理的路线。一般要经过以下三个步骤。

1.全面布局

全面布局是解决路线基本走向的工作。这是在路线总方向(起、讫点和中间必须经过的城镇或地点)确定后,从大面积着手由面到带进行总体布置的过程,此项工作最好先在1:10 000~1:50 000地形图上进行路线布局,选定出可能的路线方案,然后进行踏勘与资料收集,根据需要与可能,结合具体条件,通过比选落实必须通过的主要控制点,放弃那些避让的控制点,逐步缩小路线活动范围,进而定出大体的路线布局。例如,在公路的起、终点及必须通过的控制点间可能沿某条河、越某座岭，也可能沿几条河、越几座岭，为下一步定线工作奠定基础。

路线布局是关系到公路质量的根本性问题。如果总体布局不当，即使局部路线选得再好、技术指标确定得再恰当，仍然是一条质量很差的路线。因此，在选线中首先应着眼于总体布局工作，解决好基本走向问题。全面布局是通过路线视察，经过方案比较来解决的。

2. 逐段安排

在总体路线方案既定的基础上，以相邻主要控制点间划分段落，根据公路标准，结合其间具体地形，通过试坡展线方法逐段加密细部控制点，进一步明确路线走法，即在大控制点间，结合地形、地质、水文、气候等条件，逐段定出小控制点，这样就构成了路线的雏形。这一步工作的关键在于探索与落实路线方案，为实现具体定线提供可能的途径。如果这一步工作做得仔细，研究得周到，就可以减少以后不必要的改线与返工。逐段安排路线是通过踏勘测量或详测前的路线察看来解决的。

3. 具体定线

有了上述路线轮廓即可进行具体定线，根据地形起伏与复杂程度不同，可分为现场直接插点定线或放坡定点的方法，插出一系列的控制点，然后从这些点位中穿出通过多数点（特别是那些控制较严的点位）的直线段，延伸相邻直线得到的交点，即为路线的转角点。随后拟定出曲线半径，至此定线工作基本完成。做好上述工作的关键在于摸清地形情况，全面考虑前后线形衔接与平、纵、横协调关系，恰当地选用合适的技术指标，以期使整个线形得以连贯协调。这是一步更深入、更细致、更具体的工作。具体定线在详测时完成。

第二节　路线方案比较

方案比较是选线中确定路线总体布局的有效方法，在可能布局的多种方案中，通过方案比较和取舍，选择技术合理、费用经济、切实可行的最优方案。路线方案的取舍是路线设计中的重要问题，方案是否合理，不仅关系到公路本身的工程投资和运输效率，更重要的是影响到路线在公路网中的作用，直接关系到是否满足国家政治、经济及国防的要求和长远利益。

根据方案比较的深度不同，可分为原则性方案比较和详细的方案比较两种。

一、原则性方案比较

从形式上看，方案比较可分为质的比较和量的比较。对于原则性的方案比较，主要是质的比较，多采用综合评价的方法。这种方法不是通过详细计算经济和技术指标进行比较，而是综合各方面因素进行评比。主要综合的因素有：

（1）路线在政治、经济、国防上的意义，国家或地方建设对路线使用任务、性质的要求，以及战备、支农、综合利用等重要方针的贯彻和体现程度。

(2)路线在铁路、公路、航道等网系中的作用,与沿线工矿、城镇等规划的关系以及与沿线农田水利建设的配合及用地情况。

(3)沿线地形、地质、水文、气象、地震等自然条件对公路的影响,要求的路线等级与实际可能达到的技术标准及其对路线的使用任务、性质的影响;路线的长度、筑路材料的来源、施工条件以及工程量、三材(钢材、木材、水泥)用量、造价、工期、劳动力等情况,运营、施工、养护的影响,施工期限长短等。

(4)路线与沿线历史文物、革命史迹、旅游风景区等的联系。

影响路线方案选择的因素是多方面的,而各种因素又多是互相联系、互相影响的。路线在满足使用任务和性质要求的前提下,应综合考虑自然条件、技术标准和技术指标、工程投资、施工期限和施工设备等因素,精心选择、反复比较,才能提出合理的推荐方案。

二、详细的方案比较

详细的方案比较是在原则性方案比较之后进行的量的比较,它包括技术和经济指标的详细计算,一般多用于作局部方案的分析比较。

1. 技术指标的比选

(1)路线长度及其延长系数。

①路线总延长系数 λ_0:

$$\lambda_0 = \frac{L}{L_0}$$

式中:L——路线方案的实际长度,m;

L_0——路线起、终点间的直线距离,m。

②路线技术延长系数 λ_1:

$$\lambda_1 = \frac{L}{L_1}$$

式中:L_1——路线方案中各大控制点间的直线距离,m。

(2)转角数。包括全线的总转角数(个)和每公里的转角数(个/km)。

(3)转角平均度数。转角是体现路线顺直的一种技术指标,转角平均度数按下式计算:

$$\alpha = \frac{\sum_{i=1}^{n}\alpha_i}{n}$$

式中:α——转角平均度数,°;

α_i——任一转角的度数,°;

n——全线的总转角数。

(4)最大与最小平曲线半径(m)。

(5)回头曲线的数目(个)。

(6)最大与最小纵坡。

(7)最大与最小竖曲线半径(m)。

(8)与既有公路及铁路的交叉数目(包括平面交叉和立体交叉)。

(9)限制车速的路段长度(指居住区、小半径转弯处、交叉点、陡坡路段等)。

2. 经济指标的比选

(1)路基土石方工程数量;

(2)桥涵工程数量(大桥、中桥、小桥涵的座数、类型及其长度);

(3)隧道工程数量;

(4)挡土墙工程数量;

(5)征占土地数量及费用;

(6)拆迁建筑物及管线设施的数量;

(7)主要材料数量;

(8)主要机械、劳动力数量;

(9)工程总造价;

(10)投资成本—效益比;

(11)投资内利润率;

(12)投资回收期。

三、方案比较的步骤和实例

1. 方案比较步骤

一条较长的路线,可行的方案有很多,很难对每一种方案都进行实地视察和比选。但可以事先尽可能收集已有资料,在室内进行筛选,然后对较好的且优劣难以辨别的有限个方案进行实地视察和比选。其步骤一般为:

(1)收集资料;

(2)在小比例地形图上布局路线,初拟方案;

(3)室内初步比选,确定可比方案;

(4)实地视察、踏勘测量;

(5)进一步比选,确定推荐方案。

2. 方案比较实例

如图 5-1 所示,庙山岭地势陡峻,高差大,根据两省接线协议,路线采用隧道越岭(越界)接线。路线穿越庙山岭后,路线沿山间沟谷布设,但白羊铺、招柏区域内重峦叠嶂,沟壑纵横,地形起伏剧烈,可供布设路线的走廊带狭窄,路线此段受地形限制,不得不采用大量的桥隧工程翻山越岭。此外,国家西气东输重点工程的陕京天然气管道,在穿越此段时已占据了最有利地形,对本项目的路线布设也带来了较大的难度,因此布线过程中特别注意了采用桥涵明交等可靠方式通过,并对管线做混凝土防护。

路线从庙山岭隧道出来后,工可方案将线位摆在白羊铺村南面的半山坡上(B 线),该方案虽然避免了与陕京天然气管道的交叉,减少了拆迁,但线位所经之处高填深挖,对环境破坏严重,且路线从白羊铺村上方通过,对村民的生产和生活留下了安全隐患,不符合典型示范工程设计新理念,故对初步设计阶段进行反复优化后提出了 A、D 方案。

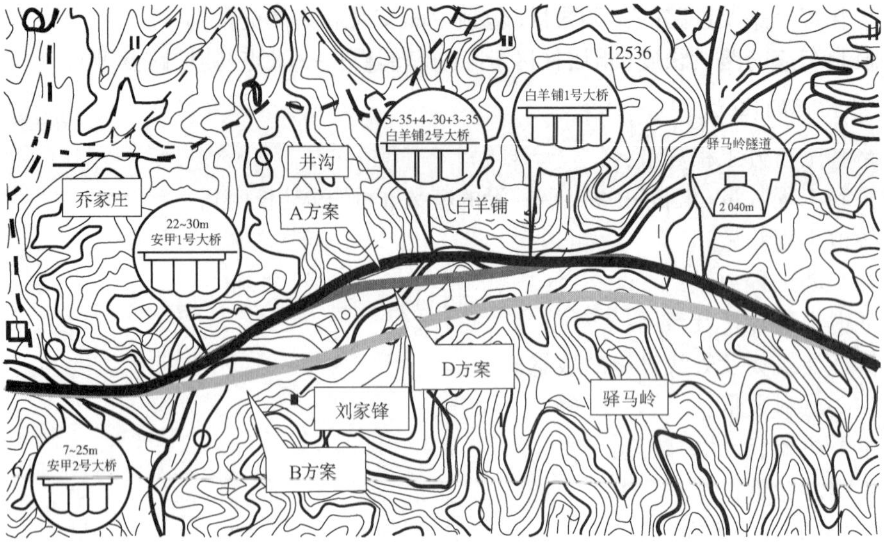

图 5-1 路线比选实例

A 方案由庙山岭隧道穿出后,大部分路段以桥梁方式布设于干峪沟内,路线与陕京天然气管道以小偏角相交 4 次,通过与陕京天然气管理部门联系沟通,要求桥梁跨越天然气管线处桩基与其最小净距不小于 5m,且天然气管线不能改移,桥梁跨越布设困难,故提出 D 方案。D 方案与 A 方案布设于同一侧,经白羊铺村,拆迁 18 户,后以桥梁形式穿越干峪沟,沿干峪沟北半山坡向西,在招柏村前接 A 线。通过与白羊铺村委联系,该村位于山区,人均耕地少,交通不便利,同意高速公路占用,拆迁其村。D 线与天然气管线交叉两次,桥跨位置较理想。

(1)建设条件对路线方案布置和设计的影响:A、B 方案主要工程的比较是庙山岭隧道比较,B 方案隧道围岩级别中Ⅲ级围岩比例较高,但 B 方案左右线隧道间地质条件较复杂,断层较发育,对隧道围岩构成威胁,给施工和运营都带来较大隐患;A 方案与 D 方案的主要工程比较是白羊铺隧道和阴崖山隧道工程地质条件的比较,A、D 方案隧道比较段基岩出露较多,地质条件较简单,条件相似。

(2)各方案的选择和布置情况:A、D 方案的控制点为庙山岭、白羊铺、阴崖山;B 方案的控制点为庙山岭、阴崖山。其中庙山岭距白羊铺约 1.8km,白羊铺距阴崖山 0.7km,由于此路段位于构造剥蚀中低山区,地面海拔高程由 1 583m 降至 1 008m,地形起伏大,A、D 方案设有庙山岭隧道、白羊铺 1 号大桥、白羊铺 2 号大桥、白羊铺隧道、安甲 1 号大桥、阴崖山隧道、安甲 2 号大桥。B 方案庙山岭隧道长 3 320m,较 A、D 线长约 1.3km,从庙山岭隧道穿出后设置安甲 1 号、2 号大桥进入阴崖山隧道,再由安甲 3 号大桥接回 A 线。综合比较,B 方案设有特长隧道 1 座,A、D 方案没有,且 B 方案隧道最长。D 方案比 A 方案多隧道一处(白羊铺 1 号 215m)。A 方案隧道总里程最短。

(3)各方案平、纵指标及连续、均衡情况:A 方案平面最小半径为 950m,纵面最大纵坡为 −3.938%;B 方案平面最小半径为 1 000m,纵面最大纵坡为 −2.987%;D 方案平面最小半径为 1 026.9m,纵面最大纵坡为 −3.95%。比较来说,B 方案线形指标高于 A、D 方案。

(4)行车安全、通行能力、服务水平的分析比较:A、B、D 方案在行车安全、通行能力、服务水平方面相当,通行能力均能达到二级水平。

(5)公路用地、征用基本农田及拆迁情况：B 方案占用土地最少，D 方案较 A 方案多约 61 亩(约 40 663m^2)；B 方案没有拆迁，D 方案拆迁房屋数介于 B、A 方案间，A 方案拆迁较多。

(6)与铁路、原有公路、农田水利、电信、通信、重要管道(线)等干扰情况：本路段对方案影响较大的因素是陕京天然气管线。要求桥梁跨越天然气管线处桩基与其最小净距不小于 5m，且天然气管线不能改移，桥梁跨越布设困难。A 方案与天然气相交 4 次，其中小角度交叉 3 次，施工难度较大；B、D 方案与天然气相交 2 次，施工难度相对较小。

(7)各方案路线对沿线环境影响评价：B 方案对环境影响较小，A、D 方案相当。

(8)工程数量：详见路线方案比较表 5-1 和图 5-1。

路线方案比较表　　表 5-1

项　目	单　位	A 方 案	B 方 案	D 方 案
路线里程	km	5.200	5.069	5.171
土方	m^3	221 625	164 370	239 150
石方	m^3	25 980	40 096	64 840
沥青路面	m^2	23 640	16 740	33 160
防护工程	m^3	9 700	5 690	23 464
路基排水及防护	m^3	3 745	8 280	6 120
大桥	m/座	1 746/4	807/3	1 125/3
中桥	m/座	66/1		66/1
涵洞	道	3	2	6
特长隧道	m/座		3 283/1	
长隧道	m/座	2 030/1		2 038/1
短隧道	m/座	458/2	255/1	655/3
征用土地	亩	195.37	131.85	253.05
拆迁房屋	m^2	2 062		1 255
电力、电信电杆	根	108	14	40
造价	万元	57 046	62 307	53 640
是否推荐				推荐

(9)社会效益和经济效益：B 方案路线稍短，社会经济效益略好，但有一处特长隧道，运营期养护费用高；A 方案比 B、D 方案运营里程稍长，但隧道较之 B、D 方案短，运营期养护费用低；D 方案综合平均了 A、B 方案的优缺点，里程和隧道长度以及社会效益和养护费用均介于 A、B 方案之间，但桥梁长度短于 A 方案。综合来看，D 方案要优于 A、B 方案。

(10)其他：A、B、D 三个方案走廊内无文物，无压覆矿产资源，对路线布设没有影响。

D 线优点：桥梁长度短，与天然气管线交叉位置较理想，交叉次数 2 次，施工难度小，造价低。

A 线优点：隧道短，造价较低。

B 线优点:平面线形指标较高,路线里程短,拆迁少,占地少,与天然气管线交叉位置较理想,交叉次数 2 次。

D 线缺点:拆迁多(18 户),路线里程长。

A 线缺点:线形指标较低,路线里程长,拆迁较多(16 户),占地少,与天然气管线交叉 4 次(其中小角度交叉 3 次)。

B 线缺点:隧道增长 1.194km,土石工程量大,施工难度大,地质条件差,运营期养护费用高,工程造价高。

本段 A 线在干峪沟内跨越陕京天然气管线 4 次,其中小角度交叉 3 次,桥梁跨越布设困难,施工难度较大,陕京天然气管线主管部门不赞同该方案。故没有在造价上进行同等深度比较。

综合比较 A、B、D 方案:D 线比 A 线少了与陕京天然气管道交叉的次数,与天然气管线交叉位置较理想,施工难度小,较好地保护了环境。D 线比 B 线隧道短,工程造价低,比 BK3 + 000 ~ BK5 + 530 段隧道内纵坡小,有利于行车安全。故本段 D 线优于 A、B 线。

第三节 平原地区选线

一、自然特征

平原区主要是指一般平原、山间盆地、高原等地形平坦地区。其地形特征是:地面起伏不大,一般自然坡度都在 3°以下;耕地较多,在农耕区农田水系沟渠纵横交错;居民点多,建筑设施多,交通网系较密;在天然河网、湖区,还密布有湖泊、水塘和河汊等。

从地质和水文条件来看,平原区一般不良地质现象较少,但有时会遇到软土和沼泽地段。另外,平原区地面平坦,排水困难,地面易积水,地下水位较高;平原区河流较宽阔,河道平缓,泥沙淤积,河床低浅,洪水泛滥时河面较宽。

二、路线特征

平原地区地形对路线的约束限制不大,路线平、纵、横三方面的线形易于达到较高的技术指标。路线布设时,主要考虑如何绕避地物障碍等。其路线特征是:平面线形舒顺,弯道转角不大,平曲线半径较大;在纵断面上,坡度平缓。

三、布设要点

选线时,首先在路线的起、终点间,把经过的城镇、厂矿、农场及风景文物点作为大的控制点(如图 5-2 中的普安村桥位与和丰桥位);在控制点间,通过实地视察,根据地形条件和水文条件进一步选择中间控制点,一般较大的建筑群、水电设施、跨河桥位、洪水泛滥线以外及其必须绕越的障碍物均可作为中间控制点(如图 5-2 中的蟹湖、蟹镇、学校、石灰厂、钟湾、塞湖等);

在中间控制点之间，如果没有充分的理由，一般不再设置转角点。

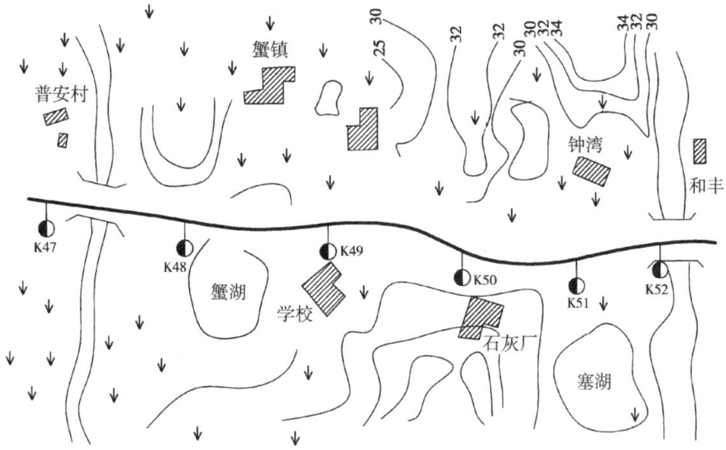

图 5-2　平原区路线布设示意图

在选择平面线形时，既要使路线短捷顺直，又要注意避免过长的直线，在可能的条件下，争取采用转角适当、半径较大的长缓的平曲线线形。

综合平原区自然和路线特征，布线时应着重考虑以下几点：

(1)正确处理好路线与农业的关系。

修建公路时占地是难以避免的，解决好路线与农田规划、农业灌溉水利设施的关系，是平原区选线的关键问题。布设路线时，要注意既不片面要求路线顺直而占用大面积的良田，也不片面要求少占耕地而降低线形标准，甚至恶化行车条件。再者，应解决好路线与农田水利设施的关系，使路线的布置尽可能地与农业灌溉系统相配合，少占良田，不占高产田。除较高等级的公路外，一般不要破坏灌溉系统，布线要注意尽量与干渠相平行，减少路线与渠道的相交次数，最好把路线布置在渠道的上方非灌溉区一侧或者是渠道的尾部。图 5-3 中，虚线方案穿经稻田区，路线短、线形好，但占耕地多、建筑路堤取土距离较远；实线方案的长度略有增加，但避开了大片稻田区，沿山坡布线，路基稳定，又可以节约土方数量。当路线标准不是太高时，应采用实线方案。

注意筑路与造田、护田相结合。在可能的条件下，布线要有利于造田、护田，以支援农业。路线通过河曲地带，当水文条件许可时，可考虑路线直穿，裁弯取直，改移河道，缩短路线，改善线形，如图 5-4 所示。

(2)处理好路线和桥位的关系。

大、中桥位往往是路线的控制点，应在服从路线总方向的原则下，路、桥综合考虑，选择有利的桥位布设路线，既要防止只考虑路线顺直、不顾桥位条件，增加桥跨的难度，又要防止片面强调桥位，使路线绕线过长，标准过低。一般情况下，桥位中线应尽可能与洪水主流流向正交，桥梁和引道都在直线上。桥位应选在水文地质、跨河条件较好的河段。如图 5-5 所示，有三个跨河方案，Ⅱ方案与河沟正交跨越，但线形曲折，不利于行车；Ⅲ方案路线直捷，但桥位处于河曲段，跨河不利。综合比较，Ⅰ方案桥位虽略斜，比Ⅱ方案桥跨略长，但路线顺适，故为可取方案。

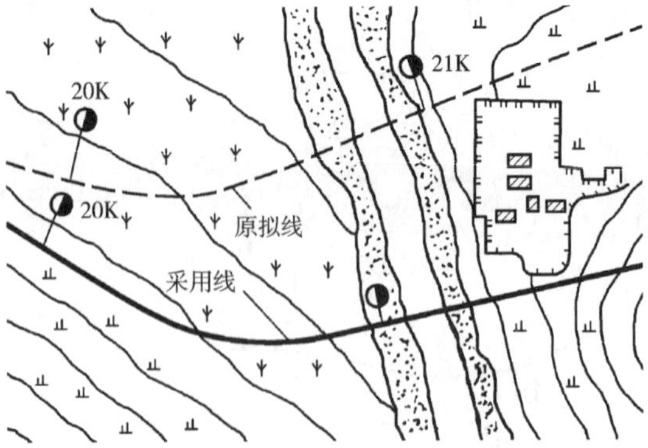

图 5-3　路线方案比较示意图

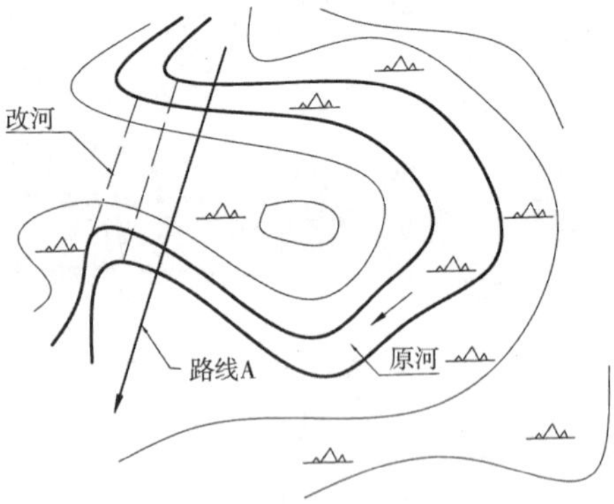

图 5-4　改移河道示意图

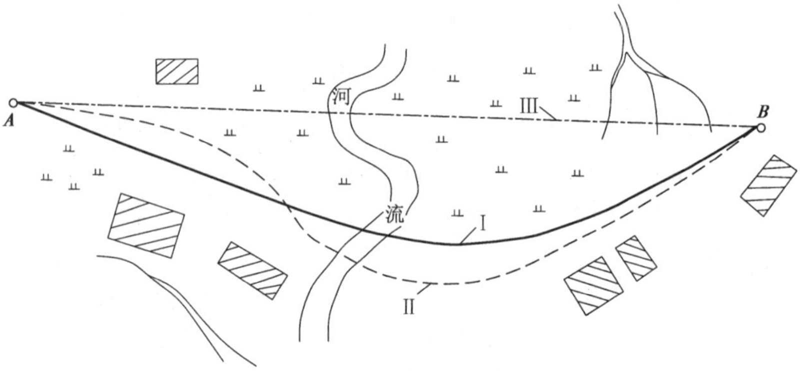

图 5-5　桥位方案比较示意图

小桥涵位置原则上应服从路线走向,但遇到斜交过大(夹角小于45°时)或河沟过于弯曲时,可考虑采取改沟或改移路线的办法,调整交角,布线时应比较确定。

(3)处理好路线与城镇居民点的关系。

平原区有较多的城镇、村庄、工业设施等,进行路线布设时应正确处理好路线与它们的关系。

①对国防公路与高等级的干道,应采取绕避的方式远离城镇,必要时还应考虑采用支线联系。

②较高等级的公路应尽量避免直穿城镇、工矿区和居民密集区,以减少相互干扰。但考虑到公路对这些地区的服务功能,路线又不宜与其相离太远,以从城镇的边缘经过为宜。做到近村而不进村,利民而不扰民,既方便运输,又保证交通安全。这种路线布线时,要注意与城镇等的规划相结合。

③公路等级较低时,应考虑县、区、村的沟通,经地方同意可穿越城镇,但要注意有足够的视距和必要的公路宽度以及必要的交通设施,以保证行人和行车的安全。

(4)注意土壤、水文条件。

平原区的水位条件较差,取土较为困难。为了保证路基的稳定性和节约用土,在低洼地区,应尽可能沿接近分水岭的地势较高处布线,以使路基具有较好的水文条件;在排水不良的地带布线时，要注意保证路基最小填土高度；路线要尽量避开较大的湖塘、水库、泥沼等，不得已时应选择最窄、最浅和基底坡面较平缓的地方通过，并采取措施保证路基稳定。

(5)注意利用老路，并与铁路、航道及已有公路运输相配合。在平原区进行路线布设时，若有老路与新布路线相距较近而且走向一致的情况，在条件许可时，应尽量将其改造后加以利用，以减少耕地的占用和提高路基的稳定性。

(6)注意就地取材和利用工业废料。修建公路需要消耗大量的筑路材料，为节省工程造价，应充分利用当地的材料，特别是当地的工业废料。

第四节　山岭区选线

一般按照公路行经山岭地区的地貌和地形特征，可分为沿河(溪)线、山腰线、越岭线和山脊线四种。

在山区一条公路的总长度中，应根据地形地貌分段选用不同的路线形式，互相连接沟通。所以，山区公路常常是由沿河线转到山腰线再转到山脊线或越岭线。

一、自然特征

山岭区地形包括山岭、突起的山脊、凹陷的山谷、陡峻的山坡、悬崖、峭壁等，地形复杂多变，一般地面自然坡度在20°以上。其主要特征如下：

1.地形条件

山高谷深，地形复杂。由于山区高差大，加之陡峻的山坡和曲折幽深的河谷，形成了错综复杂的地形，这就使得公路路线的线形差，工程难度大。

2.地质条件

岩石多、土层薄、地质复杂。由于山区的地质层理和地壳性质在短距离内变化很大，岩层的产状和地质构造复杂，不良地质现象(如岩堆、滑坡、崩塌、碎落、泥石流等)较多。这些均直接影响着路线的位置和路基的稳定。选线时应处理好路线与地质的关系，并在选线设计中采取必要的防护措施，确保路线的质量和路基的稳定性。

3.水文条件

山区河流曲折迂回，河岸陡峻、河底比降大；雨季暴雨集中、流速快、流量大，冲刷和破坏力很大。针对这样复杂的水文条件，要求在选线中正确处理好路线与河流的关系。

4.气候条件

山区气候多变，气温一般较低，冬季多冰雪(海拔较高的山区)，一年四季昼夜温差很大，山高雾大，空气较稀薄，气压较低。这些气象特征对于汽车行驶的安全性有很大影响。

综上分析，由于山区自然条件极其复杂，给山岭区选线带来了很大的难度。但山岭区山脉水系分明,这也给山区公路走向提供了依据,为选定路线的基本走向、确定大的控制点指明了方向。路线的走向只有两种:顺山沿水方向和横越山岭方向。顺山沿水的路线,按其线位的高低,从低到高又可分为沿溪(河)线、山腰线和山脊线。一条较长的山区公路往往是由走向不同和线位高低不同的几种路段交互组合而成的。而且在路线布设时,一般多以纵面线形为主安排路线,其次才是横断面和平面。

二、沿溪(河)线

1. 路线特点

沿溪(河)线是指公路沿河谷方向布设的路线,如图5-6所示。

图5-6 沿溪线

沿溪线的有利条件是路线走向明确,河床纵坡较小,平面受纵面线形的约束较小,容易争取较好的线形;沿溪线傍山邻河,砂、石材料丰富,用水便利,为施工和养护提供了有利条件;山区的溪岸两侧多是居民密集的地方,沿溪线能更好地为沿线居民点服务,充分发挥公路的作用。

沿溪线的不利条件是路线邻水较近,受洪水威胁较大;峡谷河段,路线线位摆动的余地很小,难以避让不良地质地段;在路线通过陡崖河段时,工程艰巨、工程量集中、工作面狭窄,给公路测设和施工带来很大困难;沿溪线线位低,往往要跨过较多的支沟,桥涵及防护工程较多;河谷两岸台地往往是较好的耕作地,筑路占地与农田及其水利设施的矛盾较为突出;河谷工程地质情况复杂,河谷的两岸通常处于路基病害(如滑坡、岩堆、坍塌、泥石流)的下部,路线通过时,容易破坏山体平衡,给公路的设计、施工、养护、运营带来困难。

2. 布线要点

路线布设的首要任务就是充分利用有利条件、避让不利条件。沿溪线布设时,需要解决的主要问题有:①路线走河流的哪一岸?②路线设于哪一高度?③路线在何处跨河换岸?这三个问题是相互联系又相互影响的,路线布设中应抓住主要矛盾,根据公路的性质和技术等级,因地制宜地解决问题。

1)河岸的选择

沿溪线两岸情况不尽相同,往往优、缺点并存,选择时应深入调查、全面权衡,综合比较确定。主要应考虑以下几方面因素：

(1)地形、地质、水文条件。路线应优先选择台地较宽、支沟较少、地质水文条件较好的一岸。

(2)气候条件。主要是在积雪冰冻地区，阳坡和阴坡、迎风面和背风面的气候条件差异很大，在不影响路线总体布局的前提下，一般走阳坡面和迎风面比较有利，可以减少积雪和流冰对公路行车的影响。

(3)城镇、工矿和居民点的分布。除高等级公路和国防公路以外，一般路线应选在工矿企业较集中、村镇较多、人口较为密集的一岸，以促进山区的经济发展和方便居民出行。

(4)其他因素，例如为革命史迹、历史文物、风景区等的联系创造便利条件。

具备上述有利条件的一岸即为选线时应走的河岸，但这些有利条件可能不在一岸，而是交替出现在两岸，此时就需要深入调查，进行技术论证和经济比较，最终确定一条合理的方案。如图 5-7 所示，某一沿溪线开始走条件较好的左岸，但前方遇到两处陡崖，甲方案是对山崖地段进行处理，集中开挖一段石方后，仍坚持走左岸；乙方案是为了避让两处陡崖，而选择了跨河走右岸，但是右岸前方不远处，出现了更长、更陡的山崖，还需要重新再换回到左岸，在约 3km 的路段内，为了跨河，需要修建两座中桥。对上述两方案进行比较，甲方案技术上可行，经济费用较低，作为终选方案。

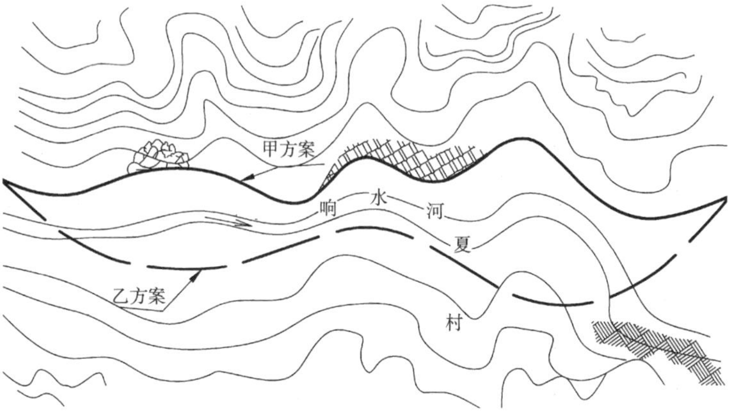

图 5-7 跨河换岸比较线

2)线位的高度

线位高度涉及路线纵面线形布局的问题。路线沿岸布设高度，首先须考虑洪水的威胁。不管是高线位还是低线位，均应在设计洪水位以上的一定安全高度。因此，在选线中应认真做好洪水位调查工作，以确保路线必需的最低线位高度。

(1)低线位：是指高出设计洪水位不多，路基一侧邻水很近的布线方案。

低线位的主要优点：一般情况有较宽的台地可以利用；地形较好，平面线形较顺适，纵面不需要较大的填挖，容易达到较高的指标；路线低，填方边坡低，边坡较稳定，路线活动的余地较大，跨河时利用有利条件和避让不利条件较容易；养护和施工用水、材料运输均较方便。

低线位的主要缺点：线位低，受洪水威胁大，防护工程较多；低线位多在沟口附近跨越支沟，桥涵较多；路线与农田矛盾较大，处理废方较为困难。

(2)高线位：是指路线高出洪水位较多，完全不受洪水威胁的布线方案。

高线位的主要优点:不受洪水影响;废方易于处理;当采用台口路基时,路基比较稳定。

高线位的主要缺点:路基挖方往往较大、废方多;由于线位高,路线势必随着山形走势绕行,平面线形指标低;跨河时线位高,构造物长大,工程费用高;支挡、加固工程较多;施工、养护用料和取水较困难。

综上比较,高线位弊多而利少,在洪水位允许、无特殊困难时,一般以低线位为主,当有大段的较高阶地可供利用时,也可结合路线的具体条件,局部路段采用高线位。而且沿溪线布设时,很难在全线保持一种线位,为了利用有利地形、避让不利地形和地质条件,可能需要交替使用低线位与高线位,此时只要有适宜的升、降坡展线的地段即可。

3)桥位的选择

沿溪线跨越河流分为跨主河与跨支流两种情况。跨支流时的桥位选择,一般属于局部方案问题;而跨越主河道时的桥位选择多属于路线布局问题。

跨越主河的桥位往往是确定路线走向的控制点,它与河岸的选择是相互依存的,除需要充分考虑河床的稳定、河面的宽窄及水文地质条件外,还应注意桥位与路线配合,使河的两岸有良好的布线条件。

(1)利用河曲河段跨河。如图5-8所示,此时应注意防止河曲地段水流对桥台的冲刷,采取必要的防护措施。

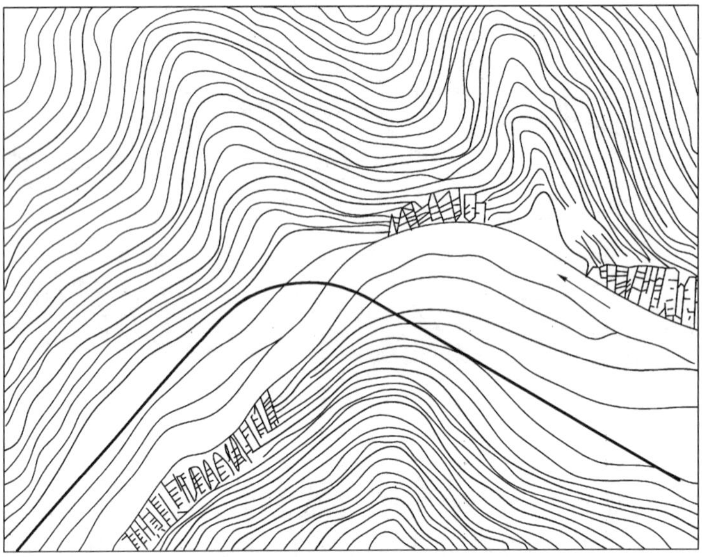

图5-8 利用河曲跨河

(2)利用“S”形河段跨河,如图5-9所示,将跨河位置选在“S”形河段的腰部,使桥头线形得以显著改善。

(3)改善桥头线形。路线跨越河流,若没有河曲或“S”形河段可利用时,由于沿溪线与河谷走向平行,在跨主河时往往形成“之”字形路线,桥头平曲线半径较小,线形差。对于中、小桥,可用适当斜交的方法改善桥头线形,如图5-10a)所示。

对于大桥,不宜斜交时,可对桥头路线适当处理,形成勺形桥头线,如图5-10b)所示,可改善桥头线形,争取较大半径。

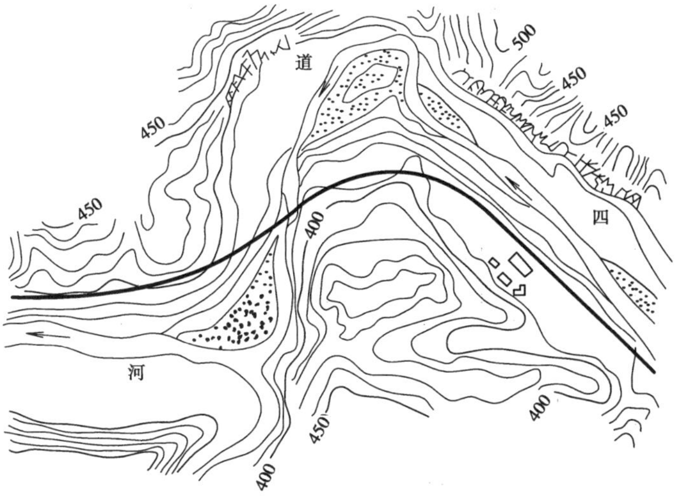

图 5-9　利用“S”形河段跨河

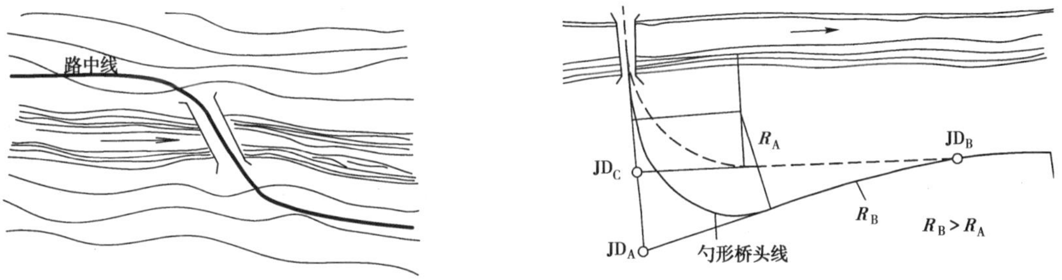

a)　b)

图 5-10　桥头线形改善

a)斜交改善线形;b)勺形桥头线

3. 河谷断面路线的布设

1)开阔河谷

开阔河谷岸坡平缓,一般在坡、岸之间有较宽的台地,且布有农田。路线可有三种走法:

(1)沿河线,如图 5-11 中的实线方案。路线坡度均匀平缓,并对保村护田有利。但一般路线较长,路基受洪水威胁较大,防护工程大。

(2)傍山线,如图 5-11 中的点画线方案。该示意占田少,路基远离河岸,故较稳定且无防护工程。但纵断面线形略有起伏,土石方工程稍大。这是常采用的一种方案。

(3)中穿线,如图 5-11 中的虚线方案。该示意线形好,路线短,标准较高。但占田较多,路基稳定性差,施工时需换土,一般不宜采用。

2)狭窄河谷

这种河谷断面常称为 U 形河谷,河的两岸多不对称,凸岸陡,而凹岸相对较缓,时而有突出的山嘴,间或出现迂回的深切河曲。其布线方式主要有:

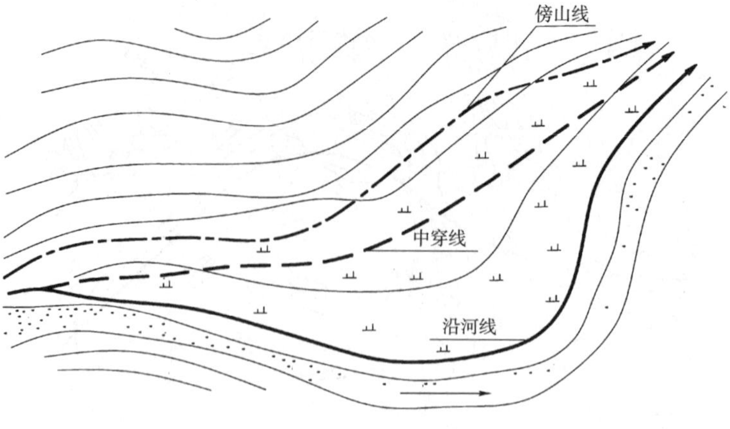

图 5-11 开阔河谷路线布设

(1)沿河岸自然地形,绕山嘴、沿河湾布线。

(2)按直线布线。为了布线的需要,有时可能需要填河湾,但此时应注意路基的防护与加固,同时不要过多地堵塞河道,而使水位抬高;有时需要挖山嘴,但应注意不要将大量废方置于河中,如图 5-12 所示。

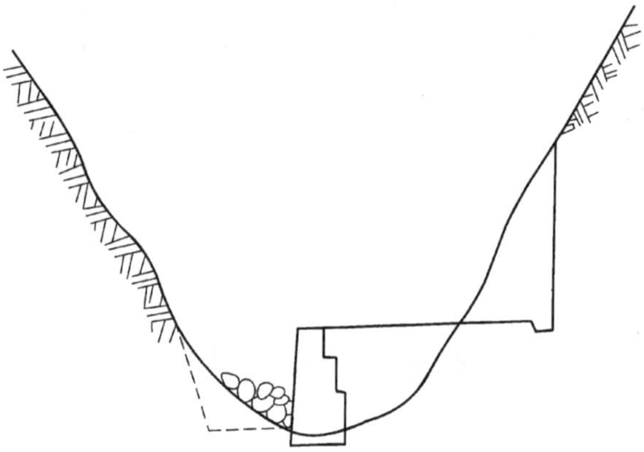

图 5-12 狭窄河谷布线方案

3)陡崖峭壁河谷

(1)绕避:当岩壁陡峻又很长,路线无法直穿时,只能采取绕避的方式。绕避方案有绕走对岸、绕走岩顶和另找越岭垭口三种方案,如图 5-13 所示。方案Ⅱ需要有适当的展线地形,方案Ⅲ需要附近有适当的越岭垭口。这两种方案的特点是:展线使路线增长的土石方工程也较大。方案Ⅰ避免了上述缺点,但增加了两座桥。

(2)直穿陡崖峭壁:路线的平、纵面均受到岸边山崖的形状和洪水水位的限制,活动余地不是很大,低线位布线时较多采用。根据河床宽窄、水文条件、岩壁陡缓情况,可采用如下方式穿过:

①与水争路、侵河筑堤。当河床较窄、水流不深(一般岩前水深不超过 2m)且不急,洪、枯

水位变化幅度不大,河床主流方向偏向对岸时,可考虑压低路线,侵河筑堤。当河床较窄不宜压缩时,路基填石防护所占用的泄水面积应从对岸河槽开挖中补偿。

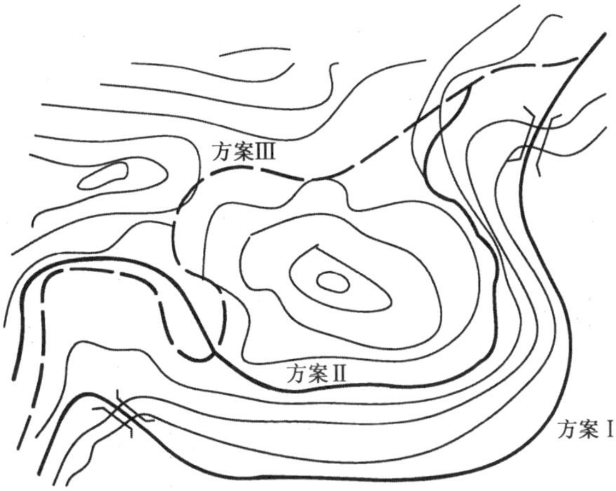

图5-13 绕避陡崖峭壁的方案

②采用硬开石壁等特殊措施通过。当岩陡壁高、河床较窄时,可根据地质条件、施工技术力量,通过技术经济比较考虑在石壁上开挖出路基形成半山洞,或采用隧道、半山桥及悬出路台等措施通过,如图5-14所示。图5-15为某公路半山洞示意图。

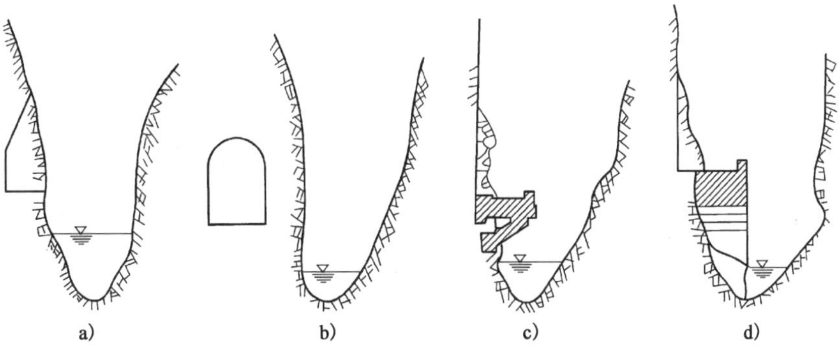

图5-14 采用特殊措施通过陡崖地段布线图

a)半山洞;b)隧道;c)悬出路台;d)半山桥

4. 急流及跌水河段

河床纵坡陡峻时,河床纵断面在短距离内突然下落几米至几十米,形成急流、跌水,这时的河床纵坡远远陡于路线纵坡的允许值,为了尽快降低线位,避开陡峻的山腰线,布线时应利用平缓的山坡地形和支谷展线来降低线位,如图5-16所示。选线时,要注意放线,以纵坡为主安排路线。这类河段多出现在山区河流的上游,是沿溪线与越岭线的过渡段。

5. 不良地质地段的路线布设

沿河两岸的滑坡、崩塌、岩堆、泥石流等是较为常见的地质病害。路线通过这些地带时,应遵循"避强制弱、加强调查、综合防治"的原则。

图5-15　半山洞路线实例

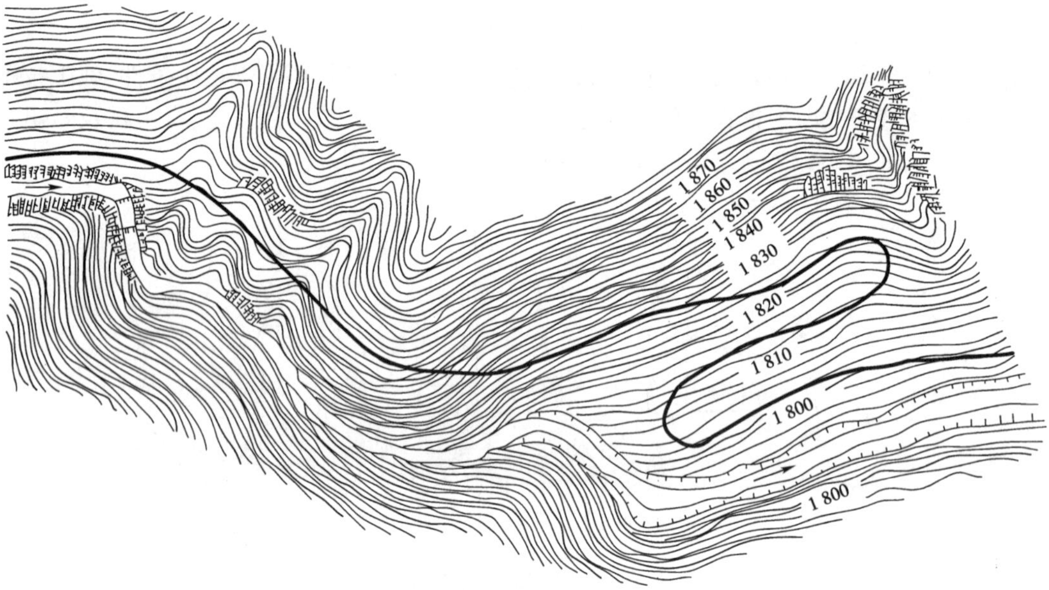

图5-16　急流河段展线

三、越岭线

越岭线是指公路走向与河谷及分水岭方向横交时所布设的路线。两个控制点位于山岭的两侧,路线需要由一侧山麓升坡至山脊,在适当的地点穿过垭口,然后从山脊的另一侧降坡而下的路线。

1. 路线特点

路线需要克服很大的高差,路线的长度和平面位置主要取决于路线的安排。因此,越岭线选线中,是以路线纵断面为主导的。

越岭线的有利条件是布线不受河谷限制，布线较为灵活；越岭线不受洪水威胁和影响，路基稳定，沿线的桥涵及防护工程较少。

越岭线的不利条件是里程较长、线形差、指标低；越岭线的线位高，远离河谷，施工和运营条件较差。

2. 布设要点

越岭线布设应解决的主要问题是垭口的选择、过岭高程的确定和垭口两侧路线展线方案的拟订。这三者是相互联系、相互影响的，布设时应综合考虑。

1）垭口的选择

垭口是分水岭山脊上的凹形地带（又称作鞍部），由于其高程低，常常是越岭线的重要控制点。

垭口的选择应在符合路线总方向的前提下，综合各方面因素，根据垭口的位置、高程以及垭口两侧地形、地质等条件反复比较确定。

（1）垭口的位置

垭口位置的选择应在符合路线基本走向的前提下，与两侧路线展线方案一起考虑。首先选择高程较低，而且展线后能很快与山下控制点直接相连的垭口；其次再考虑稍微偏离路线方向，但是接线较顺、增加路线里程不多的垭口。

如图 5-17 所示，*A*、*B* 控制点间有 *C*、*D* 两个垭口，从平面位置看，*C* 垭口在 *AB* 直线上，*D* 垭口稍微偏离在 *AB* 直线方向，但从符合路线基本走向来看，穿 *D* 垭口比穿 *C* 垭口反而展线短些，而且平面线形较好。因此，*D* 垭口比 *C* 垭口更有优势。

图 5-17　垭口位置的选择

（2）垭口的高度

垭口与其山下控制点的高差，直接影响路线展线长度、工程数量大小及运营条件。在展线条件相同时，垭口降低的高度 Δh 和缩短的里程 Δl 有如下关系：

$$\Delta l = 2 \cdot \Delta h \cdot \frac{1}{i_{均}}$$

式中：$i_{均}$——展线的平均坡度。

由上式可知，垭口越低，里程越短。在地形困难的山区，减少路线长度而节省的工程造价和运营费都是很难得的。

(3)垭口的展线条件

山坡线是越岭线的重要组成部分。而山坡坡面的曲折与陡缓、地质的好坏等情况直接关系到路线的标准和工程量的大小。因此，垭口选择要与侧坡展线条件结合考虑。选择时，如有地质稳定、地形平缓、有利于展线的侧坡，即使垭口位置略偏或垭口较高，也应比较，不要轻易放弃。

2)过岭高程

过岭高程是越岭线布局的重要控制因素。不同的控制高程，不仅影响工程量大小、路线长短、线形标准，而且直接关系到垭口两端的展线布局。如图5-18所示，由于选用了不同的挖深，出现了三个展线方案：甲方案浅挖9m，需设两个回头弯道；乙方案挖深13m，只需设一个回头弯道；丙方案挖深20m，不需要设回头弯道，顺山势展线即可。丙方案线形好，路线最短，有利于行车。

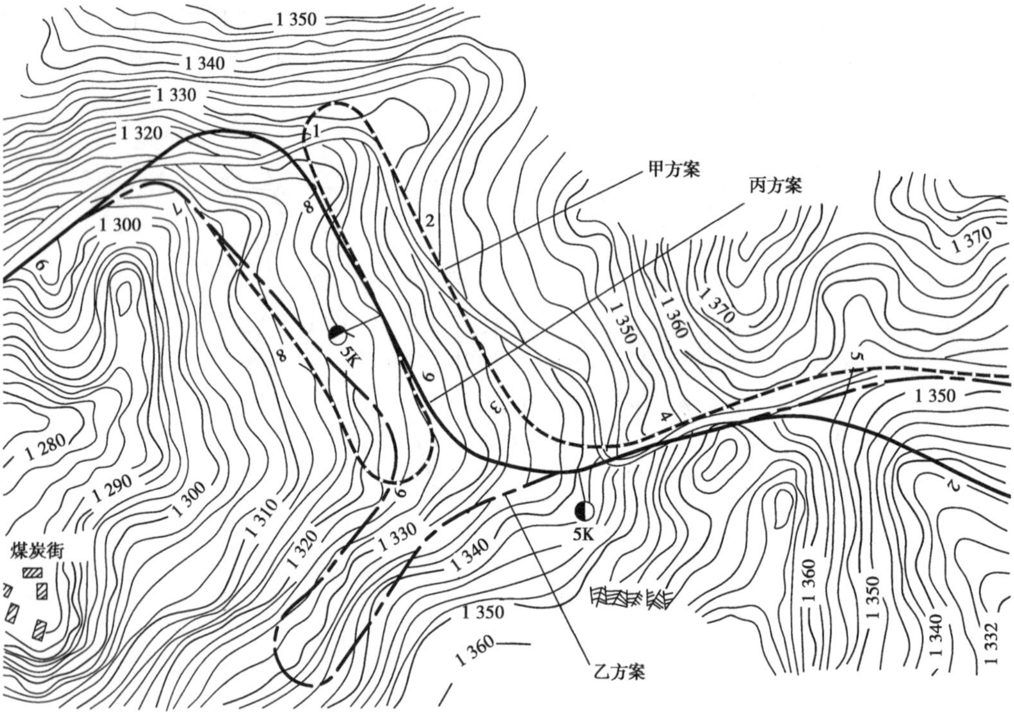

图5-18 垭口不同挖深时的路线方案

(1)决定过岭高程的因素

①垭口及两侧的地形。当过岭地段山坡平缓，垭口又宽厚时，一般宜采用展线的方式翻越山岭。

②垭口的地质条件。垭口通常是地质构造薄弱，常有不良地质现象的山脊凹陷地带。地质条件较差的垭口有以下类型：

a. 松软土侵蚀型垭口：如图 5-19 所示，这是由坡积或沉积形成的土层，经长期侵蚀而形成的山脊低凹地。当土质松软、地下水较严重时，不宜深挖，并在可能条件下尽量绕避。

b. 软弱岩层垭口：如图 5-20 所示，在单斜硬软岩交互层的地带，软岩层经雨水和风化作用长期侵蚀形成的垭口。从外形看，垭口一般不对称。一般岩层外倾侧的边坡渗水性强、稳定性差，常引起顺层滑坡，不宜深挖。

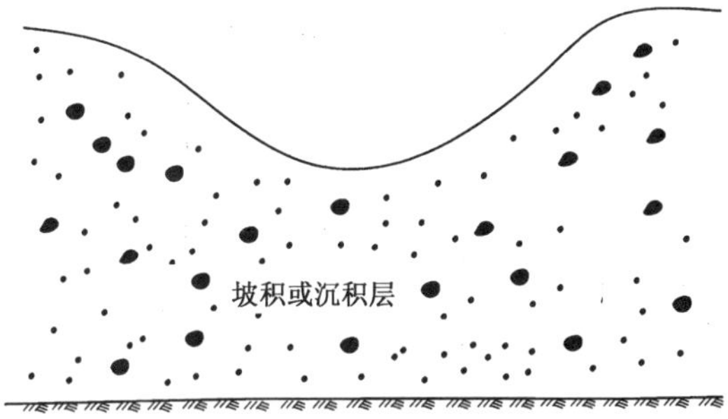

图 5-19　松软土侵蚀型垭口

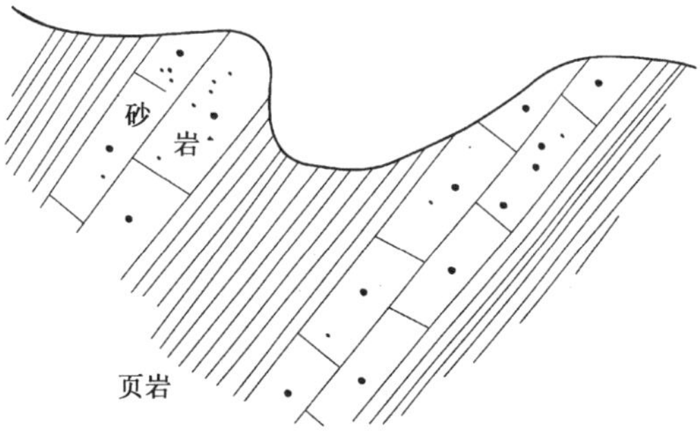

图 5-20　软弱岩层垭口

c. 构造破碎带垭口：由地层褶曲部或断层带经侵蚀风化所形成的垭口，如图 5-21 所示。这类垭口岩层破碎、地表水容易下渗，路基及边坡稳定性差，是地质条件最差的地带。特别是图 5-21b)、c) 这两种垭口最为不利。对这类垭口一般应绕避，必须通过时，不能深挖，并结合岩层破碎程度、风化情况、断层及地下水状况慎重决定开挖深度，同时，要采取加固及排水措施。

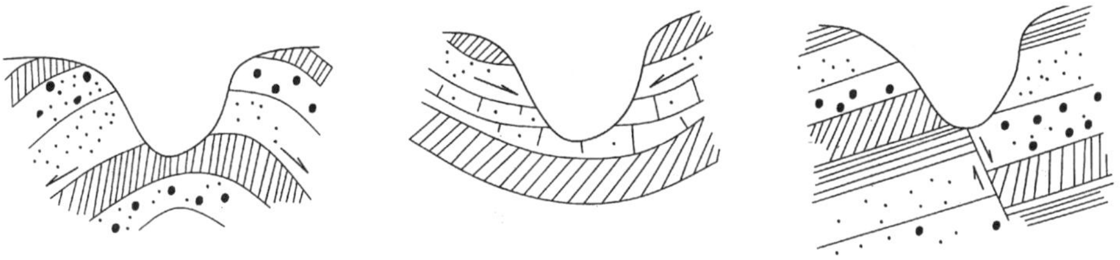

a)　b)　c)

图 5-21　构造破碎带垭口

a) 背斜侵蚀垭口；b) 向斜侵蚀垭口；c) 断层破碎带垭口

(2) 三种过岭方式

①浅挖低填垭口。当越岭地段的山坡平缓、容易展线、垭口地带的地形宽而且厚时，宜采用浅挖或低填的形式通过，此时过岭高程与垭口高程基本一致。

②深挖垭口。当垭口比较瘦削时，常采用深挖的方式通过，虽然深挖处的土石方数量集中，但有效地降低了过岭高程，缩短了展线长度，而且改善了行车条件。深挖的程度应视地形、地质、气候等条件以及展线对过岭高程的要求而定，一般不要超过 20m。此时的过岭高程为深挖后的高程。

③隧道穿越。当垭口的挖深较大时，采用隧道过岭的方式可能作为终选方案。采用隧道

穿越山岭具有路线短、线形好、有利于行车、战时隐蔽、受自然因素影响小、路基稳定等特点。特别是在高寒地区,隧道穿山,海拔低,不受冰冻、积雪等的影响,大大改善了运营条件。但由于隧道造价高,工期长,受地质条件影响较大,因此,目前较少用隧道的方式穿越山岭。

在采用隧道穿越方案时,应注意以下几点:

a. 必须做好方案比较,有充分的理由方可采用。主要是修建隧道与缩短路线里程的比较;隧道投资与运营费的比较;明挖与隧道方案的比较;施工期限的限制。

b. 注意地质问题。隧道是在岩土内的地下建筑物,周围岩体的稳定性直接影响隧道的设计、施工和使用。

c. 隧道定位宜选在山脊薄、山坡陡、垭口窄的部位,以缩短隧道长度。

d. 在不过分增加工程造价的情况下,尽可能将隧道高程定得低一些,以改善路线条件,发挥隧道优势。

3) 展线布局

(1) 越岭展线的形式

展线就是采用延展路线长度的方法,逐渐升坡克服高差的布线方式。展线的基本形式有三种,如图5-22所示。

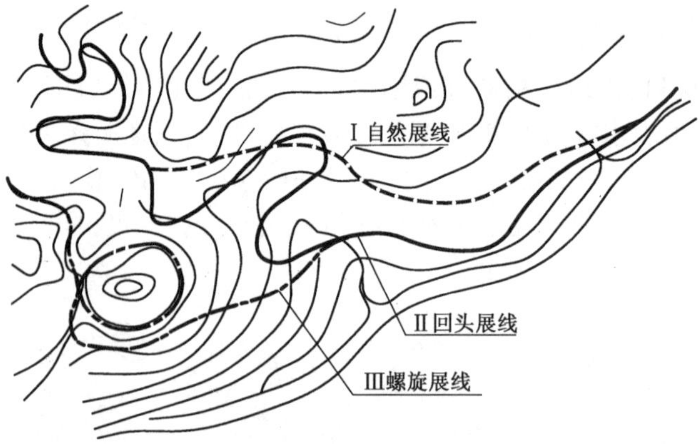

图5-22 越岭线展线形式

①自然展线:图5-22中Ⅰ方案,当山坡平缓、地质稳定时,以适当的纵坡,绕山嘴、沿侧沟来延展路线、克服高差的展线方式。这种方式的优点是符合路线的基本走向,纵坡均匀,路线短、线形好、技术指标较高。其缺点是路线避让艰巨工程和不良地质的自由度不大。

②回头展线:图5-22中Ⅱ方案,利用回头曲线延展路线克服高差的布线方式。其优点是能在短距离内克服较大的高差,并且用回头曲线布线灵活,利用有利地形避让艰巨工程和地质不良地段的自由度较大。其缺点是平曲线半径小,同一坡面上下线重叠,对施工、行车和养护都不利。图5-23所示为利用有利地形布局回头展线的实例。

回头位置对于回头曲线的线形和工程量大小以及展线布局有很大关系,选择时应多调查、多比较。回头地点在满足展线布局的前提下,宜选在地面横坡平缓,地形开阔,以使上下线路能布置的地点;相邻回头曲线间距应尽量拉长,以减少回头的次数,利用时要与纵坡设计相结合,既不因回头位置过高利用不上,也不要使其位置过低,使纵坡损失过大而增长路线。

图 5-23　回头展线实例

一般较肥厚的山包、山脊平台、平缓的山坡、山沟、山坳及岔谷间的缓坡台地均是回头的有利地形。如图 5-24 所示的地形均适合于布置回头曲线。

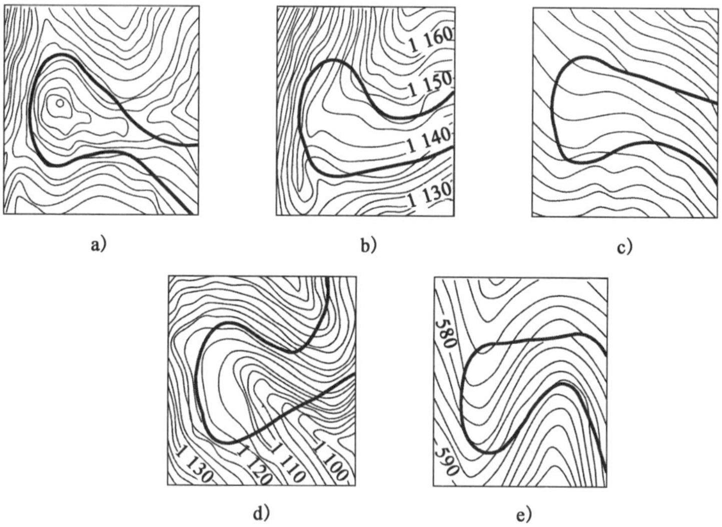

图 5-24　适合布置回头曲线的地形

a)利用山包回头；b)利用山脊平台回头；c)利用缓坡回头；d)、e)利用山沟回头

③螺旋展线。当路线受到地形、地质限制，需要在某一处集中提高或降低一定高度才能充分利用前后的有利地形时，可以采用螺旋展线的方式。这种展线的路线转角大于 360°。其优点是路线利用有利的山包或瓶颈形山谷，在很短的平面距离内就能克服较大的高差，它比回头曲线有更好的线形，避免了路线的重叠。其缺点是需建桥或隧道，工程造价高。

螺旋展线可有上线桥跨（图 5-25）和下线隧道（图 5-26）两种方式。

以上三种展线形式中，一般应首先考虑采用自然展线，不得已时采用回头展线，当地形十分困难,又有适宜的山谷或山包等条件时,为在短距离内克服较大的高差,可以考虑使用螺旋展线,但需要进行方案比选。

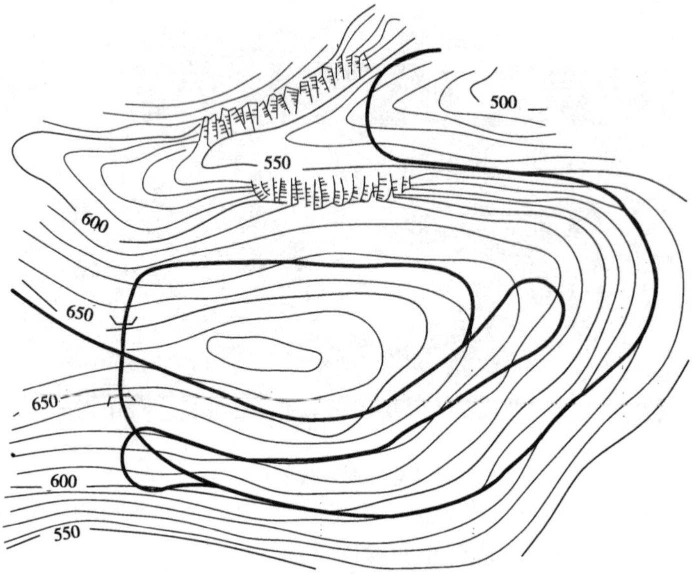

图 5-25 利用山包上线桥跨

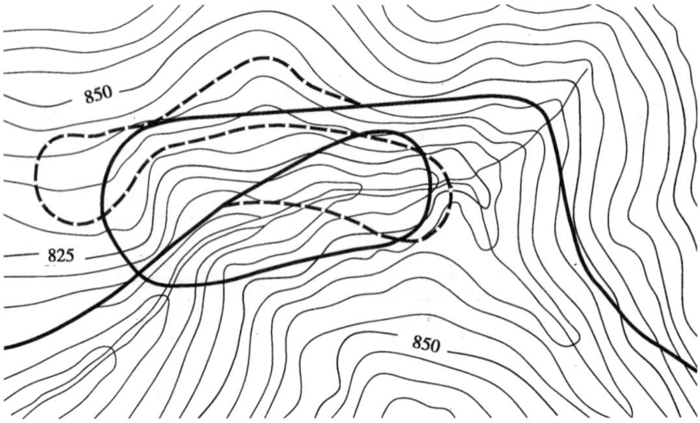

图 5-26 利用瓶颈形山谷下线隧道

(2)展线布局的步骤

①拟订路线的大致走向。在视察或踏勘阶段确定的控制点间,根据地形和地质情况,以坡度为主导,拟订出路线可能的展线方案和大致走法。

②试坡布线。进一步落实初拟方案的可行性和加密控制点,拟订路线的局部方案。试坡通常利用手水准自垭口开始,由上而下,按照符合现行《标准》要求的某一设计坡度进行放坡。试坡布线中,在必须避让的地物处、不良地质地段、拟设回头曲线处,选择合适的点位,若该点与前后控制点连线构成的纵坡度与设计纵坡基本一致或略小,则选择的点位可以作为中间控制点;若该点与前后控制点连线构成的纵坡度大于设计纵坡,则应调整点位,重新布线。

③分析、落实控制点，决定路线布局。经试坡确定的控制点，有固定和活动之分：一种是位置和高程都不能改变的（如工程特别艰巨地点、某些受限制很严的回头地点、必须利用的桥梁、必须通过的街道等）；另一种是位置固定、高程可以活动的（如垭口、重要桥位等）；第三种是位置和高程都可有活动余地的（如侧沟跨越地点、宽阔平缓山坡的回头地点等）。

3. 展线示例

（1）利用山谷展线，如图 5-27 所示。

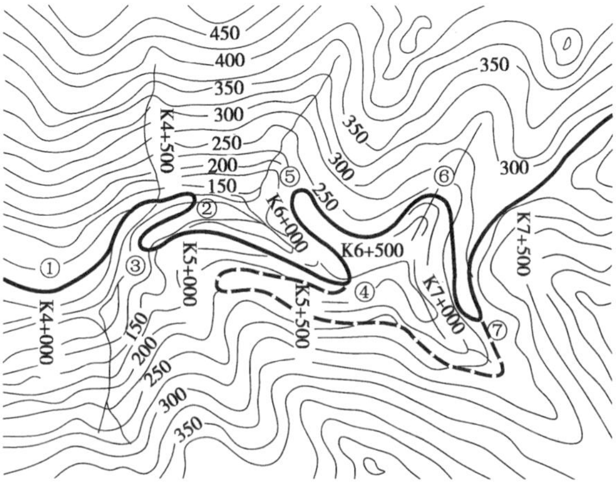

图 5-27　利用山谷展线

（2）利用山脊展线，如图 5-28 所示。

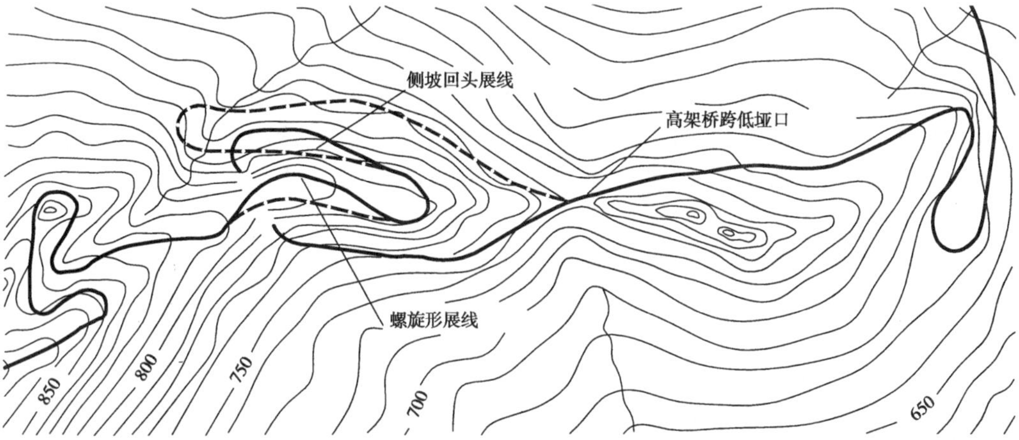

图 5-28　利用山脊展线

四、山脊线

1. 路线特点

山脊线是指大致沿分水岭方向所布设的路线。山脊线的平面线形随分水岭的曲折而弯曲，纵面线形随控制垭口间的高差变化而起伏。山脊线一般不单独使用，多与山坡线相结合，作为越岭线垭口两侧路线的过渡段。若采用部分山脊线,必须有适宜的山脊。一般服从路线走向,分水线平顺直缓,起伏不大,岭脊肥厚,垭口间山坡的地形、地质情况较好的山脊是较好的布线条件。

山脊线的有利条件是:

(1)当山脊条件好时,山脊线一般里程短,土石方工程量小;

(2)水文、地质条件好,路基病害少、稳定;

(3)地面排水条件好,桥涵人工构造物少。

山脊线的不利条件是:

(1)线位高,远离居民点,服务性能差;

(2)山势高、海拔高、空气稀薄,冬季云雾大、积雪多、结冰较厚,对行车和养护都不利;

(3)远离河谷,砂石材料及施工用水的运输不便。

2. 布设要点

由分水线作引导,山脊线基本走向明确。布线主要解决以下三个问题:选择控制垭口,决定路线走分水岭的哪一侧,决定路线的具体布设(包括中间控制点)。

(1)控制垭口的选择

在山脊上,连绵布置着很多垭口,每一组控制垭口代表着一个方案。因此,选择控制垭口是山脊线布线的关键。一般当分水岭顺直、起伏不大时,几乎每个垭口均可暂作控制点。如地形复杂,山脊起伏较大且较频繁,各垭口高低悬殊时,则低垭口即为路线控制点,而突出的高垭口可以舍去。在有支脉的情况下,相距不远的并排垭口,则选择前后与路线联系较好、路线较短的垭口为控制点。选择垭口时,还应与两侧布线条件结合起来考虑。

(2)试坡布线

山脊线有时因两垭口控制点间的高差较大,需要展线;有时为避免路线过于迂回,要采用起伏纵坡,以缩短路线里程。通常需要试坡布线,一般分为下面两种情况:

①垭口间平均纵坡不超过规定,如中间无太大的障碍,应以均匀坡度沿侧坡布线。若中间遇障碍,则可以加设中间控制点,调整坡度,向两端垭口按均匀坡度布线。

②垭口间平均纵坡超过规定时,为利用山脊地形展线,选线时,应根据地形、地质条件,采用填挖、旱桥、隧道等工程措施来提高低垭口,降低高垭口;也可利用侧坡、山脊有利地形做回头展线或螺旋展线。

第五节 丘陵区选线

一、丘陵区的自然特征

丘陵区是介于平原区和山岭区之间的地形,其地形特征是山丘连绵、岗坳交错、此起彼伏,山丘曲折迂回,岭低脊宽,山坡较缓,相对高差不大。丘陵区包括微丘和重丘两类地形。

微丘区起伏较小，地面自然坡度在20°以下，山丘、沟谷分布稀疏，坡形缓和，相对高差在100m以内，而且有较宽的平地可以利用。

重丘区起伏频繁，相对高差较大，地面自然坡度在20°以上，山丘、沟谷分布较密，而且具有较深的沟谷和较高的分水岭，路线平、纵面部分受地形的限制。

随着丘陵区地形的起伏，地物的变化也较大。一般丘陵区农业都比较发达，土地种植面积广，种类繁多，低地为稻田，坡地多为旱地或经济林，小型水利设施也较多。居民点、建筑群、风景、文物点及其他设施在平坦地区时有出现。这些地点都是布线时应考虑的控制点。

二、路线特征

1. 丘陵区选线的特点

(1)局部方案多。由于丘陵区的山冈、谷地较多，路线走向的灵活性大，可行的布线方案一般比较多，一条路线的最终确定往往需要经过多方案的比较。

(2)需要路线平、纵、横三方面相互协调、密切配合。由于丘陵区地形的迂回曲折和频繁起伏，平、纵、横三方面相互之间的约束和影响较大，若三者组合合理，可以提高线形技术标准。

(3)路基形式以半填半挖为主。由于丘陵区的地形特点决定了路线所经地面常有一定的横坡，但是其横坡一般并不太陡，路线与农林用地和水利设施的矛盾较大。

丘陵区选线应结合地形，合理选用技术指标，使平面适当曲折，纵面略有起伏，横面稳定经济，线形指标的变化幅度较大，既不像平原区一般多用高限指标，也不像山岭区多用接近低限指标。

2. 丘陵区路线布设的方式

根据地形情况的不同，一般按三类地带分段布线，其要点是：

(1)平坦地带——走直线

两控制点之间的地势平坦，一般按平原区以方向为主导的方式布线。如果没有地物、地质或风景、文物等障碍物，一般应按直线布线。如有障碍等，则应加设中间控制点，以设置转折小、半径较大的长缓曲线为主。

(2)斜坡地带——走匀坡线

“匀坡线”是指在两点之间，沿自然地形以均匀坡度确定出地面点的连线，见图5-29。匀坡线是通过多次试坡后才得到的。当两控制点之间无障碍等因素影响时，可直接按匀坡线布设。若有障碍等，则应在障碍处加设中间控制点，分段按匀坡线控制。

(3)起伏地带——走中间

起伏地带地面横坡较缓，所谓“走中间”就是路线在匀坡线和直线之间选择平面顺适、纵面均衡的合理路线。路线两控制点间要通过起伏地带，意味着路线要穿过交替的丘梁坳谷。其中间可能有一组或多组起伏地带。对于多组起伏，只需在中间梁顶(或谷底)加设中间控制点即可。因此，下面着重研究两已知控制点间包括一组起伏地带的情况。如图5-30所示，A、B为两相邻梁顶，中间为一坳谷，构成一组起伏地带。如果路线由A至B硬拉直线，路线虽然短，但纵坡起伏大，线形差，势必出现高填深挖，增大工程量；如果沿匀坡线走，则纵坡度平缓、均匀，但路线会增长很多，平面线形又差，也不够理想。

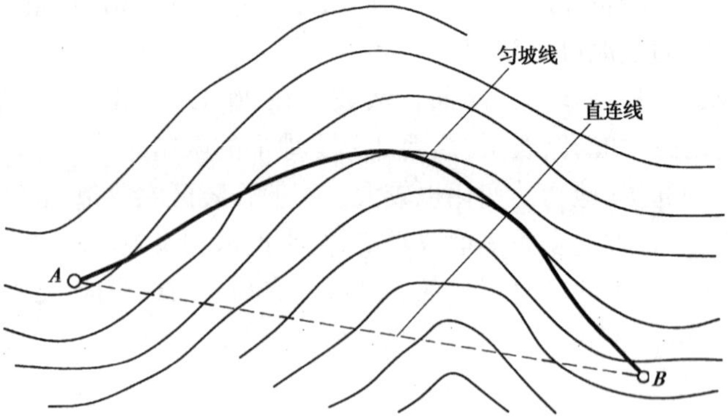

图5-29 匀坡线

如果路线布设于匀坡与直线之间,如图5-30中的方案Ⅰ或方案Ⅱ,比直线的起伏小,比匀坡线的距离短,而使用质量有所提高,工程造价有所降低,是较合理的布线方案。至于路线在直线及匀坡线之间的具体位置,要根据公路等级,结合地形作具体分析,从平、纵、横协调的角度来确定。

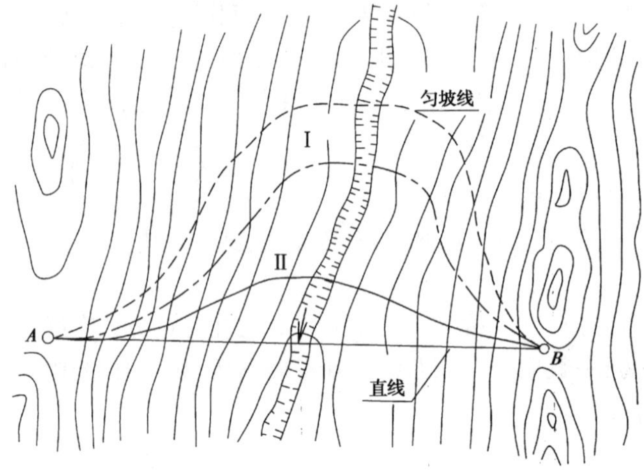

图5-30 起伏地带路线方案

在起伏较小地带,要在坡度和缓的前提下,再考虑平面和横断面的关系。一般低等级公路,为减少工程造价,平面上可迂回一些,即离直线稍远一些;对于较高等级公路。则宁可增加些工程量,尽可能缩短距离,路线位置可离直线近一些。

在较大的起伏地带,高差大的一侧的坡度常常是布线的决定因素。一般以高差大的一侧为主,结合梁顶的挖深或谷底的填高来确定路线的平面位置。

总之,在丘陵地区选线时,可行方案较多,地面因素也较复杂,方案之间的差异有时不太明显,这就要求选线人员要加强踏勘调查,用分段布线、逐步渐近的方法,详细分析比较,最后选定一条合理的路线。图5-31为某一丘陵区路段的方案比较实例。

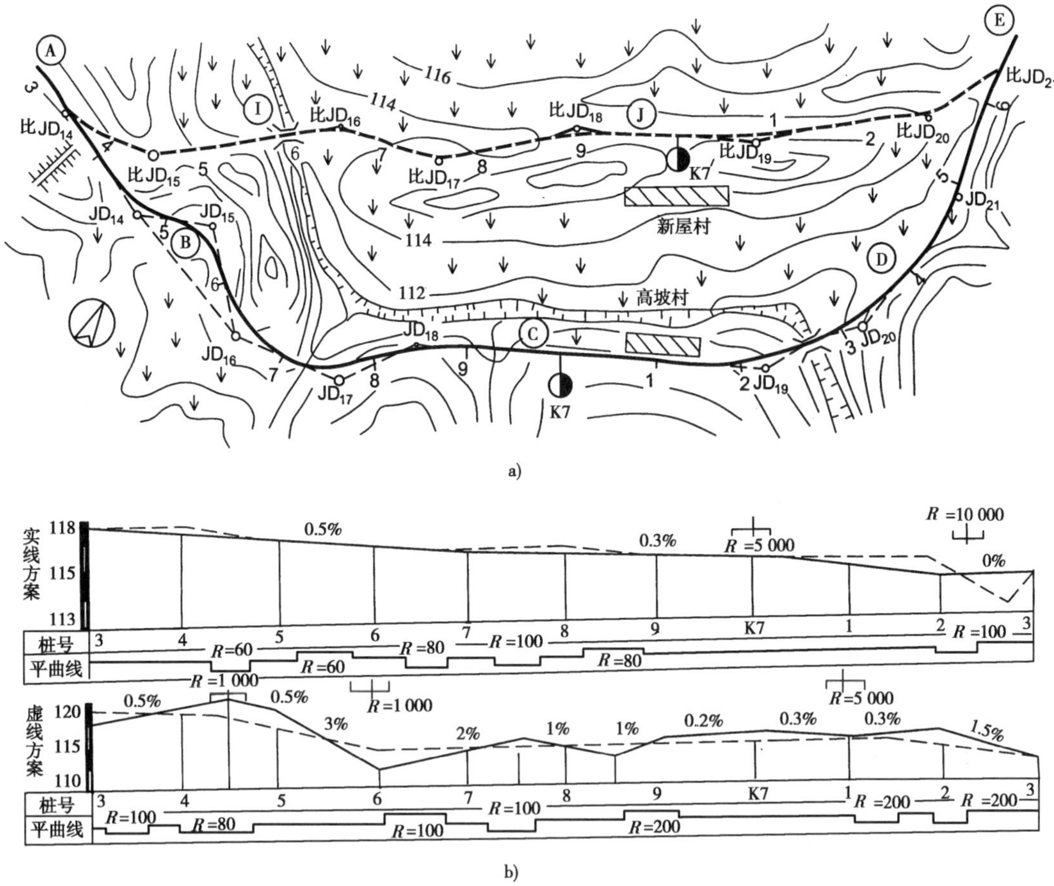

图 5-31　丘陵区路线方案比较图

a）平面比较；b）纵面比较（竖曲线未示全）

思考题与习题

1. 什么是公路选线？

2. 选线的原则和步骤有哪些？

3. 路线方案技术指标比选内容有哪些？

4. 平原区路线布设时，应注意哪些影响因素？

5. 沿溪线应解决的主要问题有哪些？

6. 越岭线应解决的主要问题有哪些？

7. 越岭展线的方法有哪些？什么是自然展线？什么是回头展线？各有何优缺点？

8. 高线和低线各有何特点？

9. 丘陵区选线的特点有哪些？

第六章
CHAPTER SIX
定 线

本章学习要点

本章主要学习纸上定线与实地定线的方法;掌握实地放线的几种常用方法。

定线的任务是按照已定的技术标准,在选线布局阶段选定的路线带范围内,结合细部地形、地质条件,综合考虑平、纵、横三方面的合理安排,确定出公路中线的确切位置。

定线是公路设计过程中的关键一步。它不仅要解决工程、经济方面的问题,而且在定线过程中对如何使公路与周围环境相协调以及公路本身线形的美观等问题都要进行充分的考虑。公路定线除受地形、地质及地物等制约外,还受技术标准、国家政策、社会影响、公路美学以及其他因素的制约,这就要求设计人员必须具有广博的知识和熟练的定线技巧。一个好的路线方案要经过反复比选、反复试线,在众多相互制约的因素中定出来。

公路定线根据公路等级、要求和条件,一般有纸上定线、实地定线、航测定线三种方法。对技术等级高,地形、地质、地物等条件复杂的路线,必须先进行纸上定线,然后把纸上所定的路线敷设到实地上;实地定线就是省了纸上定线这一步,直接在现场实地定线,一般用于公路等级较低和地形条件简单的路线;航测定线是利用航摄相片、影像地图等资料,借助于航测仪器建立与实地完全相似的光学模型,在模型上直接定线。本章重点介绍纸上定线和实地定线。

第一节 纸上定线

一、纸上确定路线

(一)定导向线

(1)在大比例地形图上研究路线布局,拟订路线可能方案,并详细比较选定合适方案。

(2)纸上放坡。根据等高线间距 h 及平均纵坡 $i_{均}$,计算相邻等高线间距:$a=h/i_{均}$,使卡规

开度放到 a,进行纸上放坡,见图 6-1。

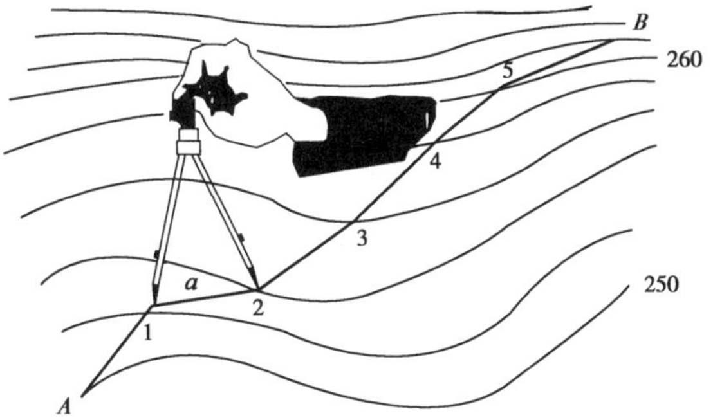

图 6-1　纸上放坡示意图

图 6-2 为某回头曲线纸上定线实例,A、B、C 为控制点,按上述方法放出坡度线 A、a、b、c、d、…、D。若放坡自 A 点开始,不能到达控制点 B 附近时,说明路线方案不能成立,应修改方案,改动控制点,重新放坡,至放坡后能到达 D 点附近为止。

(3)定导向线。分析研究坡度线 A、a、b、c、d、…、D,检查其利用地形和避让障碍的情况,进一步移动线位,确定中间的控制点。如图 6-2 所示,C 处从陡崖中间穿过,B 处有利的回头地点也没有利用上(偏低),如将这两处位置向上方移动,定 B、C 为中间控制点,即可分为 AB、BC、CD 三段,分别调整坡度重新放坡,得出 A、a'、b'、c'、d'、…、D,该折线称“导向线”。

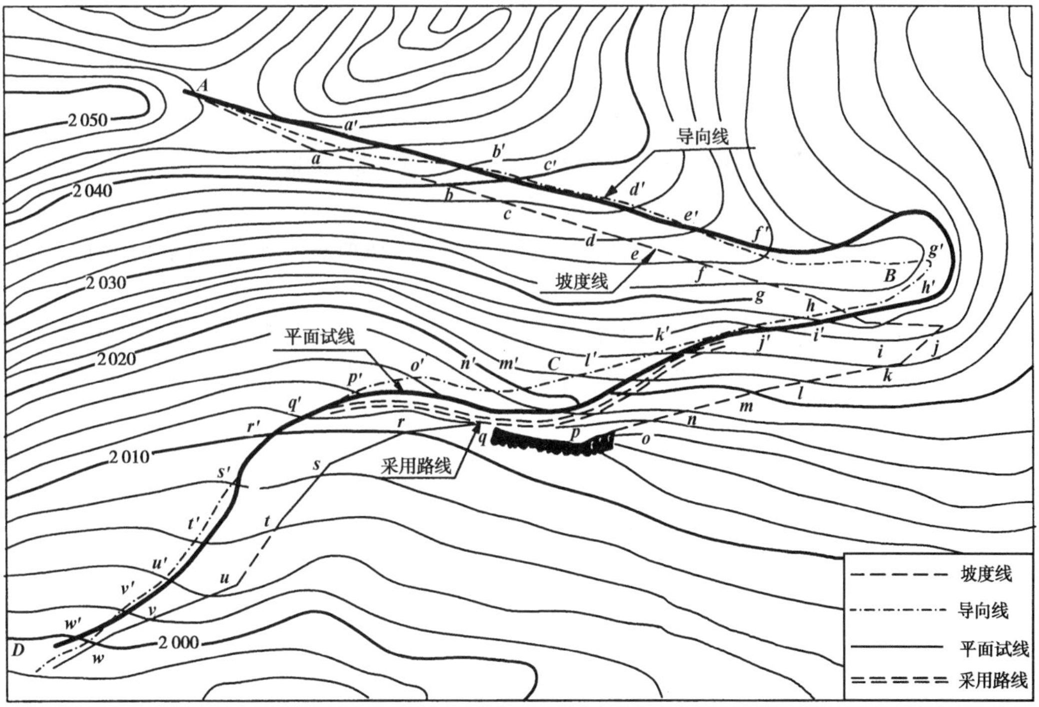

图 6-2　纸上放坡定线示例

(二)修正导向线,定平面试线

导向线仍是条折线,还应根据技术标准的要求,结合横坡变化情况,确定必须通过的点作修正导向线,然后用“以点连线,以线交点”的办法定出平面试线,反复试线,最后确定出交点。如地形变化不大,采用的地形图比例又较小,则纸上定线即可结束,如图6-2中的粗实线。

为了使路线更为经济合理,当地形复杂,又有大比例尺地形图时,可在平面试线的基础上敷设曲线,确定中桩,作出纵断面、横断面,然后在横断面上用透明模板确定路中线的最佳位置(经济点位置或控制点位置),分别按不同性质用不同符号绘于平面图上,这些点的连线则是一条具有理想纵坡、横断面位置最佳的平面折线,称为二次导向线。再进一步根据第二次导向线对路线线位局部进行修改,最后定出线位,如图6-2中的“采用路线”。

纸上定线的过程是一个反复试线、比较,逐步趋于完善的过程。定线时要在满足标准的前提下结合自然条件,平、纵、横综合考虑,反复进行调整,直到满足要求为止。

二、实地放线

根据纸上确定的路中线与导线(或地物特征点)关系,即可将路线位置钉设到实地。

实地放线方法很多,常用的有穿线交点法、拨角法、直接定交点法和坐标法。

(一)穿线交点法

穿线交点法是根据平面图上路线与导线的关系,将纸上路线的各条边独立地放到实地,延长直线即可在实地放出交点,具体做法有以下两种。

1. 支距法

如图6-3所示,欲放出JD,可按以下步骤进行:

(1)在图上量取支距,如图中导1—A、导2—B、导3—D等,量取时每条边至少应取3点,以便核对,并且尽可能使这些点在实地能相互通视。

(2)在实地放支距。用皮尺和方向架(或经纬仪)即可按所量支距定出路线上各点,如图中A、B、D…各点,插上花杆。

(3)穿线交点。一般用花杆穿线的方法延长各直线即可交出点JD,路线直线很长时,可用经纬仪延长交会。最后现场检查线位是否合适,再适当修改,确定路线位置。

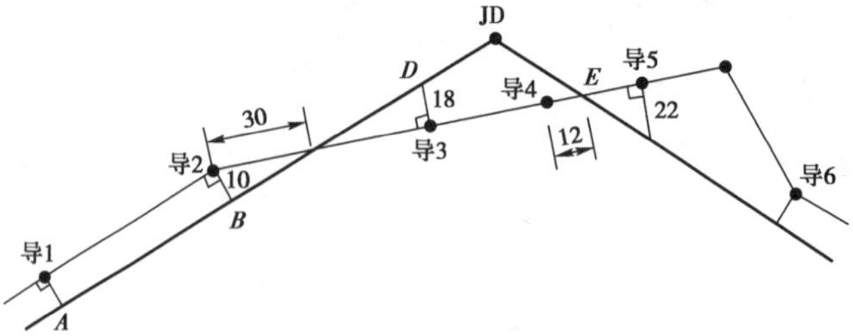

图6-3　支距法放线(尺寸单位:m)

支距法简便易行,较常用,多适用于地形不太复杂,地物障碍少,不需要用坐标控制,路线与导线相距不远的情况。

2. 解析法

解析法是用经纬距计算图上路线与导线关系，再按极坐标原理在实地放出各路线点的方法。其步骤如下：

(1) 计算路线与导线的夹角

如图 6-4 所示，欲确定 JD_A—JD_B 的方向，必须计算其夹角 γ 和距离 l。从平面图上可量出交点 JD_A、JD_B 的经纬距(Y_A, X_A)、(Y_B, X_B)，则 JD_A—JD_B 的象限角可按下式计算：

$$\tan\alpha = \frac{Y_B - Y_A}{X_B - X_A} = \frac{\Delta Y}{\Delta X}$$

导 1—导 2 的象限角 β 已知，则 JD_A—JD_B 与导 1—导 2 的夹角：

$$\gamma = \alpha - \beta$$

计算时要注意经纬距的正负号，即经距东正西负，纬距北正南负。

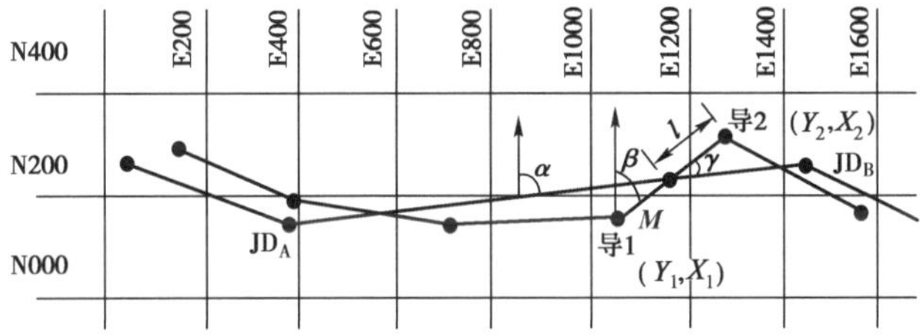

图 6-4　解析法放线示意图

(2) 计算距离 l

导线与路线交点 M 的位置可由 l 来确定，先计算 M 点的经纬距(X_M, Y_M)，解以下联立方程即可：

$$\frac{Y_B - Y_M}{X_B - X_M} = \frac{Y_M - Y_A}{X_M - X_A}$$

$$\frac{Y_2 - Y_M}{X_2 - X_M} = \frac{Y_M - Y_1}{X_M - X_1}$$

式中：(Y_1, X_1)、(Y_2, X_2)——导 1、导 2 的经纬距；

(Y_A, X_A)、(Y_B, X_B)——JD_A、JD_B 的经纬距(可由平面图上量得)。

由此，即可计算导 2 至 M 点的距离：

$$l = \frac{X_2 - X_M}{\cos\beta} = \frac{Y_2 - Y_M}{\sin\beta}$$

$$l = \sqrt{(X_2 - X_M)^2 + (Y_2 - Y_M)^2}$$

(3) 放线

置镜于导 2，后视导 1，量距 l 定出 M 点，移经纬仪于 M，后视导 2，拨角 γ 定出 JD_A、JD_B 的方向，用同样方法确定相邻直线的方向，即可交出 JD_A。当地形图比例较大时，亦可从图上直接按比例量取 l 的长度。

用解析法计算较准确,精度较高,但较繁杂,适用于地形较复杂、直线较长、线位控制要求较高的情况。

(二)拨角法

拨角法是根据图上求得的经纬距计算每条线的距离、方向、转角和各控制桩的里程,按此资料直接拨角量距定出交点,不必再穿线定点。现举例说明步骤如下。

(1)内业计算

路线各直线的长度、象限角的计算与解析法相同(图6-5)。

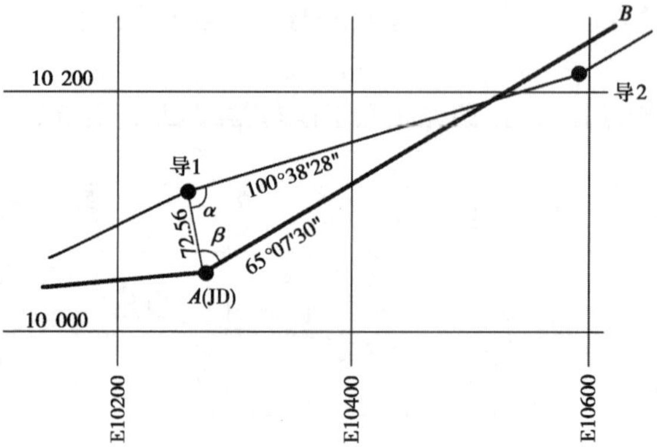

图6-5 拨角法放线

计算路线起点 A 与导线的关系。

已知导1的经纬距为 $Y_1=10\ 259$,$X_1=10\ 117$,导1—导2的象限角为N72°14′07″;从平面图上量得 A、B 的经纬距为 $Y_A=10\ 268$,$X_A=10\ 045$,$Y_B=12\ 094$,$X_B=11\ 186$。导1—A 的象限角为:

$$\tan\alpha_A=\frac{Y_A-Y_1}{X_A-X_1}$$

$$\alpha_A=\arctan\frac{10\ 268-10\ 259}{10\ 045-10\ 117}=\text{S}7°07'30''\text{E}$$

A—B 的象限角为:

$$\alpha_B=\arctan\frac{12\ 094-10\ 268}{11\ 186-10\ 045}=\text{N}58°00'00''\text{E}$$

$$\alpha=180°-(7°07'30''+72°14'07'')=100°38'23''$$

$$\beta=58°00'00''+7°07'30''=65°0'730''$$

按上述方法依次计算各边的象限角、转向角、距离,列表以供放线之用。

$$\text{导1—}A\text{ 的距离}=\frac{X_A-X_1}{\cos\alpha_A}=\frac{10\ 045-1\ 017}{\cos7°07'30''}=72.56(\text{m})$$

(2)外业放线

先由导1,按夹角 α 和距离 l 定出路线起点 A,在 A 点置镜拨角即可定出 AB 方向,以后直

接定出各交点 B、C 点。

拨角法计算较繁琐，但外业工作不需穿线，速度较快，其放线精度受原始资料的可靠程度和放线累计误差影响大。为了减小累计误差，可与穿线点法配合使用。

（三）直接定交点法

在地形平坦、视线开阔、路线受限不严重时，路线位置可直接根据明显目标地物确定，如图 6-6中交点 JD，即可由桥头和房角的相对距离（50m 和 35m）量距交会确定。

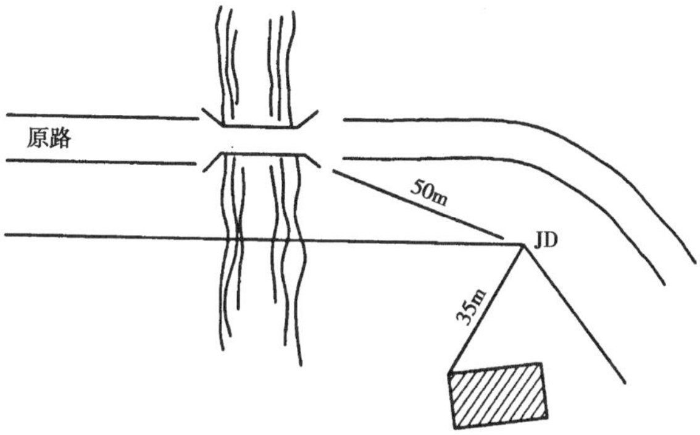

图 6-6　直接定交点法放线

（四）坐标法

通过坐标计算，可编制成逐桩坐标表，根据实地控制导线就可以将路线敷设在地面上。按各级公路对放线精度的要求和测设仪具条件可选用不同的放线方法。一般来讲，坐标放线法使用常规测设仪具（指普通经纬仪、钢卷尺等）十分困难，且效率低、质量差，难以达到精度要求。这里只介绍以全站仪为测设手段的两种方法。

1. 极坐标放线法

极坐标放线的基本原理是以控制导线为依据，以角度和距离定点。如图 6-7 所示，在控制导线点 T_i 置仪，后视 T_{i-1}（或 T_{i+1}），待放点为 P。图 6-7a）为采用夹角 J 的放点，图 6-7b）为采用方位角 A 的放点。只要算出 J 或 A 和置仪点 T_i 到待放点 P 的距离 D，就可在实地放出 P 点。

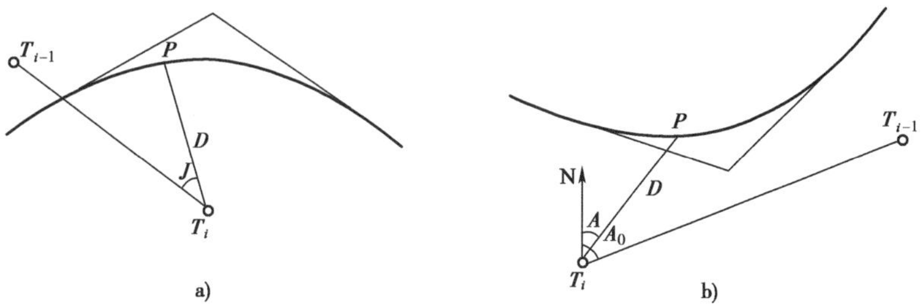

图 6-7　极坐标放线示意图

设置仪点的坐标为 $T_i(X_0, Y_0)$，后视点的坐标为 $T_{i-1}(X_h, Y_h)$，待放点的坐标为 $P(X, Y)$。放线数据 D、A、J 可按直线形定线法计算，据此拨角测距即可放出待定点 P。

2. 坐标放线

此法的基本原理与极坐标法相同,它是利用现代自动测量仪的坐标计算功能,只需输入有关点的坐标值即可,现场不需进行任何手工计算,而是由仪器内电脑自动完成有关数据计算。放线的具体操作步骤如下:

(1)在置仪点 T_i 安置仪器,后视 T_{i-1}点;

(2)键入置仪点和后视点坐标 $T_i(X_0,Y_0)$、$T_{i-1}(X_h,Y_h)$,完成定向工作;

(3)键入待放点坐标 $P(X,Y)$;

(4)转动照准头使水平角为0°00′00″,完成待放点 P 定向;

(5)置反射镜于 P 点方向上,并使面板上显示 0.000m 时,此点即为 P 点的精确点位。

重复(3) ~ (5)步,可放出其他中桩位。当改变置仪点的位置后,要重复(1) ~ (5)步。

坐标法放线数据全部来自于精确计算,放线精度高,可用于直线或曲线的标定。因此,坐标法适用于直线形定线法和曲线形定线法。

第二节 实地定线

实地定线又称直接定线或现场定线。根据实地控制定线主导因素的不同,可采用以点定线和放坡定线两种方法。

一、以点定线

当路线不受纵坡限制时,定线以平面和横断面为主要考虑因素。其要点是:以点定线,以线交点。以点定线,就是在全面布局和逐段安排确定的控制点间,结合各方面因素进一步确定影响公路中线位置的小控制点,然后按照这些小控制点,大致穿出公路中线的方法。以线交点,就是在已定小控制点的基础上结合路线标准和前后路线条件,穿出直线,并延长交出交点。

1. 控制点的加密

两控制点之间,一般不可能作直线(特别是地形困难、等级较低的公路),常常需要设置交点,使路线转弯,从而避开障碍物,利用有利地形,以达到经济合理的目的。加密控制点,就是在实地寻找控制和影响公路中线位置的具体点位。一般小控制点有经济性和控制性两种控制点。

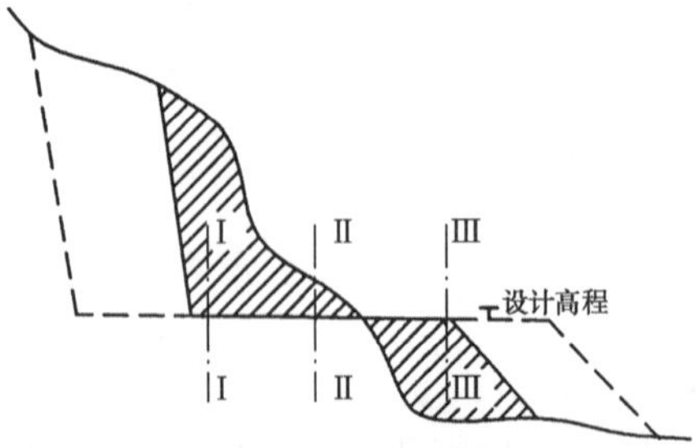

图 6-8 横断面经济位置

(1)经济性控制点

这类控制点主要是在路线穿过斜坡地带,考虑横向填挖平衡或横向施工经济(有挡土墙及其他加固边坡时)因素而确定的小控制点。如图 6-8 中Ⅱ—Ⅱ中线位置,使挖方面积和填方面积大致相等,这时的线位即为经济控制点。由于这类点仅从横向施工经济出发控制线位,它只能作为穿线定点的参考位置。

(2)控制性的点

这类控制点是受艰巨工程、不良地质、地物障碍、路基边坡稳定等因素限制所确定的公路中线位置。如图6-9是几个主要因素对线位影响的示意。从图中可看出,控制点的位置还与路基的形状尺寸、加固方式、通过不良地质地段的工程控制、地表形状、路基设计高程等因素有关。定线时,应综合考虑这些因素,合理确定小控制点的位置。

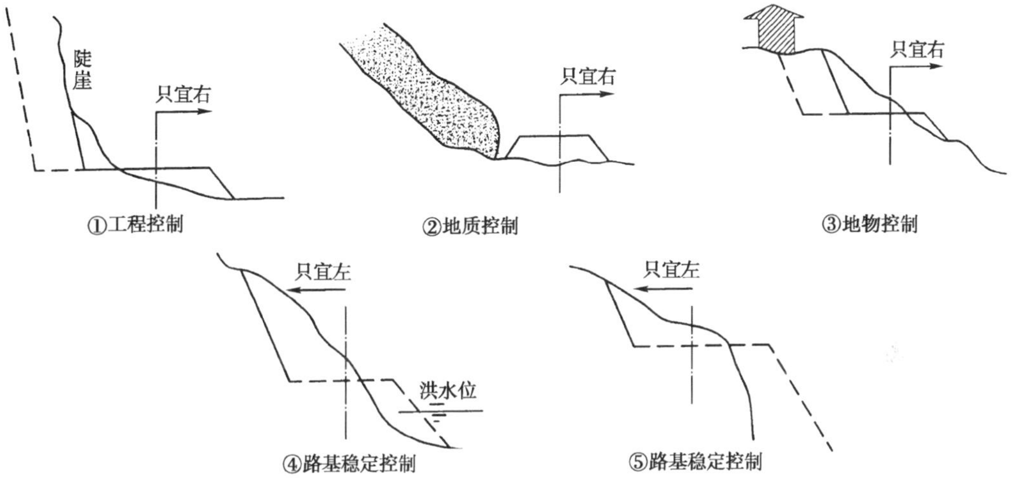

图6-9 控制线位的因素

2. 穿线定点

一方面,受各种因素限制的平面位置控制点比较多,而且这些点在平面上的分布又没有一定的规律;另一方面,路线受技术标准和平面线形组合的限制,不可能照顾到每一个控制点。因此,穿线定点就是根据技术标准和线形组合的要求,满足控制点和照顾多数经济点,前后考虑,用穿线的办法延长直线,交出转角点。

二、放坡定线

当两控制点间高差较大,路线受纵坡限制时,定线应以纵坡为主导,采用放坡定线。

1. 放坡

按照要求的设计纵坡(或平均坡度)在实地找出地面坡度线的工作叫放坡。

在山岭重丘区路段,天然地面坡度角均在20°以上,而设计纵坡(或平均纵坡)有一定要求,见图6-10,路线由*A*点到*B*点,如果沿最大地面自然坡度方向*AB*前进,将使路线上不去,显然不可能实施。如果路线沿等高线走(*AC*方向),虽然纵坡平缓,但方向偏离,达不到上山目的,因此,就需要在*AB*和*AC*方向间找到*AD*方向线,使其地面坡度正好等于设计坡度(或平均坡度)$i_{均}$,这样既使路线纵坡平缓,又使填挖数量最小,寻求这条地面坡度等于设计坡度线(或平均坡度)$i_{均}$的工作就是放坡的任务。

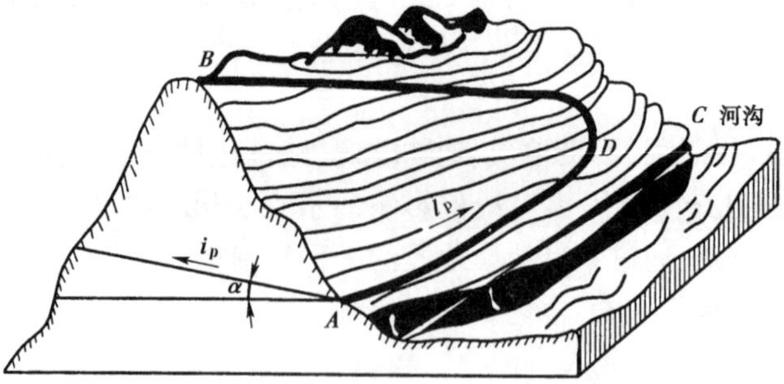

图6-10 放坡原理示意图

2. 放坡定线

(1)作修正导向线

放坡后的坡度点就是概略的路基设计高程位置,而实地路中线的位置对于路基的稳定和填挖工程量影响很大,见图6-11,如果中线在坡度点的下方[图6-11a)],则横断面以路堤形式为主,若中线正好通过坡度点[图6-11b)],则横断面以半填半挖形式为宜,若中线在坡度点上方[图6-11c)],则横断面以路堑形式为主。因此,根据坡度线(如图6-12中的$A_0A_1A_2$…线),结合地面横坡考虑路基稳定和工程经济即可确定出合适的中线位置,并插上花杆(或标志),如图6-12中的$B_0B_1B_2$…连线,叫修正的导向线。根据经验,一般情况下,当地面横坡在1∶5以下时,中线在坡度点上下方对路基稳定和工程经济影响不大;当地面横坡为1∶5~1∶2时,中线与坡度点以重合为宜;当横坡大于1∶2时,中线宜在坡度点上方,以形成全挖的台口式断面为好。

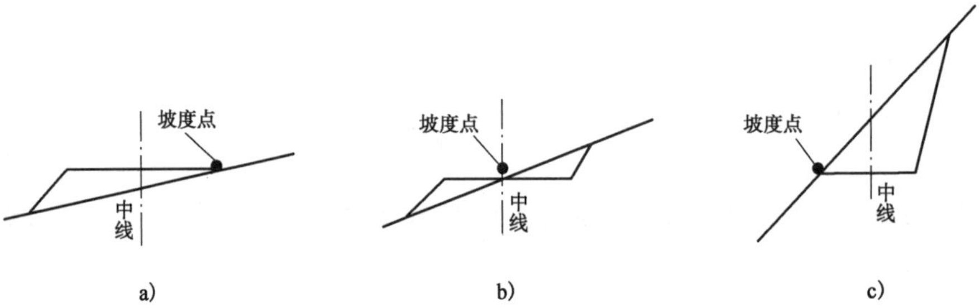

图6-11 中线与坡度点在横断面上的位置

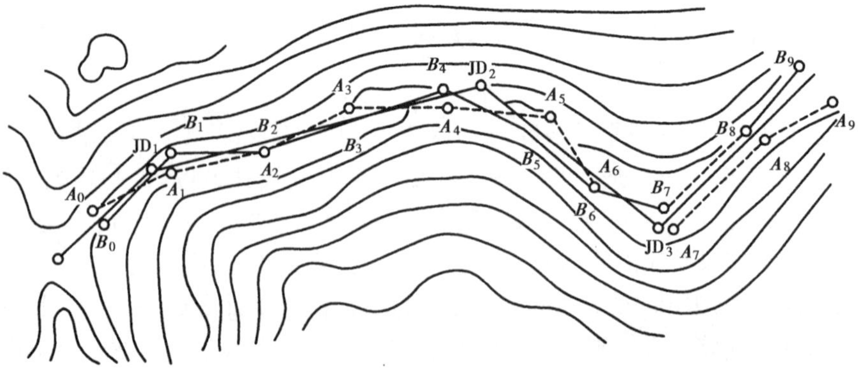

图6-12 放坡定线示意图

(2)穿线交点

修正导向线 $B_0B_1B_2\cdots$ 是具有合理纵坡、横断面上位置最佳的一条折线,但它不能满足平面线形标准的要求,这就要根据标准要求,尽可能靠近或穿过导向线上的点,裁弯取直,使平、纵、横三方面恰当结合,穿出与地形相适应并符合标准的若干直线,各相邻直线相交即可确定交点 JD_1、JD_2、JD_3 等。选线时要反复插试,逐步修改,才可能定出合理的线位。

三、定平曲线

经过穿线交点确定了路线的交点位置,在交点处还需要根据标准结合地形、地物及其他因素选择适宜的平曲线半径,控制曲线线位。

1. 单交点法

单交点法是实地定线最常用的方法之一。它是用一个交点来确定一段平曲线的插设曲线方法。适用于一般转角不大,实地能直接钉设交点的情况。

半径 R 的大小,直接影响曲线线位,见图 6-13,当转角较大,不同半径可能使曲线线位相差几米甚至几十米。线位的移动将直接影响线形、工程数量及路基稳定。确定半径时,一般结合地形和其他因素按以下控制条件来选择。

(1)外距控制(曲线中点控制)

如图 6-14 所示,根据弯道内侧的固定建筑物,确定曲线 A 点是不与其发生干扰的控制点,然后用皮尺量出控制的外距值 E,并测出转角,即可反复确定半径。

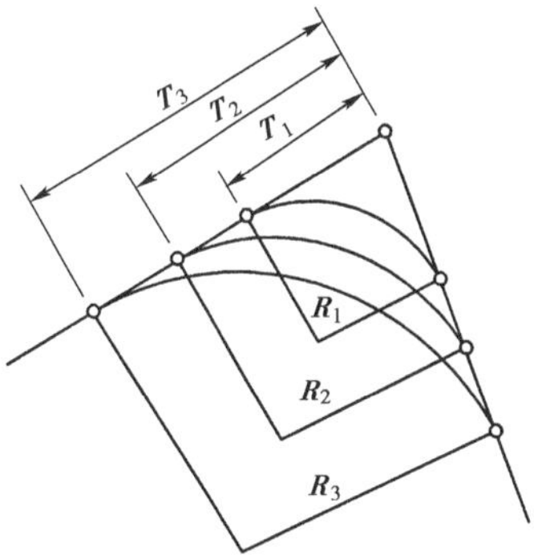

图 6-13　半径对线位的影响

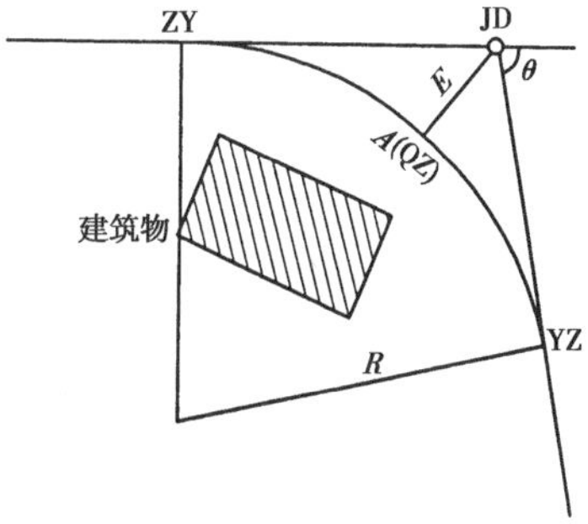

图 6-14　外距控制曲线半径

(2)切线控制(曲线起、终点控制)

有时为了控制曲线起、终点位置,要求曲线的切线长为一定值,比如相邻的反向曲线间要求一定的直线长度,或者要求桥头或隧道洞口在直线上等,这时曲线半径就由控制的切线长来选定。

(3)曲线长控制

当路线转角较小时,为使曲线长度满足最短曲线长度 L_{min},则曲线半径最小值可反复确定。

(4)曲线上任意点控制

如图 6-15 所示,有时路线由于桥涵人工构造物位置或原路改建的要求,控制曲线必须从

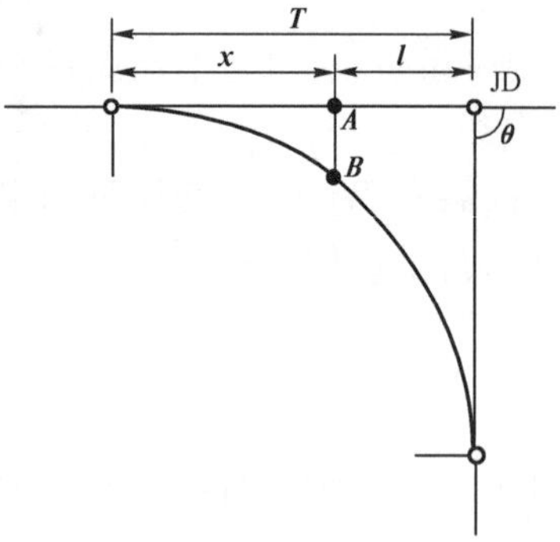

图6-15 曲线上任意点控制

任意点 A 通过时,可用试算法选择半径。其方法是:先实地量出JD至 B 点的距离和要求的支距(BA),初选半径 R,用试算法确定。

(5)按纵坡控制

当路线纵坡紧迫时,为使弯道上合成纵坡不因曲线半径太小而超过规定值,这时,应根据已定的纵坡和合成纵坡标准值来反算出超高横坡,再按控制的超高横坡求得最小控制半径。

2. 双交点法(虚交点法)

当路线偏角很大及交点受地形或地物障碍限制,无法钉设交点时,见图6-16,可在前后直线上选两个辅助交点 JD_A、JD_B 来代替交点 JD,敷设曲线,选择半径。JD_A 与 JD_B 的连线叫基线。具体做法可有两种:

(1)切基线法:当选择基线可以控制曲线位置,能使所定曲线与基线相切时,叫切基线法。如图6-16所示,GQ为公切点,量出转角 θ_A、θ_B 和基线长度 AB 后可反算半径。

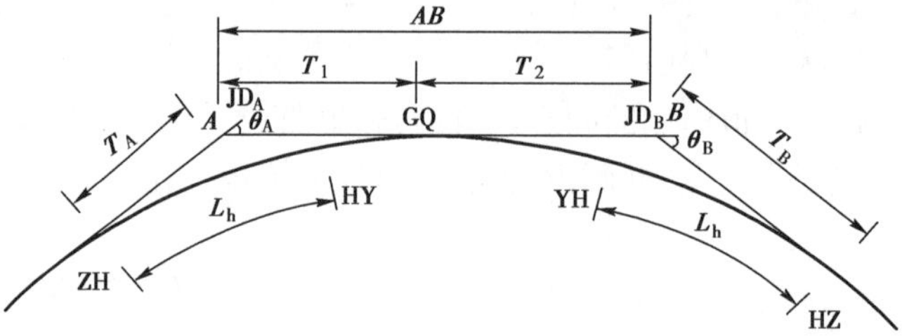

图6-16 切基线的双交点法

选择半径后还要检查其是否合乎标准的要求。切基线法,方便简单,容易控制线位,计算容易,是生产中较常用的方法。

(2)不切基线法:当选择基线不能控制曲线线位或切基线计算的半径不能满足标准要求时,则所设曲线不能与基线相切,只能按不切基线办法来选择半径。如图6-17所示,其方法是:先根据标准要求初选半径 R,测量 θ_A、θ_B 和基线 AB,计算出 T_A、T_B,由计算出的 T_A、T_B 即可根据 JD_A、JD_B 量距定出曲线起、终点 ZH、HZ,并用切线支距 x、y,检查曲线上任意一点的线位,如与实际情况相符,则所选半径合适,反之则应再调整、计算。

3. 回头曲线定线法

一般来讲,有回头曲线的地方,路线受地形约束较大,主曲线和辅助曲线的平、纵面控制较严,定线时稍有不慎会对线形和工程数量影响很大,插线时必须反复试线,才能得到满意的结果。回头曲线定线的方法很多,通常采用切基线的双交点定线。

按照放坡的导向线,先确定辅助曲线交点 JD_1、JD_2 和上下线位置,见图6-18,然后反复移动基线 JD_A—JD_B 控制确定主曲线,直到满意为止。其具体方法同切基线的双交点法。

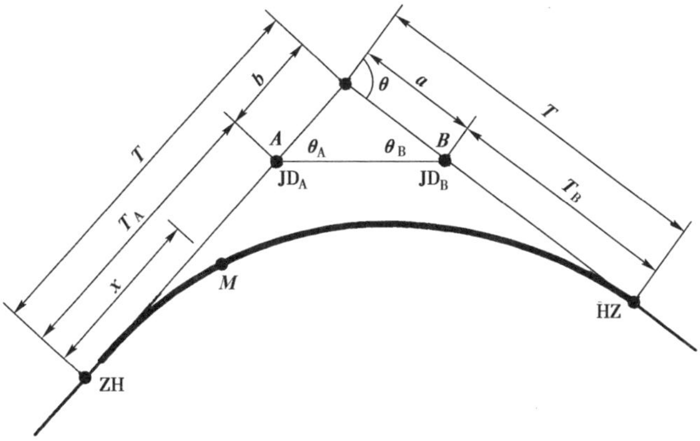

图 6-17　不切基线的双交点法

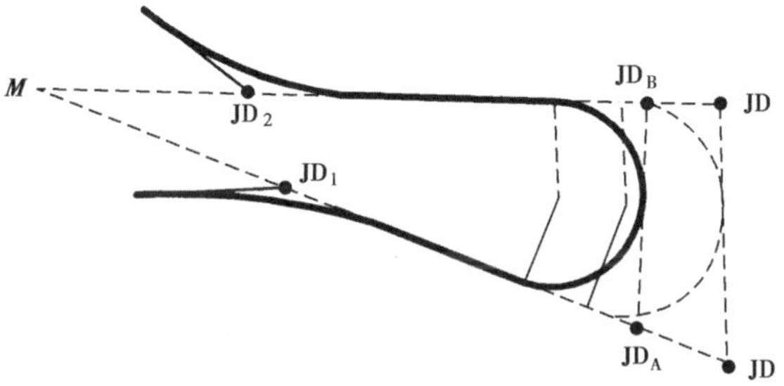

图 6-18　回头曲线定线(双交点法)

第三节　纸上移线

现场实地定线时,往往由于地形复杂,定线人员因视野受到限制或产生错觉,难免发生个别路段线位定得不当的情况。纸上移线是修改局部路线的有效方法。

一、纸上移线的条件

(1)路线平面标准前后不协调,需要调整转角点位置、改变半径,或室内定坡后发现局部地段工程量过大时。

(2)路线位置过于靠山,挖方边坡太高,对稳定不利,或过于靠外,挡土墙较高,砌石工程太大,移改线位后能节省较大的工程量时。

(3)增加工程量不大,但能显著提高平、纵线形标准时。

二、纸上移线的方法与步骤

(1)绘制移线地段的大比例尺(一般用 1∶200 ~ 1∶500)路线图,注出各桩位置。

(2)依据移线目的,在纵断面图上试定合理坡度,读取各桩填挖值。

(3)根据填挖,用路基模板在横断面图上找出最经济或控制性的路基中心线位置,量偏离原中心线的距离即移距,如图6-19中的a,分别用不同符号点在路线平面图上。参照这些符号,在保证重点照顾多数的原则下,经多次反复试定修改,直到定出满足移线要求,线形合理的移改导线,如图6-20中虚线所示。

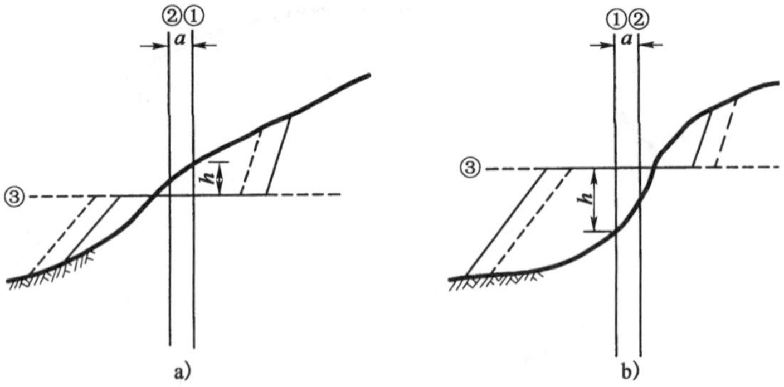

图6-19 用不同符号、点在路线平面图上

h-填挖高度;a-最佳中心位置偏离原中心线的距离

注:①表示未移动前路基中心线;②表示最佳路基中心线;③表示对原桩填挖值的水平线。

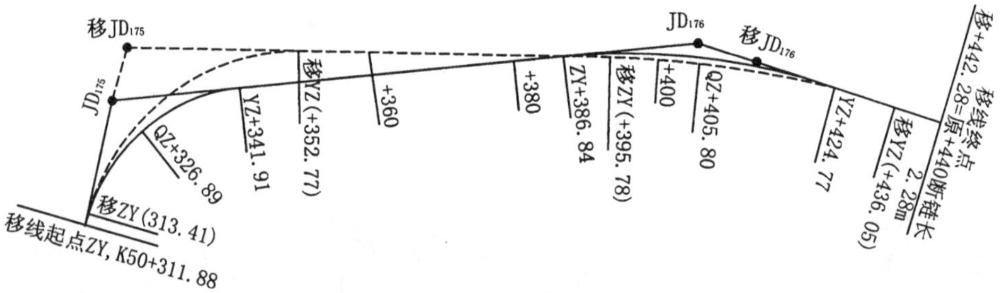

图6-20 纸上移线平面图

(4)用正切法量算各交点转角。移线与原线的角度要闭合,否则需进行调整,首先调整短边和角值小的转角。拟定半径、计算曲线要素并给出平曲线。量原线各相邻桩横断方向线切割移线的实际长度(这些长度之和,在曲线段内应等于曲线的计算长度,在直线段应等于曲线间的直线长),据以推算移线上的新桩号,量原线各桩移距,连同新老桩号一并记入移距表中。算出断链长度,注于接线桩处。

(5)按移距,在横断面图上给出移线中心线位置,注上新桩号,读取新老桩比高。

(6)根据比高,用虚线在原纵断面图上点出移线的地面线和平曲线,重新设计纵坡和竖曲线。

(7)按移线的桩号、平曲线、坡度、竖曲线等资料编制"路基设计表",表中地面高程仍为原桩高程,将移线的平曲线起、终点桩号填在"备注"栏里。

(8)设计路基,计算土石方数量。

纸上移线示例如图6-20~图6-22和表6-1~表6-3所示。

纸上移线的资料主要从原线的横断面上取得,由于一般横断面施测范围有限,且离中线愈远误差愈大，移距不能太大，一般以小于5m为宜。移距很大时，应在定出移改导线后，实地放线重测。

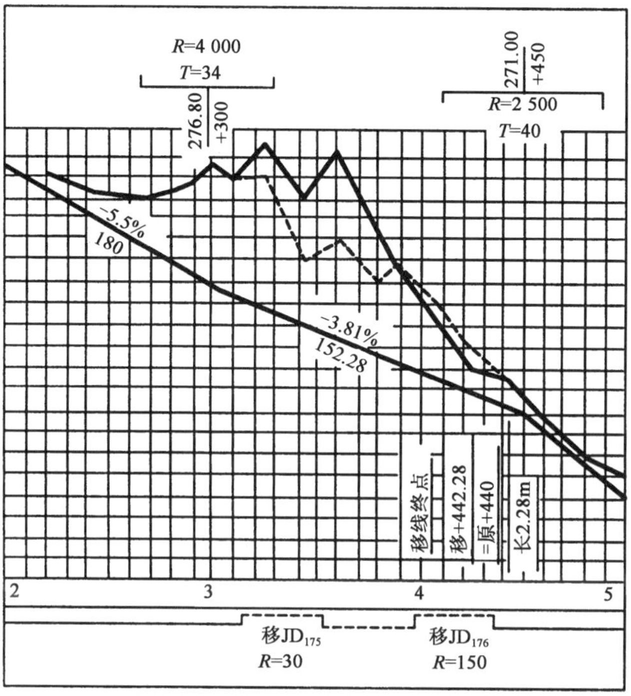

图6-21　纵断面图

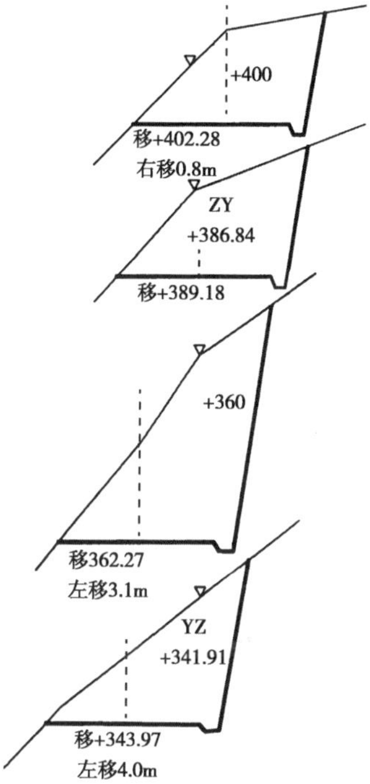

图6-22　横断面图

原 曲 线 表　　表6-1

JD	αz	αy	R	T	L	E
175		68°49′	25	17.12	30.03	5.30
176		21°44′	100	19.20	37.93	1.83

移 线 曲 线 表　　表6-2

JD	αz	αy	R	T	L	E
175		75°10′	30	23.09	39.36	7.86
176		15°23′	150	20.26	40.27	1.36

移　距　表　　表6-3

原　桩　号	移 线 桩 号		
		左	右
ZYK50+311.88	K50+311.88	0	0
QZ+326.89	+328.19	1.3	
YZ+341.91	+343.97	4.0	
+360	+362.27	3.1	

续上表

原　桩　号	移线桩号		
		左	右
+380	+382.27	0.8	
ZY +386.84	+389.18	0	0
+400	+402.28		0.8
QZ +405.80	+408.08		0.9
YZ +424.77	+427.05		0.2
+440	+442.28	0	0

思考题与习题

1. 什么是定线？定线的方法有哪几种？
2. 简述纸上定线的方法。
3. 什么是实地定线？简述实地定线的方法。
4. 什么是纸上移线？

第七章
CHAPTER SEVEN
公路外业勘测

本章学习要点

本章主要学习公路初测、定测外业工作的任务、内容及方法。

公路勘测工作是公路工程设计的基础，而公路工程设计又是施工的依据和基础，公路勘测质量的好坏对整个公路建设质量的好坏起着决定性的作用。因此，在公路勘测中，必须深入全面地进行调查研究，实事求是，精心勘测，注重技术经济效益，同时考虑对环境和社会的影响，为设计提供准确、完整的数据和资料，以保证设计文件的高质量，为施工奠定坚实的基础。

为确保公路工程勘测设计的质量，交通部于2001年颁布了《公路工程勘察设计招标投标管理办法》(2013年进行了修正)，该办法规定公路建设项目的勘察、设计单项合同估算价在50万元人民币以上，或者建设项目总投资额在3 000万元人民币以上的，必须进行勘测设计招标。

第一节 公路初测

一、公路初测的目的、任务及准备工作

(一)目的和任务

初测是两阶段设计和三阶段设计中第一阶段(初步设计阶段)的外业勘测工作。

初测的目的是根据批复的《工程项目可行性研究报告》所拟订的修建原则和路线基本走向方案，通过现场对各比选方案的勘测，从中确定采用方案，并搜集编制初步设计文件所需的勘测资料。

初测的任务则是要对路线方案作进一步的核查落实，并进行导线、高程、地形、桥涵、隧道、路线交叉和其他资料的测量、调查工作，进行纸上定线和有关的内业工作。

(二)准备工作

1. 搜集资料

为满足初测和初步设计的需要,初测前应搜集和掌握以下基本资料:

(1)可供利用的各种比例地形图、航测图,国家及有关部门设置的三角点、导线点、水准点资料。

(2)沿线自然地理概况、工程地质、水文、气象、地震基本烈度等资料。

(3)沿线农林、水利、铁路、公路、航运、城建、电力、通信、文物、环保等有关部门与本路有关系的规划、设计、规定及科研成果等资料。

(4)对于改建公路还应收集原路的测设、施工、养护及路况等档案资料。

2. 室内研究路线方案

根据工程可行性研究报告拟订的路线基本走向方案,在地形图上进行各可行方案的研究,经过对路线方案的初步比选,拟订出需要勘测的方案(包括比较线)及现场需要重点调查和落实的问题。

3. 现场踏勘

初测前,应组织路线、地质、桥隧等主要专业人员,必要时,邀请当地政府和有关部门派员参加现场路线方案的核查工作。核查的主要内容和要求如下:

(1)核查所搜集的地形图与沿线地形、地物有无变化,对拟订的路线方案有无干扰,并研究相应的路线调整方案。

(2)核查沿线居民的分布、农田水利设施、主要建筑设施,并研究相应的路线调整方案。

(3)核查各种地上和地下管线、重要历史文物、名胜古迹、旅游风景区、自然保护区、景观区点等,应注意路线布设后,对环境和景观的影响。

(4)对沿线重点工程和复杂的大、中桥,隧道,互通式立体交叉等,应逐一核查落实其位置与设置条件。

(5)了解沿线主要建筑材料的产地、质量、储量和采运条件,对缺乏的筑路材料应提供解决的途径。

(6)核查工作应与当地政府或主管部门取得联系,对重要的路线方案、同地方规划或设施有干扰的方案,应征求相关部门的意见。

4. 其他资料调查

(1)了解沿线地形情况,拟订路线方案的地形分界位置。

(2)了解沿线涉及测量现场的地形、地貌、地物、通视、通行等情况;拟订勘测工作的困难类别。

(3)调查沿线生活供应、交通条件等情况。

5. 资料整理

通过收集资料和现场的核实调查,应提供如下资料:

(1)根据已掌握的资料,概略说明沿线的地形、河流、工程地质、水文地质、气象等情况,指出采用路线方案的理由,提供沿线主要工程和主要建筑材料情况,提出勘测中应注意的事项,以及需要进一步解决的问题等。

(2)估计野外工作的困难程度和工作量,确定初测队伍的组织及必需的仪具和其他装备,并编制野外工作计划和日程安排。

(3)提出主要工程(如桥涵、隧道、立交等)的工程地质勘察工作量和要求。

二、初测的内容与步骤

初测由初测的外业测量队分组进行,主要内容、步骤及要求如下。

1. 平面控制测量

(1)公路平面控制测量,包括路线、桥梁、隧道及其他大型建筑物的平面控制测量。平面控制网的布设应符合因地制宜、技术先进、经济合理、确保质量的原则。

(2)路线平面控制网是公路平面控制测量的主控制网,沿线各种工点平面控制网应联系于主控制网上,主控制网宜全线贯通,统一平差。

(3)平面控制网的建立,可采用全球定位系统(GPS)测量、三角测量、三边测量和导线测量等方法。

(4)各级公路、桥梁、隧道及其他建筑物的平面控制测量等级的确定,应符合表7-1的规定。

平面控制等级　　表7-1

高架桥、路线控制测量	多跨桥梁总长 L(m)	单跨桥梁 L_K(m)	隧道贯通长度 L_G(m)	测量等级
—	$L \geq 3\,000$	$L_K \geq 500$	$L_G \geq 6\,000$	二等
—	$2\,000 \leq L < 3\,000$	$300 \leq L_K < 500$	$3\,000 \leq L_G < 6\,000$	三等
高架桥	$1\,000 \leq L < 2\,000$	$150 \leq L_K < 300$	$1\,000 \leq L_G < 3\,000$	四等
高速、一级公路	$L < 1\,000$	$L_K < 150$	$L_G < 1\,000$	一级
二、三、四级公路	—	—	—	二级

(5)采用"现场定线法"进行初测的导线或中线,应根据地形变化钉设加桩,以供测绘地图使用。

(6)应利用路线经过地区已有国家或其他有关部门的平面控制资料,但应做好以下工作:

①对原有控制点进行检测;

②控制测量的坐标系统与本路的坐标系统不一致时,应进行换算;

③原有平面控制点不能满足公路放线要求时,应按规定予以加密。

2. 高程测量

(1)公路高程系统,宜采用国家统一的高程基准。同一条公路应采用同一个高程系统,不能采用同一系统时,应给定高程系统的转换关系。独立工程或三级以下公路联测有困难时,可采用假定高程。

(2)公路高程测量采用水准测量。在进行水准测量确有困难的山岭地带和沼泽、水网地区以及四、五等水准测量可用光电测距三角高程测量。

(3)各级公路及构造物的水准测量等级应按表7-2选定。

公路及构造物的水准测量等级 表7-2

高架桥、路线控制测量	多跨桥梁总长 L(m)	单跨桥梁 L_K(m)	隧道贯通长度 L_G(m)	测量等级
—	$L \geq 3\,000$	$L_K \geq 500$	$L_G \geq 6\,000$	二等
—	$1\,000 \leq L < 3\,000$	$150 \leq L_K < 500$	$3\,000 \leq L_G < 6\,000$	三等
高架桥、高速、一级公路	$L < 1\,000$	$L_K < 150$	$L_G < 3\,000$	四等
二、三、四级公路	—	—	—	五等

(4)水准测量的精度应符合表7-3的规定。

水准测量的精度 表7-3

等级	每公里高差中数误差(mm)		往返较差、附合或环线闭合差(mm)		检查已测测段高差之差(mm)
	偶然中误差	全中误差 M_w	平原、微丘	重丘、山岭	
二等	±1	±2	$\leq 4\sqrt{L}$	$\leq 4\sqrt{L}$	$\leq 6\sqrt{L_i}$
三等	±3	±6	$\leq 12\sqrt{L}$	$\leq 3.5\sqrt{n}$或$\leq 15\sqrt{L}$	$\leq 20\sqrt{L_i}$
四等	±5	±10	$\leq 20\sqrt{L}$	$\leq 6.0\sqrt{n}$或$\leq 25\sqrt{L}$	$\leq 30\sqrt{L_i}$
五等	±8	±16	$\leq 30\sqrt{L}$	$\leq 45\sqrt{L}$	$\leq 40\sqrt{L_i}$

注:计算往返较差时,L 为标准点间的路线长度(km);计算附合或环线闭合差时,L 为附合或环线的路线长度(km);n 为测站数;L_i 为检测段长度(km),小于1km时按1km计算。

(5)水准点的布设。

水准点应沿公路布设,水准点宜设于公路中心线两侧50~300m范围之内。水准点间距宜为1~1.5km;在山岭重丘区,可根据需要适当加密;大桥、隧道口及其他大型构造物两端,应增设水准点。

(6)应利用路线经过地区已有国家或其他部门设置水准点,但应进行下列工作:

①对原水准点应进行逐一检测;

②原高程系统与本路使用的高程系统不一致时,应进行换算。

(7)路线上设置的平面控制桩、中线桩和设计需要高程控制的点,如干渠、水坝、河堤、管线、铁路等都应测量其高程。

3. 地形测量

(1)路线地形图的测绘宽度,当采用"纸上定线法"初测时,路线中线两侧各测绘200~400m;采用"现场定线法"初测时,路线中线两侧测绘宽度可减窄为150~250m。

(2)路线地形测绘的图根点,应利用已有的平面控制点或中线控制桩作测站;当不能满足要求时,应按规定进行图根控制测量。地形测绘的技术要求,应符合国家相关测绘规范和《公路勘测规范》(JTG C10—2007)的有关规定。

(3)采用"现场定线法"初测时,可采用小平板配合经纬仪或大平板仪测量;也可利用纵、横断面资料,配合仪器测量,现场勾绘。

(4)应利用国家或其他有关部门所测绘的地形图,但使用时应进行现场核查,对有变化的地形地物进行补测。

(5)高速公路和一级公路采用分离式路基时,地形图测绘宽度应覆盖两条分离路线及中间带的全部地形;当两条路线相距很远或中间带为大河与高山时,中间地带的地形可不测。

4. 路线测量

(1)各级公路应在地形测量之后，进行纸上定线；受条件限制或地形、方案较简单时，也可以采用现场定线。

(2)路线定线应符合《公路工程技术标准》(JTG B01—2014)、《公路勘测规范》(JTG C10—2007)的规定，正确掌握和运用技术标准。定线工作应做好总体布局，根据各类地形特点，结合人工构造物的布设，进行路线平、纵、横的协调布置，定出合理的线位。对地形、地质、水文条件复杂、工程艰巨的路段，应拟订可能的比较方案，进行反复推敲、比较，确定采用方案。

(3)纸上定线。

①应将有特殊要求或控制的地点，必须避绕的建筑物或地质不良的地带，地下建筑或管线等标注于地形图上。

②对于山岭地区的越岭路线上需要进行纵坡控制的地段，应在地形图上进行放坡，将放坡点标示于图上。

③在地形图上选定路线曲线与直线位置，定出交点，计算坐标和转角，计算平曲线要素，计算路线连续里程。

④沿路线中线按一定桩距从图上判读其高程，点绘纵断面图。对河堤、铁路、立体交叉等需要重点控制的地段或地点，应实测高程，点绘纵断面图，并据以进行纵坡设计。

⑤应根据路线中线线位，在地形图上测绘控制性横断面，并按纵坡设计的填挖高度进行横断面设计，作为中线横向检验和计算路基土石方数量的依据。

⑥依据纸上定线的线位及实地调查资料，初步确定人工构造物的位置、交角、类型与尺寸。

⑦综合检查路线线形设计及有关构造物的配合情况与合理性。线形设计可采用透视图法检验平、纵、横的组合情况。

⑧纸上定线后，对高填深挖地段、大型桥梁、隧道、立体交叉以及需要特殊控制的地段，应进行实地放线、核对，并作为各专业工程勘测调查的依据。

⑨所确定的线位应总体配合恰当、工程经济合理、线形连续顺适。对需进行比较的方案，应按上述步骤方法定出线位，计算工程量，并进行技术经济比较。

(4)现场定线。

①现场踏勘前应在1/50 000地形图上对路线进行总体布局，拟订主要技术措施，确定控制点、绕避点，选择适合路线通过的最佳位置。

②越岭路线或受纵坡控制的路段，应选择好坡面与展线方式，进行放坡试线，作出分段安排。

③根据《公路勘测规范》(JTG C10—2007)中各种地形的定线要点和放坡点进行布线，穿线定点，钉设交点和转点。

④测定交角，进行中桩、水准、横断面和地形线等测量。

⑤通过内业工作，对路线进行平、纵、横面综合检查，确定线位。

5. 其他勘测与调查

初测除上述四项测量内容外，还应包括以下勘测与调查的内容：

(1)路基、路面及排水勘测与调查;
(2)小桥涵勘测与调查;
(3)大、中桥勘测与调查;
(4)隧道勘测与调查;
(5)路线交叉勘测与调查;
(6)沿线设施勘测与调查;
(7)环境保护调查;
(8)临时工程勘测与调查;
(9)工程经济调查。
上述勘测与调查不属本课程内容,将在相关的课程中讲述。

6. 初测的内业工作

1)初测内业工作主要内容

(1)复核、检查、整理外业资料;
(2)进行纸上定线或移线及局部方案比选;
(3)初步拟订各种构造物设计方案,并综合检查定线成果;
(4)编制勘测报告及有关图表制作与汇总;
(5)应逐日复核、检查外业中原始记录资料,如有差错、遗漏,必须及时纠正或弥补;对于从其他部门搜集的资料,应根据测设需要,检查、分析其是否齐全、可靠和适用,做到正确取用;
(6)综合检查、协调路线设计与有关专业及结构物布设的合理性,并进行现场核对。

2)初测应提交的成果

(1)各种调查、勘测原始记录及检验资料;
(2)纸上定线或移线成果及方案比较资料;
(3)各种主要构造物设计方案及计算资料;
(4)路基、路面、桥梁、交叉、隧道等工程设计方案图及比较方案图;
(5)沿线设施、环境保护、筑路材料等设计方案;
(6)平、纵面缩图,主要技术指标表,勘测报告及有关协议、纪要文件。

第二节 公路定测

一、公路定测的任务、内容及分工

1. 任务

公路定测即定线测量,是指施工图设计阶段的外业勘测和调查工作。其具体任务是:根据批准的初步设计,具体核实路线方案,现场确定路线或放线,并进行详细测量和调查工作。其目的是为施工图设计和编制工程预算提供资料。

2. 内容

(1)对初步设计方案进行补充勘察,如有方案变化应及时与有关主管部门联系,并报上级批准。

(2)实地选定路线或实地放线(纸上定线时),进行测角、量距、中线测设、桩志固定等工作。

(3)引设水准点,并进行路线水准测量。

(4)路线横断面测量。

(5)测绘或勾绘路线沿线的带状地形图;对有大型构造物地段,如大中桥桥位、隧道、大型防护工程、交叉口等工程,应测绘局部大比例地形图。

(6)进行桥、涵、隧道的勘测与水文资料的调查。

(7)进行路基路面调查。

(8)占地、拆迁及预算资料调查。

(9)沿线土壤地质调查及筑路材料调查。

(10)征询有关部门对路线方案及征地拆迁等方面的意见,并签订必要的协议。

(11)检查及整理外业资料,并完成外业期间所规定的内业设计工作。

3. 定测队的组织

定测分为选线组、测角组、中桩组、水平组、横断面组、地形组、调查组、桥涵组、内业组共九个作业组进行。如果定线采用纸上定线方法进行,则此时可将选线和测角组合并为一个放线组。

二、定测时各组的任务及工作内容

(一)选线组

1. 任务

选线组亦称大旗组,它是整个外业勘测的核心,其他作业组都是根据它所插定的路线位置开展测量工作的,所以选线在整个公路勘测设计中起着主导作用,是最关键的一环。

选线是公路定线的第一步,其主要任务是实地确定中线位置。其主要工作是:进行路线察勘,并进一步确定路线布局方案;清除中线附近的测设障碍物;确定路线交点及转角并钉桩,初拟曲线半径,会同桥涵组确定大、中桥位,会同内业组进行纵坡设计等工作。在越岭线地带,还需进行放坡定线工作。

2. 分工及工作内容

(1)前点放坡插点

前点一般设 1 ~2 人(需要放坡时为 2 人)。其主要工作是:在全面勘察的基础上,结合当地自然条件,研究路线布局,合理地运用技术标准,通过实测,选定路线方案,进一步加密小控制点,插上标旗(一般可用红白纸旗),供后面定线参考。

(2)中点穿线定点

中点一般设2人。其主要工作是:根据技术标准,结合地形及其他条件,修正路线方案,用花杆穿直线的办法,反复插试,穿线定交点,并在长直线或在相邻两互不通视的交点间增设转点,最后初拟曲线半径及其有关元素。

(3)后点钉柱

后点设1人。其主要工作是:钉桩插标旗,并给后面的作业组留下初拟半径及其他有关控制条件的纸条。

(二)导线测角组

1. 任务

导线测角组紧跟选线组工作。其主要任务是:标定直线与修正点位、测角及转角计算;测量交点间距;平曲线要素计算;导线磁方位角观测及复核;交点及转点桩固定;作分角桩;协助中桩组敷设难度大的曲线等工作。

为确保测设质量和进度,定线与导线测角应紧密配合,互相协作。作为后继作业的导线测角组,要注意领会选线意图,发现问题及时予以建议并修正补充,使之完善。

2. 分工及工作内容

导线测角组一般由4人组成,其中司仪1人,记录计算1人,插杆跑点1人,固桩1人。其主要工作内容如下:

(1)标定直线及修正点位

对于相互通视的交点,如果定线无误,就不存在点位修正问题,可以直接引用,当交点相距太远,或地形起伏较大,为了便于中桩组穿杆定向,测角组应用测量仪器在其间插设若干个导向桩,供中桩组穿线使用。

(2)测角计算

①测右角

路线测角一般规定为测右角(即前进方向右侧路线的夹角)。

右角按下式计算:

$$右角 = 后视读数 - 前视读数$$

当后视读数小于前视读数时,应将后视读数加上360°,然后再减去前视读数。

②计算转角

转角系指后视导线的延长线与前视导线的水平夹角,根据右角计算,如图7-1所示。

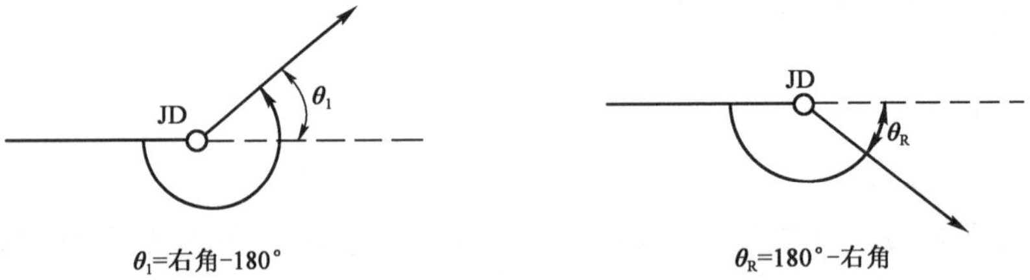

图7-1 路线转角的计算

(3)距离测量

距离测量通常多用红外测距仪或全站仪测定两相邻交点间的平距。当交点较远时,可利用其间转点分段测距的方法。如公路等级较低且无全站仪或红外测距仪时,可利用经纬仪进行视距测量,视距测量的方法和步骤详见《工程测量》(第四版)(书号:ISBN 978-7-114-12561-4,李仕东主编)。

(4)作分角桩

为便于中桩组敷设平曲线中点桩(QZ),在测角的同时需作转角的分角线方向桩。分角桩方向的水平度盘读数按下式计算:

$$分角读数=\frac{前视读数+后视读数}{2} \qquad (右转角)$$

$$分角读数=\frac{前视读数+后视读数}{2}+180^\circ \qquad (左转角)$$

(5)方位角观测与校核

观测磁方位角的目的是为了校核测角组测角的精度和展绘平面路线图时检查展线的精度。定测计算所得的磁方位角与观测磁方位角的校差不超过2°。

磁方位角每天至少应该观测一次(一般在出工时或收工时进行观测)。

假定路线起始边的磁方位角为θ_0,则任意导线边的磁方位角为:

$$\theta_n=\theta_0+\sum\Delta_R-\sum\Delta_L$$

即任意导线边的磁方位角等于起始边磁方位角加上从起始边到计算边的路线的所有右转转角再减去所有的左转转角。

(6)交点桩、转点桩的保护和固定

在测设过程中,为避免交点桩、转点桩的丢失及方便以后施工时寻找,在进行交点桩及转点桩的定测时必须对其加以固定和保护。

交点桩的保护,一般采用灌注水泥混凝土的办法进行。水泥混凝土的尺寸一般为深30~40cm,直径15~20cm或10~20cm。

固桩则是将交点桩与周围固定物(如房角、电杆、基岩、孤石等)上某一个不易破坏(损坏)的点联系起来,通过测定该点与交点桩的直线距离,将桩的位置确定下来,以便桩丢失时及时恢复该桩。

用作交点、转点桩固定的地物点应稳定可靠,各地物点与保护桩连接之间的夹角一般不宜小于90°,固定点个数一般应在2个以上,如图7-2所示。

固桩完毕后,应及时画出固桩草图,草图上应绘出路线前进方向、地物名称、距离等。以备将来编制路线固定表之用。

(三)中桩组

1. 任务

中桩组的主要任务是:根据选线组选定的交点位置、曲线半径、缓和曲线参数(或缓和曲线长度)及导线测角组所测得的路线转角,进行量距、钉桩、敷设曲线及桩号计算,并负责编制“直线、曲线及转角一览表”。

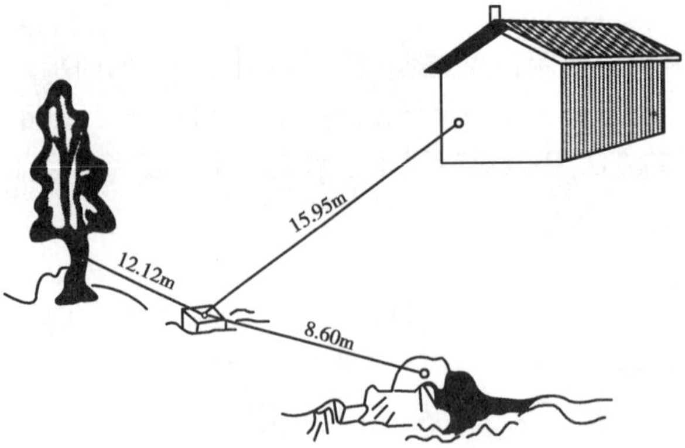

图 7-2 固桩示意图

2. 分工及工作内容

1)分工

中桩组作业内容较多,一般由 7 人组成,其中:

前点:1 人,负责寻找前方交点,并插前点花杆。

拉链:2 人,分别为前链手和后链手,其中后链手还负责指挥前链手进行穿线工作。

卡链:1 人,负责卡定路线中桩的具体位置。

记录及计算:1 人,负责进行桩号及敷设数据计算,并记录中桩编号,累计链距等工作。

写桩:1 人,负责中桩的具体书写工作。

背桩及打桩:1 人。

2)工作内容

(1)中线丈量

中线丈量是指丈量路线的里程,通常情况下把路线的起点作为零点,以后逐链累加计算。

量距应采用水平距离,量距时一般采用钢卷尺进行。公路等级较高时,最好采用光电测距仪和钢卷尺进行。

(2)中桩钉设

中桩钉设与中线丈量是同时进行的。

需要钉设的中桩包括:路线的起终点桩、公里桩、百米桩、平曲线控制桩(主点桩)、桥梁或隧道中轴线控制桩以及按桩距要求根据地形、地物、地质需要设置的加桩等。

直线路线上中桩的桩距一般为 20m,在平坦地段桩距一般为 50m。位于曲线上的中桩间距一般为:$R>50\text{m}$,桩距为 20m;$20\text{m}<R<50\text{m}$,桩距为 10m;$R<20\text{m}$,桩距为 5m。

此外,在下列地点应设加桩,加桩一般应设在整米上。

①路线范围内纵向与横向地形有显著变化处;

②与水渠、管道、电信线、电力线等交叉或干扰地段的起、终点;

③与既有公路、铁路、便道交叉处;

④病害地段的起、终点;

⑤拆迁建筑物处;

⑥占用耕地及经济林的起、终点;

⑦小桥涵中心及大、中桥和隧道的两端。

(3)写桩与钉桩

所有中桩应写明桩号,转点及曲线主点桩还应写桩名,桩志的尺寸见图7-3。为了便于找桩和避免漏桩,所有中桩应按0~9的循环序号在背面编号。中桩的书写常用红油漆或油笔。

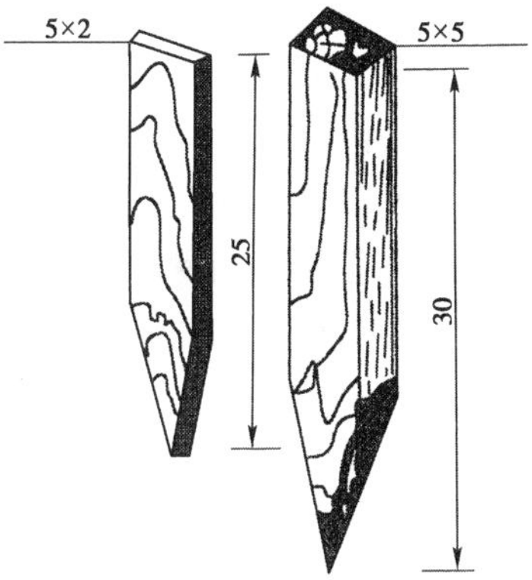

图7-3 桩志(尺寸单位:cm)

(4)断链及处理

在丈量过程中,出现桩号与实际里程不符的现象叫断链。断链的原因较多,但主要指两种:一种是由于计算和丈量发生错误造成的;另一种则是由于局部改线、分段测量等客观原因造成的。

断链有"长链"和"短链"之分,当路线桩号长于地面实际里程时叫短链,反之则叫长链。其桩号写法举例如下:

长链 K3+110=K3+105.21 长链4.79m

短链 K3+157=K3+207 短链50m

所有断链桩号应填在"总里程及断链桩号表"上,考虑断链桩号的影响,路线的总里程应为:

$$路线总里程=终点桩里程-起点桩里程+\sum长链-\sum短链$$

(四)水平组

1.任务

水平组的任务是对线路中线各中桩高程进行测量,并沿线设置水准点,为路线纵断面和横断面设计以及施工提供高程资料。

2.分工及工作内容

水平组通常由6人组成,分基平和中平两个组。基平测量主要是设置临时水准点并进行水准点高程的测量,中平测量主要对各中桩进行水准测量。

(1)水准点的设置

水准点的高程应引用国家水准点,并争取沿线联测,形成闭合线路。采用假定高程时,假定高程应尽量与实际接近,可借助于1:10 000或1:50 000地图进行假定。

水准点沿线布设,应有足够的数量,平原微丘区间距为1~2km,山岭重丘区间距为0.5~1.0km。在大桥、隧道、垭口及其大型构造物所在处应增设水准点。水准点应设在测设方便、牢固可靠的地点。设置的水准点应在记录本上绘出草图,并记录位置及所对应的路线的桩号,以便编制"水准点表"。

(2)基平测量

基平测量一般采用一组仪器,在两水准点间往返各观测一次,也可用两组仪器各作一次单程观测进行附合。水准点距定测中线应为50~200m,过小或过大应迁移设置。其测量精度为:①高等级公路容许闭合差,平原区为$\pm 20\sqrt{L}$mm(L的单位为km),山岭区为$\pm 6\sqrt{n}$(n为测站数);②低等级公路容许闭合差,平原区为$\pm 30\sqrt{L}$mm(L的单位为km),山岭区为$\pm 9\sqrt{n}$(n

为测站数);其中 L 为单程水准路线长度。如实测高程在容许的闭合差范围内,则取其平均值为两水准基点的高差,否则应重测,直到闭合为止。基平测量读数应精确到毫米(mm)。

(3)中平测量

中平测量一般采用单程法,用水准仪以相邻两水准基点为一测段,从前一水准点引测,并对测段范围所有路线中桩逐一测量其地面高程,然后附合到下一水准基点,如果与基平附合,即可计算测段内全部中桩地面高程,否则应重测。中平要求附合基平,精度为高速、一级公路 $\pm 30\sqrt{L}$mm,二级及二级以下公路 $\pm 50\sqrt{L}$mm。中桩高程的检测限差为:高速、一级公路 ±5cm,二级及二级以下公路 ±10cm。中平读数精度转点尺读至毫米(mm),中桩尺则读至厘米(cm)。

(五)横断面组

1. 任务

横断面组作业的主要任务是:在实地测量每个中桩在路线横向(法线方向)的地面起伏变化情况,并画出横断面的地面线。

路线横断面测量主要是为路基横断面设计、计算土石方数量及今后的施工放样提供资料。

2. 工作内容

1)横断面方向的确定

要进行横断面测量,必须首先确定横断面的方向。在直线路段,横断面的方向与路线垂直,而在曲线段,横断面的方向与该点处切线相垂直,即法线方向。

直线上的横断面方向,用方向架或经纬仪作垂线确定。曲线上的横断面方向,根据计算的弦偏角,用弯道求心方向架或经纬仪来确定。具体方法详见《工程测量》相关教材。

2)测量方法

横断面测量以中线地面点即中桩位置为直角坐标原点,分别沿断面方向向两侧施测地面各地形变化特征点间的相对平距和高差,由此点绘出横断面的地面线。

(1)常用施测方法

图 7-4 利用花杆直接测得平距和高差,称为抬杆法。

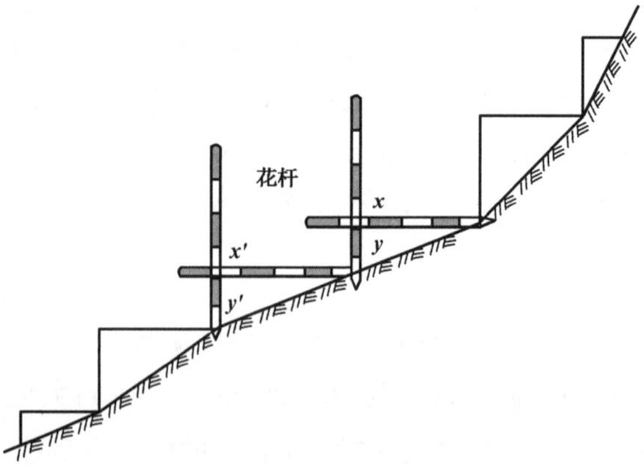

图 7-4 抬杆法

此法简便、易行，所以被经常采用。它适用于横向地面变化较多较大的地段，但由于测站较多，测量和积累误差较大。

手水准法与抬杆法相同，仅在测高差时用水平花杆测量，量距仍用皮尺，如图7-5所示。与抬杆法相比，此法精度较高，但不如抬杆法简便，一般多适用于横坡较缓的地段。

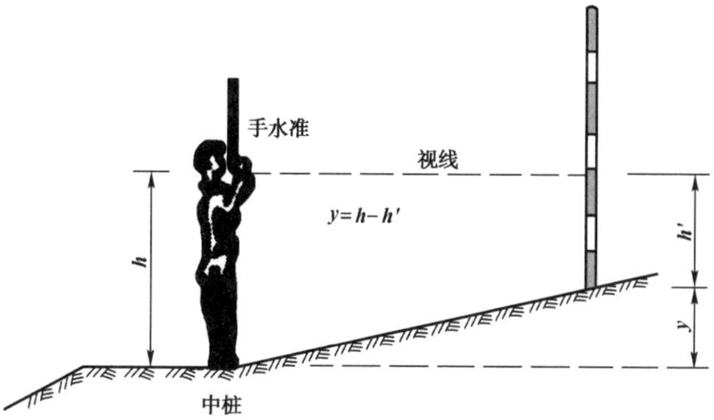

图7-5 手水准法

(2)特殊断面的施测方法

在不良地质地段需作大断面图时，可用经纬仪作视距测量和三角高程测量施测断面。对于一些陡崖地段，如图7-6所示，可用交会法，已定A、B点，用经纬仪或带角手水准测出α_A、α_B并丈量L，图解交会出C点，交会时交角不宜太小，距离L应有足够的长度。

对于深沟路段可用钓鱼法施测，如图7-7所示。

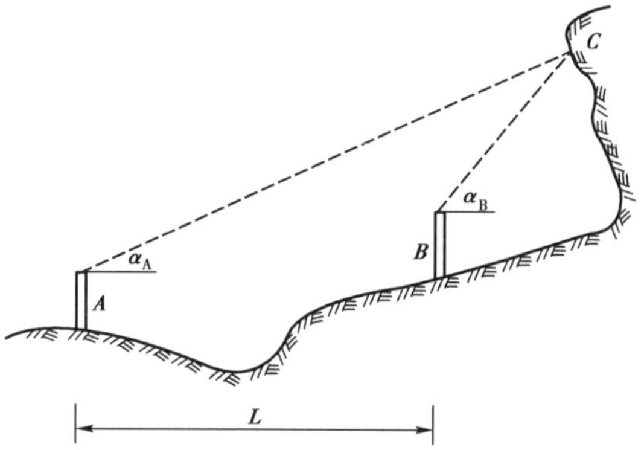

图7-6 交会法

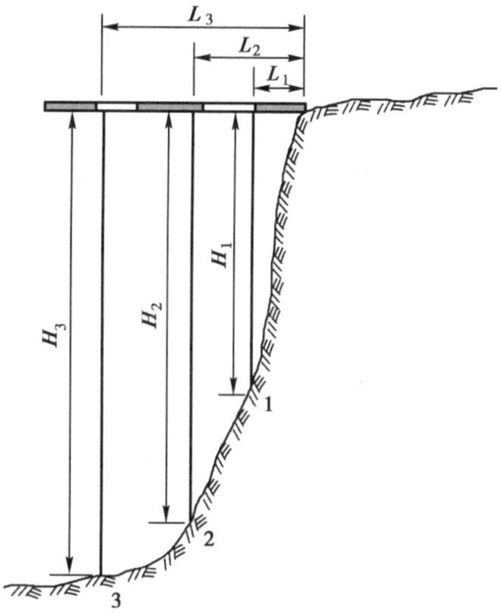

图7-7 钓鱼法

对于高等级公路，应采用经纬仪皮尺法、经纬仪视距法等方法施测。

(3)横断面图的点绘

横断面图的点绘，一般采用现场一边记录一边点绘的方法。其优点是：点绘出的断面图能及时核对，消除差错。点绘的方法是：以中桩点为中心，分左右两侧，按测得的各侧相邻地形特征点之间的平距与高差或倾角与斜距等逐一将各特征点点绘在横断面图上,各点连线即构成横断面地面线。

当现场无绘图条件时,也可采用现场记录、室内整理绘图的方法,其记录的方式见表7-4。点绘断面是按由下方到上方,再从左侧到右侧的原则安排断面位置。绘图的比例一般为1:200,对有特殊情况需要的断面可采用1:100,每个断面的地物情况应用文字在适当位置进行简要说明,如图7-8所示。

横断面记录格式 表7-4

左 侧	桩 号	右 侧
$\cdots\frac{+0.2}{1.6}\ \frac{+0.4}{2.2}\ \frac{0}{1.7}\ \frac{-0.7}{2.0}$ …	K1+240 K1+260	$\frac{+1.0}{1.5}\ \frac{+0.3}{2.0}\ \frac{+1.3}{1.8}\ \frac{+1.6}{2.0}$ …

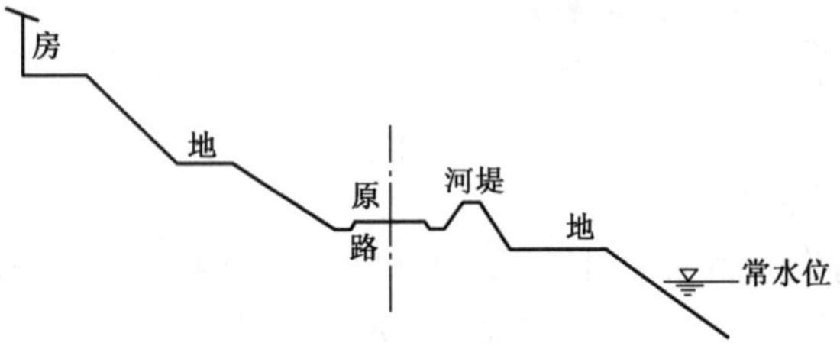

图7-8 横断面图

(4)测量精度及测图范围

横断面的检测应用高精度方法进行,其限差规定如下:

①高速公路、一级公路

高程:$\pm\left(\frac{h}{100}+\frac{l}{200}+0.1\right)\text{m}$

水平距离:$\pm\left(\frac{l}{100}+0.1\right)\text{m}$

②二~四级公路

高程:$\pm\left(\frac{h}{50}+\frac{l}{100}+0.1\right)\text{m}$

水平距离:$\pm\left(\frac{l}{50}+0.1\right)\text{m}$

式中:h——检测点与路线中桩的高差,m;

l——检测点到路线中桩的水平距离,m。

横断面的测量范围,应根据地形、地质、地物及设计需要确定,一般要求中线左右宽度不小于20m。在回头曲线有干扰处,应连通施测。

(六)地形组

平面地形图是设计文件中主要的图纸之一,地形测量的方法见《工程测量》相关教材,本节着重介绍公路测量地形测量的任务与要求。

1. 任务

地形组的任务就是根据设计的需要，按一定比例测绘出沿线一定宽度范围内的带状地形图（或局部范围的专用地形图），供设计和施工使用。

地形图分为路线地形图和工点地形图两种。路线地形图是以导线（或路线）为依据的带状地形图，主要供纸上定线或路线设计之用。工点地形图是利用导线（或路线）或与其取得联系的支导线，为特殊工程（如大、中桥，隧道及复杂排水、防护、改河、交叉口等工程）进行测量的专用地形图。

2. 测设要求

(1) 比例及范围

路线地形图常采用比例尺为 1∶2 000，测绘宽度两侧各为 100 ~ 200m；对于地物、地貌简单、地势平坦的地区，比例尺可采用 1∶5 000，测绘宽度每侧不应小于 250m。

(2) 等高距

规定如下：

比例 1∶500　0.5m，1.0m

比例 1∶1 000　1.0m

比例 1∶2 000　1.0m，2.0m

比例 1∶5 000　2.0m，5.0m

(七) 调查组

1. 任务

调查组的工作主要是根据测设任务的要求，通过对公路所经地区的自然条件和技术经济条件进行调查，为公路选线和内业设计收集原始资料。

2. 分工及调查内容

调查的主要内容有：工程地质情况、筑路材料料场情况、桥涵情况、预算资料及杂项情况等。对于旧路改建，还应对原路路况进行调查。调查组可由 2 ~ 3 人组成，综合调查组也可分小组同时调查。

1) 工程地质调查

工程地质资料是公路设计的重要资料，通过调查、观测和必要的勘探、试验，进一步掌握与评价路线通过地带的工程地质和水文地质情况，为正确选定路线位置，合理进行纵坡、路基、路面、小桥涵及其他构造物的设计提供充分的工程地质依据。

工程地质调查的主要内容有：

(1) 路线方面。

①在工程地质复杂和工程艰巨地段，会同选线人员研究路线布设及所采取的工程措施；

②调查沿线范围的地貌单元和地貌特征、地质构造、岩石、水文地质、植被、土壤种类、地面径流及不良地质现象情况，并分段进行工程地质评价；

③分段测绘代表性工程地质横断面，标明土、石分类界限，并划分土、石等级；

④调查气象、地震及施工、养护经验等资料；

⑤编写道路地质说明书。

(2)路基方面。

①调查分析自然山坡或路基边坡的稳定状况,根据地质构造、岩性及风化破碎程度以及其他影响边坡稳定的因素,提出路堑边坡防护加固措施;

②对于沿溪线,应查明河流的形态、水文条件、河岸的地貌和地质特征、河岸稳定情况、受冲刷程度等,进而提出防护类型、长度及基础埋置深度等意见;

③进行路基坡面及支挡构造物调查,提出路基土壤分类和水文地带类型。

(3)路面方面。

①收集有关气象资料,研究地貌条件,划分路段的道路气候分区,并提出土基回弹模量建议值,供路面设计时采用;

②调查当地常用路面结构类型和经验厚度。

(4)特殊不良地质地区,如对黄土、盐渍土、沙漠、沼泽以及滑坡、崩塌、岩溶、泥石流等的综合性地质调查与观测,为制订防治措施提供资料。

2)筑路材料料场调查

筑路材料质量、数量及运距,直接影响工程的质量和造价。进行筑路材料调查的任务就是根据适用、经济和就地取材的原则,对沿线料场的分布情况进行广泛调查,以探明数量、质量及开采条件,为施工提供符合要求的料场。主要调查以下三方面内容:

(1)料场使用条件调查:主要对自采加工材料(如块石、片石、料石、砾石、砂、黏土料源)的质量和数量进行勘探,以必要的取样试验决定料场的开采价值。

(2)料场开采条件调查:主要对矿层的产状条件、水文地质条件、开采季节、工作面大小、废土堆置场地等方面进行调查。

(3)运输条件调查。

3)预算资料调查

施工预算是公路设计文件的重要组成部分,进行预算资料调查的目的就是要为编制施工预算提供资料。调查应按《公路工程基本建设项目概算预算编制办法》(JTG B06—2007)的有关规定进行。调查的主要内容有:

(1)施工组织形式调查:主要调查施工单位的组织形式、机械化程度和生产能力以及施工企业的等级等。当施工单位不明确时,应由建设单位提供上述可能的情况及编制原则。

(2)工资标准:包括工人基本工资标准和工资性津贴(附加工资、粮价补贴、副食补贴)、其他地区性津贴及工人工资计算办法等的调查。

(3)调拨或外购材料及交通运输调查:包括材料的出厂价格、可能发生的包装费和手续费、可能供应数量、运输方式、运距、中转情况、运输能力、运杂费(包括运费、装卸费,以及囤存、过渡、过磅等费用),以及水、电价格等内容。

(4)征用土地和拆迁补偿费:按国务院公布的《国家建设征用土地条例》和当地政府有关补偿费用标准和办法执行。

(5)施工机构迁移和主、副食运费补贴调查。

(6)气温、雨量、施工季节调查。

(7)其他可能费用资料调查。

4)杂项调查

杂项调查主要是指占地、拆迁及有关项目的情况和数量调查,为编制设计文件的杂项表格提供资料。主要内容有:

(1)占用土地的测绘和调查。

(2)拆迁建筑物、构造物(包括水井、坟墓等)调查。

(3)拆迁管线、电力、电信设施调查。

(4)排水、防护、改河以及临时工程(便道、便桥等)的调查。

(八)桥涵组

1.任务

小桥涵调查的主要任务是:调查与搜集沿线小桥涵水文、地质、地形资料,配合路线总体布设,进行实地勘测,提供小桥涵及其他排水构造物的技术要求,研究决定小桥涵的位置、结构形式、孔径大小以及上下游的防护处理等。

2.工作内容

(1)桥涵水文资料调查

水文资料调查的目的在于提供为确定设计流量和孔径所必需的资料。调查内容应采用水文计算的方法确定。其方法有形态调查法、径流形成法、直接类比法。当跨径在1.5m以下时,可不进行孔径计算,通过实地勘测,用目估法确定孔径。

(2)小桥涵位置的选定及测量

小桥涵的位置,原则上应服从路线走向,通常情况下是由选线组根据最佳路线位置确定的。但是,桥涵如何布置,则由测量人员根据实地地形、地质、水文条件综合考虑,然后进行桥址或涵址测量。

(3)桥涵结构类型的确定

小桥涵类型的选择,应结合路线的等级和性质,根据适用、经济和就地取材的原则,结合其他情况综合考虑,使所选定的形式具有施工快、造价低、便于行车和利于养护的优点。

(4)小桥涵地质调查

小桥涵地质调查的目的在于明确桥涵基底工程地质及水文地质情况,为正确选定桥涵及附属构造物的基础埋深及有关尺寸、类型等提供资料。调查的内容包括:基底土壤地质类型及特征、有无地质不良情况、土壤结冰深度及水文地质对基础和施工的影响等。

(九)内业组

定测内业工作的复核、检查、整理外业资料和图表制作、汇总等要求,与初测内业工作要求相同。

定测内业工作应及时进行路线设计和局部方案的取舍工作,外业期间宜作出全部路基横断面设计,并结合沿线构造物的布设,逐段综合检查所定公路线位的技术经济合理性,同时应进行必要的现场核对。

思考题与习题

1. 什么是公路初测？初测的外业工作的主要任务是什么？
2. 初测工作结束后应提交哪些成果？
3. 什么是公路定测？定测的外业工作的主要任务是什么？
4. 水准点的设置有何要求？
5. 什么叫断链？产生断链的原因是什么？

第八章
CHAPTER EIGHT

公路交叉设计

本章学习要点

本章重点讲述公路与公路、管线交叉的形式及各种形式平面交叉、立体交叉的适用范围。通过学习要求学生能够掌握平面交叉的设计内容与设计方法,立体交叉图形识别。

在公路网中,公路与公路、管线纵横交错,形成交叉。相交公路在同一平面上的交叉称为平面交叉,交叉的地方称交叉口,相交的公路分别在不同平面上的交叉称立体交叉。

第一节 公路交叉口分析

在平面交叉口上,由于不同方向的车流和行人互相影响干扰,不但会降低车速、阻滞交通、降低通行能力,而且容易发生交通事故。平面交叉口是公路的重要组成部分,是公路交通的咽喉部位,它直接影响到公路的使用质量,所以必须予以足够的重视。公路的交叉规划和设计,必须符合安全、经济、合理、舒适和美观的要求。

一、平面交叉口的交通分析

各车流驶入交叉口后,以直行、右转弯或左转弯的方式,汇入欲行驶方向的车流后再驶离交叉口。由于行驶方向的不同,车辆间的交错就有所不同。当行车方向互相交叉时(此时一般行车路线的交角大于45°),两车可能发生碰撞,这些地点称为冲突点;当来向不同而汇驶同一方向时(此时一般行车路线的交角小于45°),两车可能发生挤撞,这些地点称为合流点。显然,交叉口的冲突点和合流点是危及行车安全和发生交通事故的地点,统称危险点。其中,冲突点的影响和危害程度比合流点大得多。因此,设计交叉口时,应尽量消除、减少冲突点,或采用渠化交通等方法,把冲突点限制在较小的范围内。公路与公路平面交叉的冲突点和合流点的分布如图8-1所示。

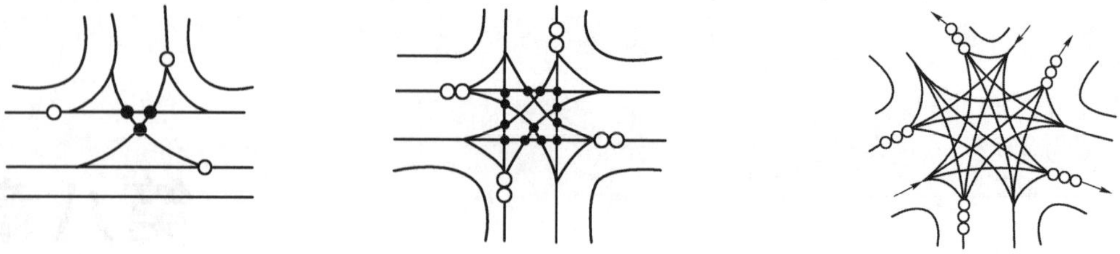

a) b) c)

图 8-1 平面交叉口的危险点
a)三路交叉;b)四路交叉;c)五路交叉

注:1."•"为冲突点,"○"为合流点。

2. 图 c)中的"冲突点"较多,图中未一一用"•"示出。

分析图 8-1 后可知:

(1)交叉口危险点的多少,视交叉口相交路线的数量和形式而异,且随相交路线数量的增加而显著增加。如图 8-1 中:a)为三路相交的交叉口,有 3 个冲突点、3 个合流点;b)为四路十字形交叉口,有 16 个冲突点、8 个合流点;c)为五路交叉口,有 50 个冲突点、15 个合流点。因此,在规划设计交叉口时,除特殊情况外,交会的岔路不得多于 4 条,并采用合理的交叉口布置形式,以简化交通,减少危险点。

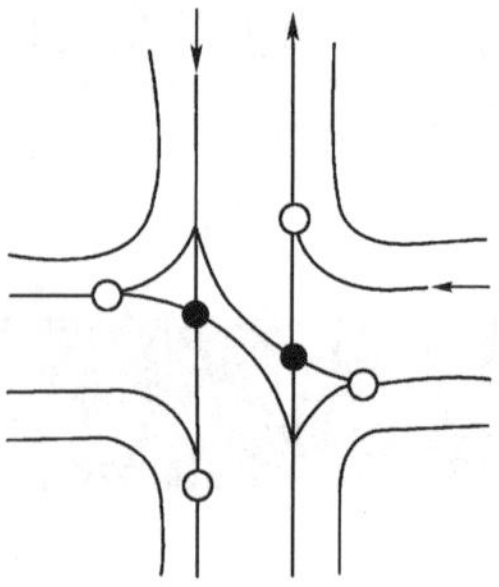

图 8-2 交通管制后的危险点

(2)产生冲突点最多的是左转弯车辆。如图 8-1b)中,如果没有左转车辆,则冲突点就由 16 个减少为 4 个;又如图 8-2 所示,同样是四路十字形交叉口,如果采用信号灯或交通警察指挥等交通管制后,冲突点即减少为 2 个、合流点减少为 4 个。因此,在交叉设计中,如何处理和组织左转弯车辆,采取必要的交通管制措施,是保证交叉口交通安全和畅通的关键之一。

二、减少或消灭冲突点的措施

减少或消灭冲突点的措施有如下几种:

(1)建立交通管制。如装设交通信号灯或由交通警察指挥交通,使直行车和左转弯车的通行时间错开。

(2)采用渠化交通。如适当布置交通岛限制行车路线,使车流按一定组织方式通过交叉口,可把冲突点限制在一定范围内;又如采用环形交叉(俗称转盘),使进入交叉口后的车辆按逆时针方向环绕中心岛作单向行驶,至所要去的路口驶出,均以同一方向循序前进,从而消灭了交叉口的冲突点。

(3)创建立体交叉。将相互冲突的车流分别设在不同高程的车道上行驶,使其互不干扰,这是彻底解决交叉口交通问题的办法。但立体交叉造价高,有的立体交叉仍有平面交叉问题,所以不能随意采用立体交叉。

为了交通安全,应在交叉口前设置交叉的标志牌,使驾驶员有心理准备;同时,交叉口处应具有足够视距,使驾驶员能看到各方向来车情况,以便及时采取措施。

为确保交叉口过往行人的安全和减少行人对交通的影响和干扰，除加强交通法规的宣传教育外，必要时应在交叉口设置人行横道和其他交通安全设施。

第二节 公路平面交叉

一、交叉口设计的基本要求和任务

1. 基本要求

(1) 在确保安全的前提下，使车辆和行人在交叉口能以最短的时间顺利通过。

(2) 正确设计交叉口立面，保证交叉口范围内的地面水迅速排除。

2. 设计任务

(1) 正确选择交叉口形式，合理确定各组成部分的尺寸。

(2) 确定必须保证的行车视距，从而确定交叉口的视距范围。

(3) 立面布置需符合行车和排水的要求。

(4) 处理好主要公路与次要公路的关系。主要公路与次要公路交叉时，平、纵线形要全盘考虑、相互配合，使各自能符合有关技术标准的要求，但一般应首先保证主要公路线形的舒顺、平缓。

(5) 正确合理地进行交通组织和交通管制，设置必要的相关设施，将几何设计与标志、标线和信号设施等一并考虑，统筹布设。

(6) 根据交叉口处行人流量、公路等级和交通管理方式，合理布设人行横道、人行天桥、人行通道等。

综上所述，平面交叉的规划与设计，应根据交通量、设计速度、交通组成、车流分布和行人通行情况，并结合该地区的公路网现状、规划、地形地质条件、经济环境等因素，综合考虑进行设计。对于改建公路，还应调查交通延误、交通事故等情况，有针对性地进行改建设计。

二、平面交叉的技术要求

(1) 各级公路之间相互交叉时，平面交通设置应符合表 8-1 的规定。

平面交叉的设置要求 表 8-1

被交叉公路	公路主线				
	一级公路(干线)	一级公路(集散)	二级公路(干线)	二级公路(集散)	三、四级公路
一级公路(干线)	严格限制	—	—	—	—
一级公路(集散)	严格限制	限制	—	—	—
二级公路(干线)	严格限制	限制	限制	—	—
二级公路(集散)	严格限制	限制	限制	允许	—
三、四级公路	严格限制	限制	限制	允许	允许

(2)平面交叉范围内两相交公路应正交或接近正交,平面线形宜为直线或大半径曲线,不宜采用需设超高的圆曲线。若路线交叉为斜交时,则其锐角应不小于70°,受地形条件或特殊情况限制时,应大于45°。同一位置平面交叉岔数不宜多于4条。

(3)平面交叉范围内,两相交公路的纵面宜平缓,纵面线形应满足停车视距的要求。

(4)二级及二级以上公路的平面交叉必须进行渠化设计;三级公路的平面交叉应进行渠化设计;四级公路的平面交叉宜进行渠化设计。渠化设计应根据交叉形式、交通管理方式以及转向交通量、设计速度等因素,采用加辅转角、加宽路口、设置转弯车道和交通岛等方式。

(5)平面交叉的形式应根据相交公路的功能、技术等级、交通量、交通管理方式,并结合用地条件和工程造价等因素来选定。

(6)平面交叉的间距应根据公路功能、技术等级及其对行车安全、通行能力和交通延误的影响确定。一、二级公路的平面交叉最小间距应符合表8-2的规定。

平面交叉最小间距　　表8-2

公路技术等级	一级公路			二级公路	
	干线公路		集散公路	干线公路	集散公路
	一般值	最小值			
间距(m)	2 000	1 000	500	500	300

(7)平面交叉的设计,应以预测的交通量为基本依据。设计所采用的交通量应为设计小时交通量。

(8)远期拟建成立体交叉的平面交叉口,近期设计应将平面交叉与立体交叉进行总体设计,以便将来改建。

(9)平面交叉的交通管制分为主路优先交叉、无优先交叉和信号交叉三种方式。当两条相交公路功能、等级、交通量有明显差别时,应采用主路优先交叉。当相交的两条公路或多条交叉岔路的等级均低且交通量较小时,应采用无优先交叉交通管理方式。当出现以下情况时可采用信号交叉:两条交通量均大,且功能、等级相同的公路相交;主、次公路相交但交通量均较大;主要公路交通量相当大;有相当数量的行人和非机动车穿越交叉;环形交叉的入口因交通量大而出现过多的交通延误时;位于城镇路段的平面交叉。

(10)平面交叉范围内主要公路的设计速度,宜与路段设计速度相同。当相交公路等级相同或交通量相近时,平面交叉范围内,直行车道的设计速度可适当降低,但不应低于路段的70%。平面交叉右转弯车道的设计速度不宜大于40km/h。

三、平面交叉的类型和适用范围

平面交叉口的形式设计得合理与否,直接影响到投资和使用价值的高低,所以应切合实际地考虑远期的需要和近期的可能两方面因素,选择合理的方案。平面交叉按构造组成分为渠化交叉和非渠化交叉;按几何形状分为T形、十字形和环形交叉。

1. 非渠化平面交叉

四级公路的平面交叉交通量较小时,可采用非渠化交叉设计。

当转弯交通量较小时,可采用图8-3a)所示的非加宽T形交叉。当转弯交通量较大且会导致直行车辆的过分减速时,应采用加宽式T形交叉。主要公路右转弯交通量较大者,可采用图8-3b)的形式;左转弯交通量较大者,可采用图8-3c)的形式。十字交叉,可采用图8-3d)或e)的形式。

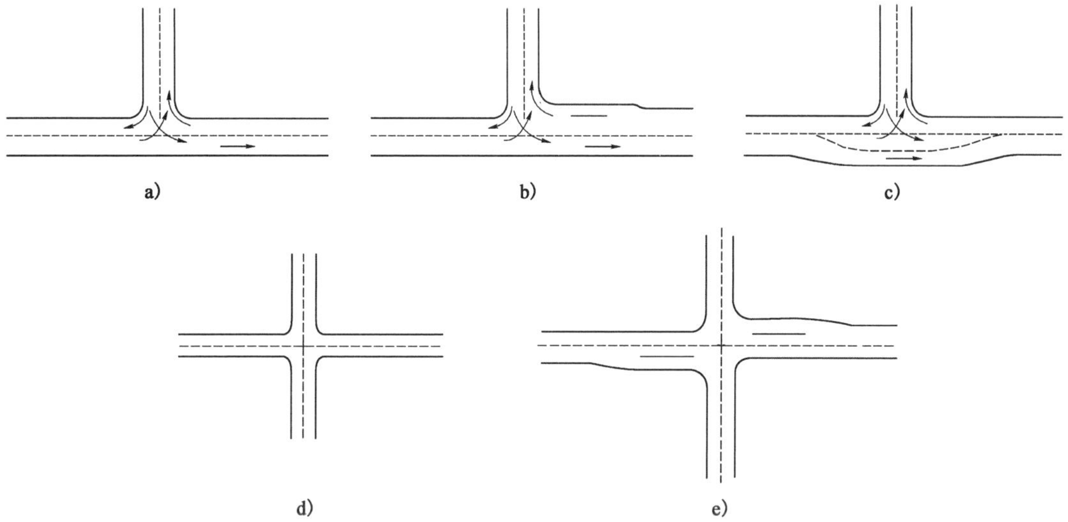

图8-3 非渠化交叉

a)非加宽T形交叉;b)加宽式T形交叉(增辟减速车道);c)加宽式T形交叉(增辟左转减速车道);d)非加宽十字交叉;e)加宽式十字交叉

2. 渠化平面交叉

三级及三级以上公路的平面交叉应做渠化设计,以分隔岛、导流岛来指定各向车流行径。

(1)主要公路为二级公路的T形交叉,当直行交通量不大,而与次要公路间的转弯交通量占相当比例时,可采用图8-4a)的形式,只在次要公路上设分隔岛的渠化T形交叉。当主要公路的直行交通量较大时,则采用图8-4b)所示的在主要公路和次要公路上均设分隔岛的渠化T形交叉。

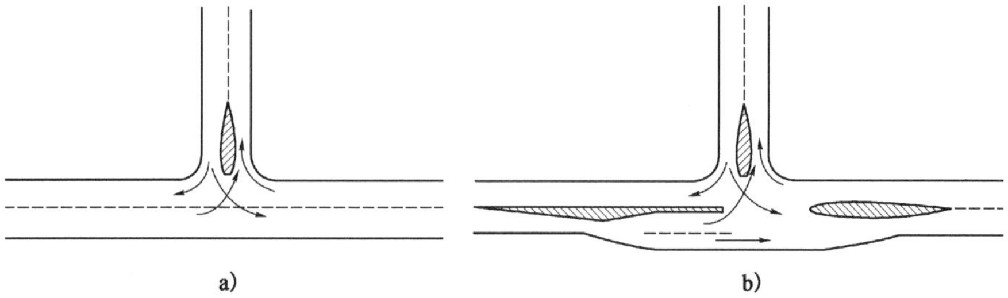

图8-4 只设分隔岛的渠化T形交叉

(2)主要公路为四车道公路,或设计速度≥60km/h,且有相当比例转弯交通量的二级公路,或是与互通式立体交叉直接沟通的双车道公路的T形交叉,应采用图8-5所示的设置导流岛的渠化T形交叉。

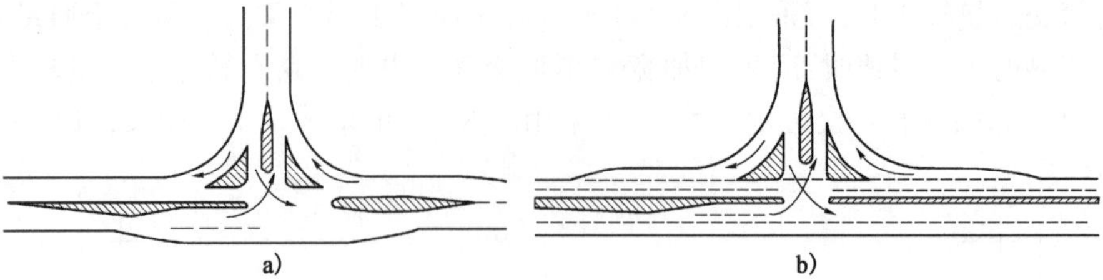

图 8-5 设置导流岛的渠化 T 形交叉

(3)主要公路为四车道公路以及设计速度为 80km/h 的双车道公路,或虽然设计速度为 60km/h,但属区域干线的双车道公路,其上的十字交叉应采用图 8-6 所示的渠化十字交叉。

3. 环形交叉

环形交叉适用于交通量适中,经过验算后出、入口间的距离能满足交织长度的要求,或按"入口让路"规则设计能满足交通量需要的 3 ~5 岔的交叉。

(1)环形交叉宜采用图 8-7 所示的适应"入口让路"的行驶规则的形式。

(2)"入口让路"环形交叉适用于一条四车道公路和一条双车道公路相交的交叉,以及两条高峰小时不明显的四车道公路相交的交叉。

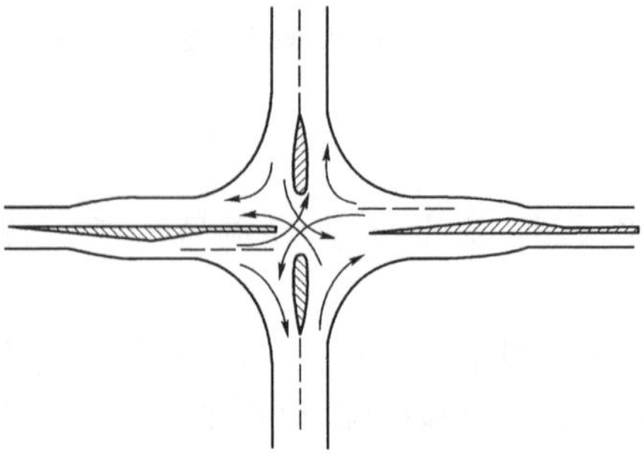

图 8-6 渠化十字交叉

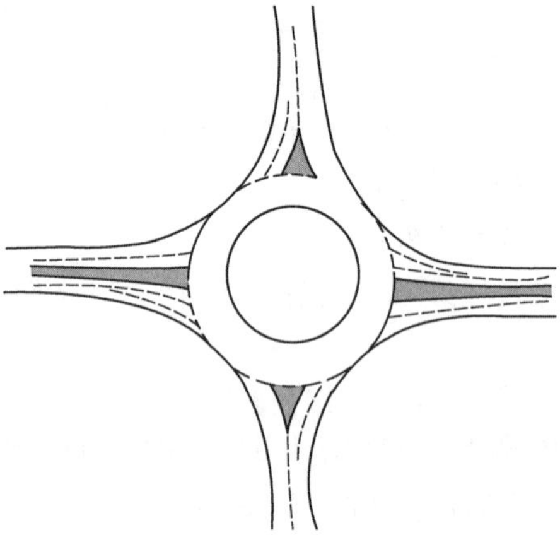

图 8-7 "入口让路"环形交叉

四、平面交叉的勘测设计要点

1. 勘测要点

(1)搜集原有公路的等级、交通量、交通性质、交通组成、交通流向等资料和远景规划。

(2)根据地形和其他自然条件以及掌握的资料,按照有关规定,拟定交叉形式。

(3)选定交叉位置和确定交叉点,使各相交路线在平、纵、横方面都有较好的衔接。通常交叉点设在原有公路的中心线上或中心线的延长线上。

(4)测量交叉角、中线、纵断面和横断面。

(5)当地形和交叉口较复杂时,为更合理地选定交叉口的位置和形式,并便于排水,应详测地形图,以便做平面交叉竖向设计,其比例尺采用 1∶500 ~1∶1 000。

2. 设计要点

(1)平面线形

①平面交叉范围内两相交公路应正交或接近正交,且平面线形宜为直线或大半径曲线,尽量避免采用需设超高的曲线半径。

②新建公路与等级较低的既有公路斜交时,应对次要公路在交叉前后一定范围内作局部改线,使交叉的角度大于45°。

(2)纵面线形

①平面交叉范围内,两相交公路的纵面应尽量平缓。纵面线形应大于最小停车视距要求。

②主要公路在交叉范围内的纵坡应在0.15% ~3.0%的范围内;次要公路上紧接交叉的部分引道以0.5% ~2.0%的上坡通往交叉,而且此坡段至主要公路的路缘至少25m,如图8-8所示。

③主要公路在交叉范围内是超高曲线的情况下,次要公路的纵坡应服从主要公路的横坡。

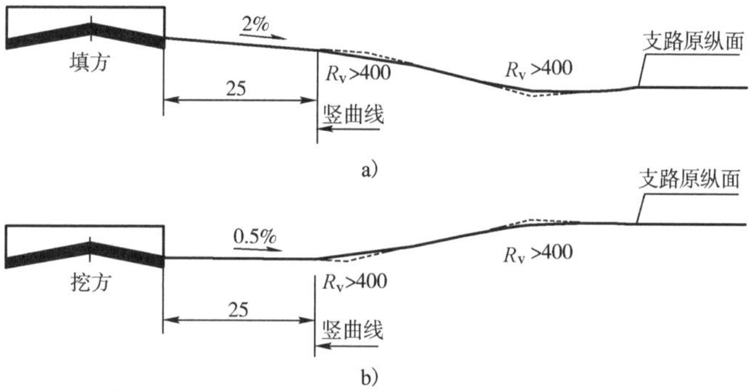

图8-8 次要公路引道纵坡(尺寸单位:m)

(3)视距

①引道视距

每条岔道和转弯车道上都应提供与行驶速度相适应的引道视距,如图8-9所示。引道视距在数值上等于停车视距,但量取标准为:眼高1.2m,物高0。各种设计速度所对应的引道视距及凸形竖曲线的最小半径规定如表8-3所示。

引道视距及相应的凸形竖曲线最小半径 表8-3

设计速度(km/h)	100	80	60	40	30	20
引道视距(m)	160	110	75	40	30	20
凸形竖曲线最小半径(m)	10 700	5 100	2 400	700	400	200

②通视三角区

两相交公路间,由各自停车视距所组成的三角区内不得存在任何有碍通视的物体,如图8-10所示。

若条件受限制,不能保证通视三角区时,可降低要求保证主要公路的安全交叉停车视距(表8-4)和次要公路至主要公路边车道中心线5 ~7m所组成的通视三角区,如图8-11所示。

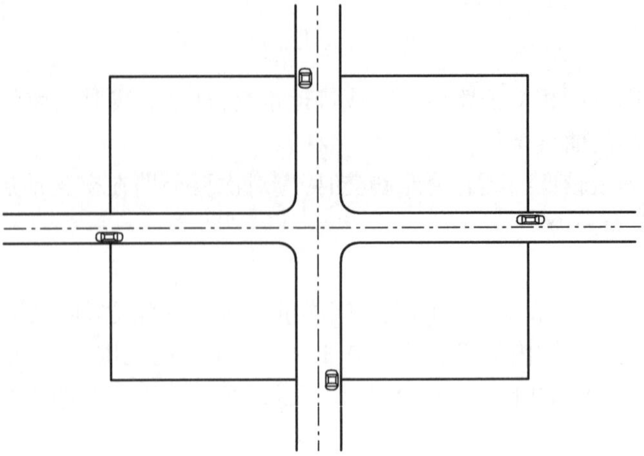

图 8-9　引道视距

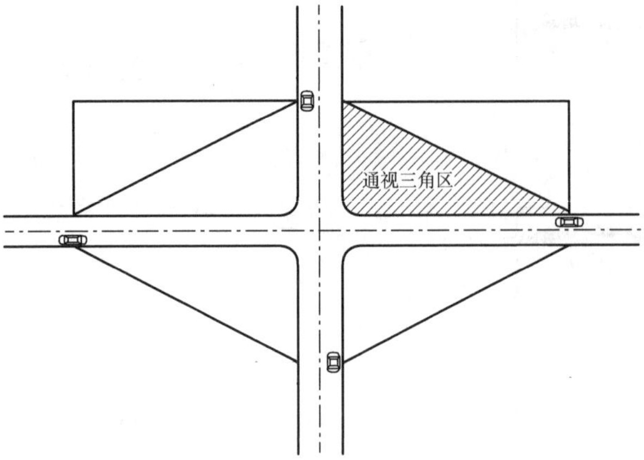

图 8-10　通视三角区

安全交叉停车视距　　表 8-4

设计速度(km/h)	100	80	60	40	30	20
停车视距(m)	160	110	75	40	30	20
安全交叉停车视距(m)	250	175	115	70	55	35

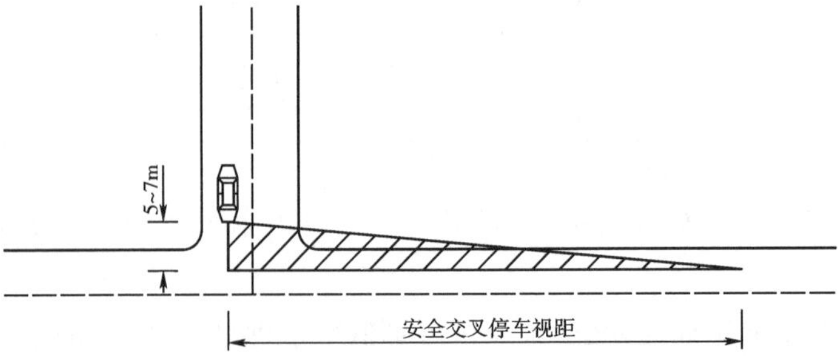

图 8-11　安全交叉停车视距通视三角区

(4)立面设计

平面交叉处两相交公路共有部分的立面形式及其引道横坡,应根据两相交公路的相对功能地位、平纵线形以及交通管理方式等因素而定。

①采用“主路优先”交通管理方式的交叉,应使主要公路的横断面贯穿交叉,而调整次要公路的纵断面以适应主要公路的横断面;当调整纵断面有困难时,应同时调整两公路的横断面。

②主要公路设超高曲线时,应根据次要公路纵断面的不同情况处理立面。

③交叉范围内的路面排水设计应作为立面设计的主要考虑因素之一。

(5)平面交叉范围内设置的附加车道有变速车道和转弯车道

其设计要点和有关规定详见《公路路线设计规范》(JTG D20—2017)。

(6)改建旧平面交叉

这种情况可采用增设车道、完善渠化、增加行人和非机动车横穿设施、改为立体交叉等方法。

3. 平面交叉基本设计成果

(1)平面交叉口平面布置图:比例尺用1∶500～1∶1 000;图中示出路中心线和路面边缘线,注明交叉点,各岔道起终点,加桩、控制断面的位置和桩号,并列出平曲线要素表;图中还应标出各控制断面的宽度、横坡度和两侧路面边缘设计高程,并注明交叉口处各坡段的纵坡等。

(2)纵、横断面图:除横断面图可用1∶100～1∶200比例尺外,其余要求与一般路线设计的相同。

(3)交叉口地形图和竖向设计图,以及交叉口的工程数量等资料。

第三节 公路立体交叉

一、主要设计内容与一般要求

高等级公路相交或交通量过大而平面交叉无法适应时,或是行车速度高、地形条件适合做成立体交叉,从经济上考虑又合理时,均可以考虑用立体交叉。立体交叉分互通式和分离式两种。相交公路通过跨线桥、匝道等连接上、下线的立体交叉称互通式立体交叉;相交公路通过跨线桥,但不能直接连接的立体交叉称分离式立体交叉。

(1)高速公路和其他各级公路交叉时,必须采用立体交叉。交叉形式除在控制出入的地方设互通式立体交叉外,均采用分离式立体交叉。互通式立体交叉的形式、设置的间距及加(减)速车道、匝道的设计,应根据有关规定及具体情况确定。

(2)一级公路与交通量较大的公路交叉时,应采用立体交叉。交叉形式可根据具体情况采用互通式或分离式立体交叉。

(3)二、三级公路间的交叉,直行交通量大时或在有条件的地点,宜采用立体交叉。

1. 互通式立体交叉设计

确定互通式立体交叉位置时,应综合考虑公路网现状和规划情况,将其设在公路线形指标良好,地形、地质和环境条件有利的位置。高速公路上相邻互通式立体交叉的间距不宜大于30km,最小间距不宜小于4km。若因路网结构或其他特殊原因所限,则两互通立体交叉之间应保持1 000m极限最小净间距。

(1)互通式立体交叉按其功能不同,可分为枢纽互通式立体交叉和一般互通式立体交叉。枢纽互通式立体交叉一般为高速公路间或高速公路与具干线功能的一级公路间的交叉,其匝道无收费站等设施,且应保证所有交通流无交叉冲突;一般互通式立体交叉为除枢纽互通式立体交叉之外的其他互通式立体交叉,一般用于高速公路或一级公路间及其与其他公路之间的交叉,允许在匝道上设置收费站和出入口外采用平面交叉。

(2)互通式立体交叉按几何形状可分为T形、Y形和十字形三种,如图8-12~图8-14所示。

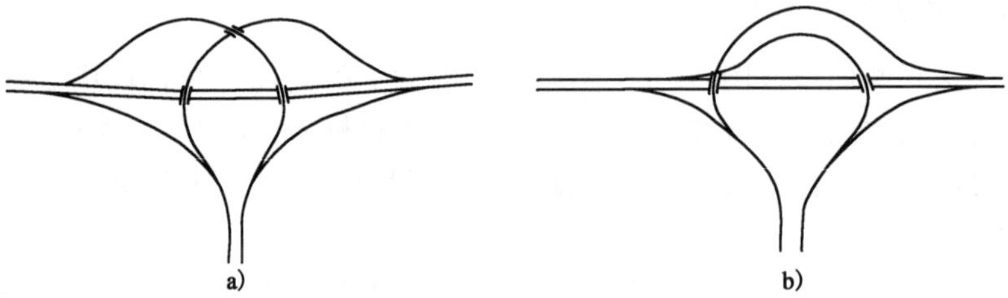

图8-12　T形互通式立体交叉

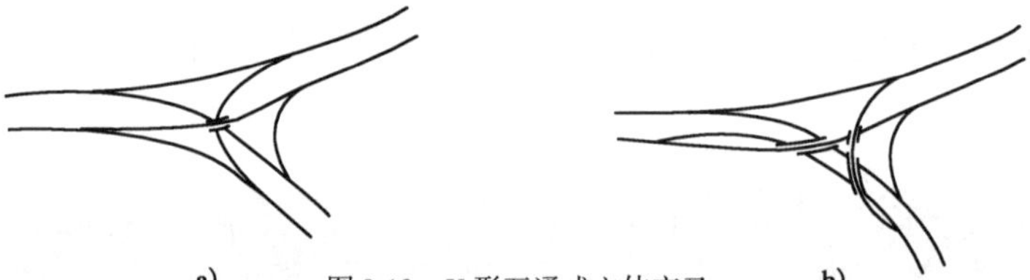

a)　图8-13　Y形互通式立体交叉　b)

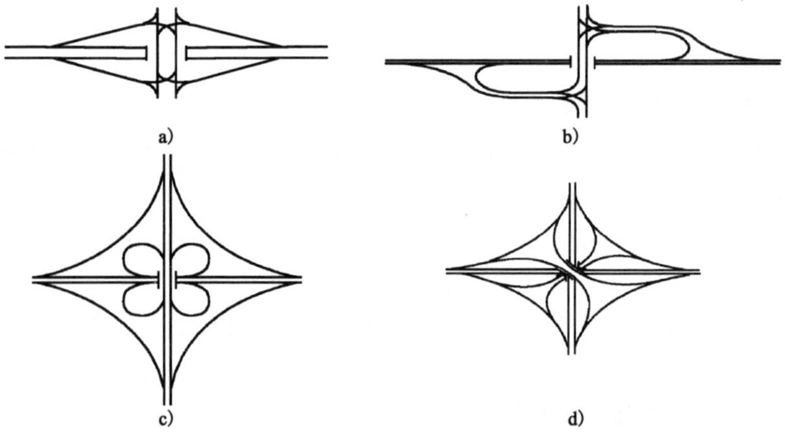

图8-14　十字形互通式立体交叉

a)菱形立体交叉;b)半苜蓿叶形立体交叉;c)苜蓿叶形立体交叉;d)直连式立体交叉

（3）互通式立体交叉范围内主线线形的主要技术指标见表 8-5。

互通式立体交叉范围内主线线形的主要技术指标 表 8-5

<table>
<tr><td colspan="3">设计速度（km/h）</td><td>120</td><td>100</td><td>80</td><td>60</td></tr>
<tr><td colspan="2" rowspan="2">最小平曲线半径（m）</td><td>一般值</td><td>2 000</td><td>1 500</td><td>1 100</td><td>500</td></tr>
<tr><td>极限值</td><td>1 500</td><td>1 000</td><td>700</td><td>350</td></tr>
<tr><td rowspan="4">最小竖曲线半径（m）</td><td rowspan="2">凸形</td><td>一般值</td><td>45 000</td><td>25 000</td><td>12 000</td><td>6 000</td></tr>
<tr><td>极限值</td><td>23 000</td><td>15 000</td><td>6 000</td><td>3 000</td></tr>
<tr><td rowspan="2">凹形</td><td>一般值</td><td>16 000</td><td>12 000</td><td>8 000</td><td>4 000</td></tr>
<tr><td>极限值</td><td>12 000</td><td>8 000</td><td>4 000</td><td>2 000</td></tr>
<tr><td colspan="2" rowspan="2">最大纵坡（%）</td><td>一般值</td><td>2</td><td>2</td><td>3</td><td>4.5(4)*</td></tr>
<tr><td>极限值</td><td>2</td><td>3</td><td>4(3.5)*</td><td>5.5(4.5)*</td></tr>
</table>

注：* 当主要公路以较大的下坡进入互通式立体交叉，且所接的减速车道为下坡，同时，后随的匝道线形指标较低时，主要公路的纵坡不得大于括号内的值。

2. 视距

互通式立体交叉区域应具有良好的通视条件，在主线分流鼻之前应保证判断出口所需的识别视距，如表 8-6 所示。

识 别 视 距 表 8-6

设计速度（km/h）	120	100	80	60
识别视距（m）	350 ~ 460	290 ~ 380	230 ~ 300	170 ~ 240

注：当驾驶员需接受的信息较多时，宜采用较大（接近高限）值。

在条件受限时，识别视距应大于 1.25 倍的主线停车视距。

匝道全长范围内应具有不小于表 8-7 规定的停车视距。

匝 道 停 车 视 距 表 8-7

设计速度（km/h）	80	70	60	50	40	35	30
匝道停车视距（m）	110（135）	95（120）	75（100）	65（70）	40（45）	35	30

注：积雪冰冻地区应不小于括号内的数值。

3. 匝道设计

匝道是连接立体交叉上、下路线的通道，是互通式立体交叉的重要组成部分。

（1）匝道的设计速度如表 8-8 所示。

匝道设计速度（km/h） 表 8-8

<table>
<tr><td colspan="2">匝道形式</td><td>直连式</td><td>半直连式</td><td>环形匝道</td></tr>
<tr><td rowspan="2">匝道设计速度（km/h）</td><td>枢纽式互通立体交叉</td><td>50 ~ 80</td><td>40 ~ 80</td><td>40</td></tr>
<tr><td>一般式互通立体交叉</td><td>40 ~ 60</td><td>40 ~ 60</td><td>30 ~ 40</td></tr>
</table>

（2）匝道的横断面设计要求如图 8-15 所示。

（3）匝道的平面线形设计。匝道的平面线形应根据匝道设计速度、交叉类型、交通量、地形、用地条件、造价等因素确定。

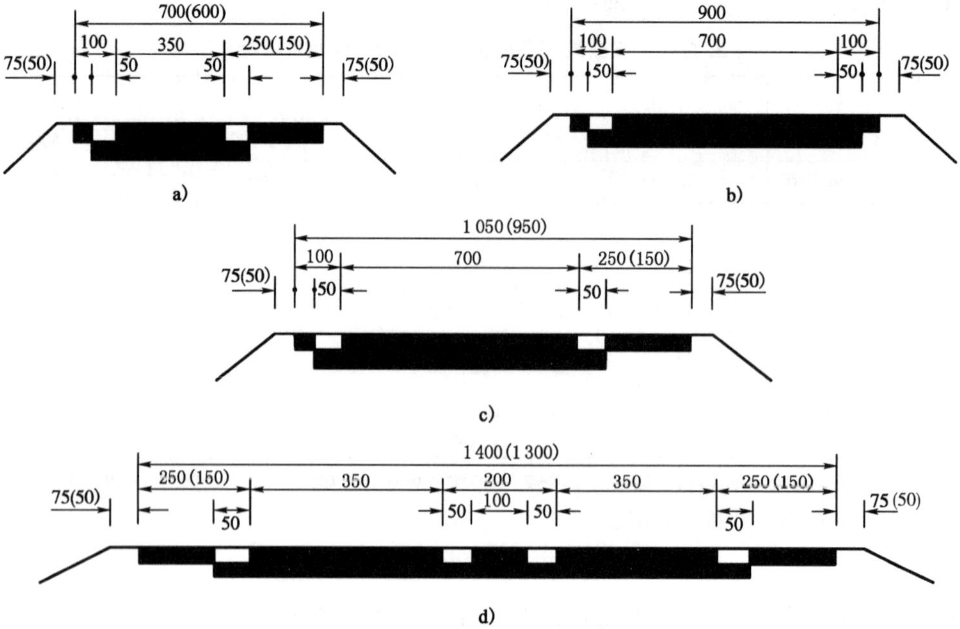

图 8-15 匝道的横断面组成(尺寸单位:cm)

a)单车道;b)无紧急停车带的双车道;c)设紧急停车带的双车道;d)对向分隔式双车道

注:不包括曲线上的加宽值。

匝道圆曲线最小半径见表 8-9。匝道及其端部设置回旋线时,其参数及长度宜不小于表 8-10所列值。驶入匝道的分流点应具有较大的曲率半径,并使曲率变化适应行驶速度的变化,分流鼻处的曲率半径见表 8-11。

匝道圆曲线最小半径 表 8-9

匝道设计速度(km/h)		80	70	60	50	40	35	30
圆曲线最小半径(m)	一般值	280	210	150	100	60	40	30
	最小值	230	175	120	80	50	35	25
不设超高的圆曲线最小半径(m)	路拱≤2%	2 500	2 000	1 500	1 000	600	500	350

匝道回旋线参数及长度 表 8-10

匝道设计速度(km/h)	80	70	60	50	40	35	30
回旋线参数 A(m)	140	100	70	50	35	30	20
回旋线长度(m)	70	60	50	40	35	30	25

分流鼻处匝道平曲线的最小曲率半径 表 8-11

主线设计速度(km/h)		120	100	≤80
最小曲率半径(m)	一般值	350	300	250
	极限值	300	250	200

(4)匝道的纵面线形设计。匝道最大纵坡应按表 8-12 确定，竖曲线最小半径及最小长度按表 8-13 确定。

匝道的最大纵坡 表 8-12

匝道设计速度(km/h)			80、70	60、50	40、35、30
最大纵坡(%)	出口匝道	上坡	3	4	5
		下坡	3	3	4
	入口匝道	上坡	3	3	4
		下坡	3	4	5

匝道竖曲线的最小半径及长度 表 8-13

匝道设计速度(km/h)			80	70	60	50	40	35	30
竖曲线最小半径(m)	凸形	一般值	4 500	3 500	2 000	1 600	900	700	500
		最小值	3 000	2 000	1 400	800	450	350	250
	凹形	一般值	3 000	2 000	1 500	1 300	900	700	400
		最小值	2 000	1 500	1 000	700	450	350	300
竖曲线最小长度(m)		一般值	100	90	70	60	40	35	30
		最小值	75	60	50	40	35	30	25

(5)匝道上的圆曲线超高设计与公路上圆曲线超高值计算方法相同，但应与匝道上变速过程中的行驶速度相适应。超高和加宽应设置过渡段，其具体要求参见《规范》。

(6)匝道出入口端部设计：

①互通式立体交叉的出入口除调整公路匝道外，应设置在主线行车道的右侧。主线与匝道分流处，行车道边缘应设置偏置加宽，其具体要求参见《规范》。

②在匝道与主线连接的路段，应设置变速车道，以适应车辆变速行驶的需要。变速车道分为直接式和平行式两种。其具体设计要求参见《规范》。

二、测设要点

(1)除应收集平面交叉所要求提供的资料外，还应征求当地政府及有关部门的意见。

(2)初步拟订交叉位置和方案比选范围，用相交公路的中线为基线布设控制网，以供测量地形之用。

(3)地形测量，除分离式立体交叉外，均需测绘地形图。比例尺用 1∶500 ~ 1∶2 000。测绘的范围视实际需要而定，一般应测至交叉范围外至少 100m。测量要求与桥位地形测量相同。

(4)拟订方案，在地形图上定出不同方案的交叉位置和形式(包括匝道)，并到实地核对，然后根据纸上资料等进行初步设计，拟订推荐方案。为便于方案比选，必要时须做模型和绘出透视图。

(5)按推荐方案在实地上放样，并测得平、纵、横三方面资料。

(6)地质勘探，在跨线桥和其他构造物处，应进行地质钻探，其要求与桥梁相同。

三、公路与公路立体交叉设计成果

(1)布置图比例尺一般用1:500～1:2 000。内容包括地形、地物、路线(包括匝道)、跨线桥及其他构造物等。

(2)纵、横断面图比例尺和要求与平面交叉略同。

(3)跨线桥设计图,其要求与一般桥梁设计相同。

(4)如有挡土墙、窨井、排水管、排水泵站等其他构造物,均须附设计图。

(5)有比较方案时,应绘制布置图并提供有关资料。

(6)交叉口的工程数量等资料。

第四节 公路与其他路线交叉

一、公路与铁路交叉

公路与铁路交叉时,应根据公路的使用性质、交通情况、公路的规划断面和其他特殊要求,以及铁路的使用性质、运行情况、轨道数、有无调车作业(次数和断道时间)等情况,考虑并决定采用平面交叉、立体交叉或近期做平面交叉而远期改建为立体交叉的方案。

1. 公路与铁路平面交叉

(1)公路与铁路平面交叉时,应设置道口,并尽量正交;当必须斜交时,交叉角应大于45°。

(2)根据交叉道口铁路等级,应保证汽车在公路上距交叉口相当于该公路停车视距并不小于50m范围内,汽车驾驶员能看到两侧各不小于表8-14所规定的距离以外的火车。

汽车瞭望视距　　表8-14

路段旅客列车设计速度(km/h)	140	120	100	80
汽车瞭望视距(m)	470	400	340	270

(3)为了行车的安全和方便,公路在交叉道口两端钢轨的外侧,应有不小于16m的水平路段,该水平路段不包括竖曲线在内。紧接水平路段的纵坡,一般不大于3%,困难地段应不大于5%。

(4)交叉道口垂直于公路的宽度,应不小于交叉公路的路基宽度。交叉路口的路面(铁路称道口铺面)应根据铁路纵坡度做成水平或单向横坡,铺砌易于翻修的路面,如钢筋混凝土预制块、整齐条石等,其铺砌长度应延至钢轨以外2m。路面高程一般应和轨顶相同。

(5)公路与铁路相接近时,两者的用地界之间宜保持一定的间隔,高速公路不应小于30m,一、二级公路不应小于15m,三、四级公路不应小于5m。必要时还应设置防眩设施。

(6)公路与铁路平面交叉道口。在任何情况下,都应设置标志。

2. 公路与铁路立体交叉

公路与铁路交叉时,新建项目应首选立体交叉。高速公路、一级公路与铁路交叉时,必须

设置立体交叉。其他各级公路与铁路交叉时,符合下列情况之一者,应设置立体交叉:

(1)Ⅰ级铁路与公路交叉。

(2)铁路路段旅客列车设计行车速度大于或等于120km/h的地段与公路交叉。

(3)铁路与二级公路交叉。

(4)由于铁路调车作业对公路上行驶的车辆会造成较严重延误。

(5)受地形等条件限制,采用平面交叉会危及公路行车安全。

(6)结合地形或桥涵构造物情况,具备设置立体交叉条件。

测设时,应与铁路部门联系并取得具体的协议。一般铁路上跨公路的立体交叉,由铁路设计单位负责设计。

公路与铁路立体交叉时,以垂直交叉为宜,必须斜交时,其交叉的锐角应大于45°。

高速公路、一级公路与铁路交叉时,立交桥设置除考虑铁路对其要求外,还应符合该路段公路的平、纵线形设计,不得在此局部降低公路技术指标。

交叉范围内公路视距要求为:高速公路、一级公路应满足停车视距要求,二、三、四级公路应满足会车视距要求。

二、公路与乡村道路交叉

乡村道路泛指乡村、城镇之间不属等级之列,用于机动车、非机动车及行人通行的道路。包括大车道、机耕道等均属乡村道路。乡村道路与公路交叉的数量,根据公路等级应有所控制。在乡村道路密集地区,当交叉点过密影响行车安全时,宜适当合并交叉点。

高速公路与乡村道路交叉时,必须设置通道或天桥。一级公路与乡村道路交叉时,宜设置通道或天桥。二、三级公路与乡村道路交叉时,一般采用平面交叉;四级公路与乡村道路相交叉宜设置平面交叉,地形条件有利或公路交通量大时宜设置通道或天桥。

平面交叉宜垂直相交,当必须斜交时,其交叉的锐角应不小于70°,受地形条件或其他特殊情况限制时,应不小于60°。交叉处两侧的乡村道路直线长度应各不小于20m,两侧公路应分别设置不小于10m的水平段或缓坡段,缓坡段的纵坡应不大于2%,紧接水平段或缓坡段的纵坡不应大于3%,困难地段不应大于6%。

平面交叉应设在视距良好的地方,驾驶员在距交叉20m处能看到两侧二级、三级公路相应停车视距并不小于50m范围内的汽车,视线范围内不得有障碍物。

乡村道路从公路上面跨越时,跨线桥桥下净空应满足等级公路的规定要求。当乡村道路从公路下穿过时,其净空可根据当地通行的车辆组成和交叉情况而定,一般人行道的净高不小于2.2m,畜力车及拖拉机通道的净高不小于2.7m,农用汽车通道的净高不小于3.2m,净宽不小于4.0m。

在下方穿越的公路或乡村道路,均应保证排水畅通,并在适当位置设置必要的标志。

三、公路与管线交叉

各种管线如电信线、电力线、电缆、管道、渠道等均不得侵入公路限界,也不得妨害公路交通安全,并不得损害公路的构造物和设施。

为保证公路的正常养护和交通安全、畅通与公路发展的需要,新建或改建公路通过已有管线区时,设计时应根据公路的使用要求,事先与有关部门协调,以便妥善处理因修建公路所引起的干扰问题。当需要沿现有公路两侧铺设管线时,有关部门亦应根据上述原则,事先与交通部门协调。

思考题与习题

1. 何为冲突点?如何减少或消除"冲突点"?
2. 平面交叉设计的主要内容有哪些?
3. 立体交叉的类型有哪些?
4. 匝道的作用是什么?其横断面布置有哪些形式?

第九章
CHAPTER NINE

公路现代测设技术

本章学习要点

本章主要学习公路路线计算机辅助设计(CAD)系统的组成、数字地面模型及3S技术在公路勘测设计中的应用等。

利用计算机辅助设计(CAD)系统进行路线设计,在数字地面模型支持下,借助数学方法,由计算机初定平面位置,利用计算机辅助设计,在显示屏上通过人机对话对设计方案进行修改;通过不断地人机交互作用,进行优化设计,根据计算机选择的最优方案和地面数字模型提供的地形资料完成整个路线平面、纵断面和横断面设计,以获得切合实际的最优方案,在设计完成时可以利用绘图机输出各设计阶段所需的相应的图纸。

第一节 公路路线CAD技术

一、CAD技术简介

1. CAD的概念

计算机辅助设计(Computer Aided Design,简称CAD),是近年来工程技术领域中发展最迅速、最引人注目的新技术之一。它将计算机迅速、准确地处理信息的特点与人类的创造性思维相结合,为工程设计提供了理想手段。

2. CAD系统的组成

CAD系统由软件系统和硬件系统组成。

(1)CAD软件系统

CAD软件系统由数据库、图形系统、科学计算三部分组成。

①数据库:是一个通用性的、综合性的以及减少数据重复存储的"数据集合"。它按照信息的自然联系来构成数据,即把数据本身和实体之间的描述都存入数据库,用各种方法来对数

据进行各种组合,以满足各种需要,使设计所需数据便于提取,新的数据便于补充。它的内容包括设计原始资料、设计标准与规范数据、中间结果、最终结果等。

②图形系统:包括几何构型、绘制工程设计图、绘制各种函数曲线、绘制各种数据表格、在图形显示装置上进行图形变换以及分析和模拟等。图形系统是CAD技术的基础。

③科学计算包括通用的数学函数和计算程序以及在设计中所包括的常规设计和优化设计等,即CAD的应用软件包是实现工程设计、计算、分析、绘图等具体专用功能的程序,是CAD技术应用于工程实践的保证。

(2)CAD硬件系统

CAD硬件系统由计算机、显示器、打印机及绘图机四大件组成。

用计算机进行数据的处理,其处理结果由显示器进行显示,供设计者判断、修改,最后由绘图机输出所需的图形,由打印机输出数据处理的结果。

3. CAD技术在工程上的应用

20世纪80年代中期,国内高等院校和生产单位在计算机辅助公路路线方面开展了研究,开发和引进了一些辅助设计系统,该系统软件由数字地面模型子系统,路线平、纵优化子系统,路线设计子系统,立体交叉口设计子系统,公路中、小桥涵设计子系统,公路工程造价分析子系统六大专业设计子系统组成。该系统覆盖了地形数据采集—建立数据地面模型—人机交互地进行路线平、纵、横设计,线形优化设计和人工构造物的设计图、表屏幕编辑,并最终完成图纸的绘制以及工程造价分析等成套CAD技术。这些技术一经推出,得到了广泛好评,取得了显著的工程效益。

二、公路路线CAD功能和特点

公路路线CAD软件系统一般包含六个模块:

(1)野外线路平面测量和高程测量数据的录入、编辑和存储模块;

(2)平面设计、纵断面设计及横断面设计数据的录入、编辑和存储模块;

(3)根据路线平面设计,绘制路线平面图;

(4)根据路线纵断面设计,绘制路线纵断面图;

(5)根据路线横断面设计,绘制路线横断面图;

(6)路基构件的绘制。

三、公路路线CAD组成系统

1. 公路CAD系统总体结构

公路CAD系统总体结构如图9-1所示。

2. 数据采集

公路路线设计必须依靠大量的地面信息和地形数据。数据的采集可采用的方法见图9-2。

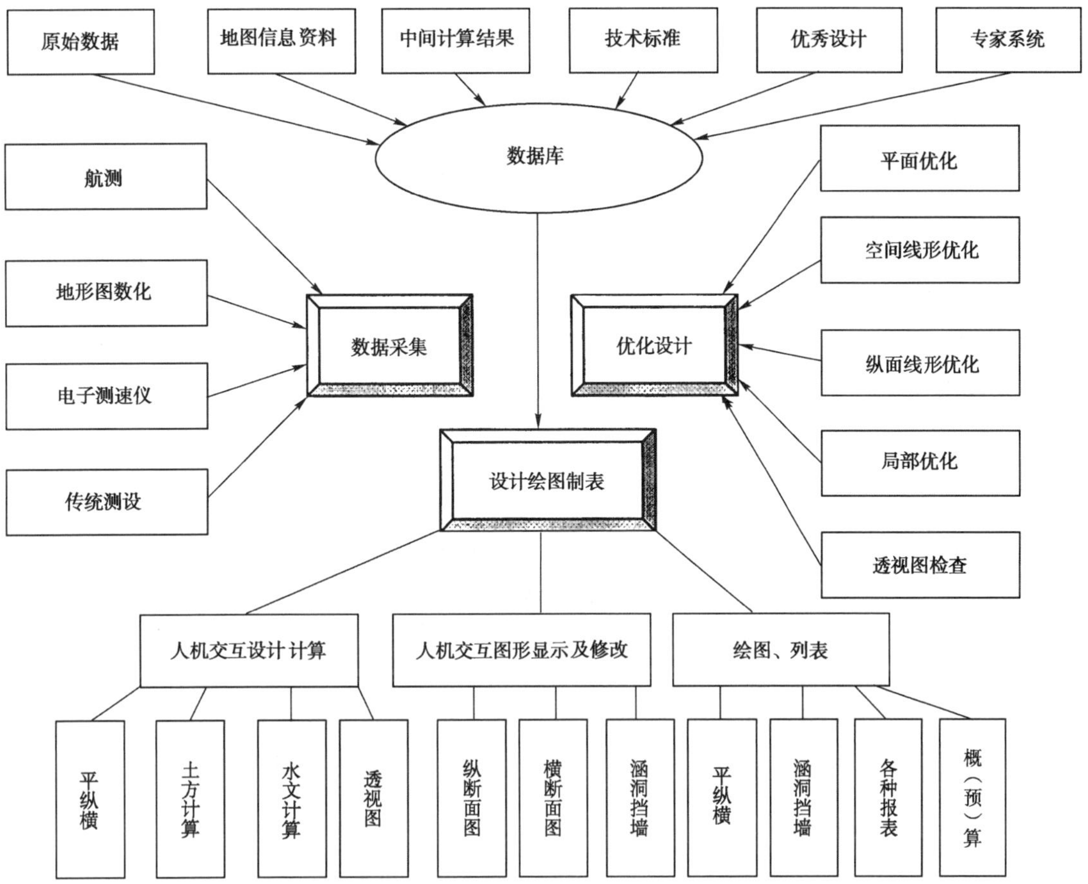

图9-1 公路路线 CAD 模块化程序系统示意图

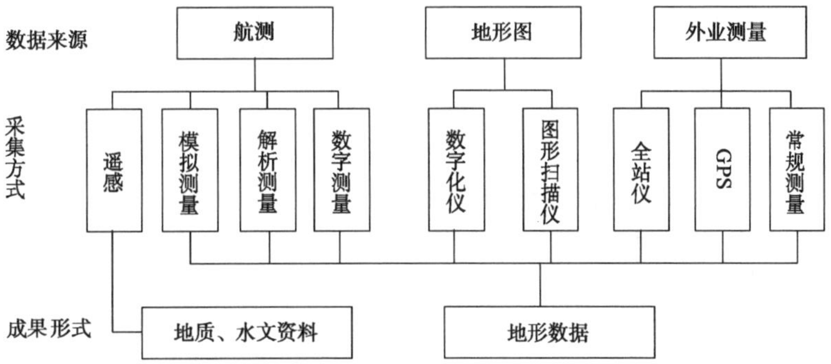

图9-2 数据采集方法分类

（1）用现代化的手段即航空摄影测量建立数字地面模型，该方法快速、自动化水平高，但采用专摄航片，需委托航测部门按数据采集的要求订立合同，这种专摄航片受到时间、费用等因素的限制，除非对重点工程项目，在目前条件下对一般公路建设项目工程尚难以推广。

(2)用全站仪或红外线测距仪地面实测的方法,直接建立三维的数字地面模型。该方法在工程上普遍采用。

(3)用传统的经纬仪、水准仪和小平板实测。

3. 路线优化设计

要使公路计算机辅助设计系统具备经济效益和获得质量较高的设计方案,必须包含优化技术。在进行优化设计时,应根据不同设计阶段,有不同的重点要求,建立一个从粗到细逐级优化的思路。同时还应注意到多种复杂因素的干扰,在优化设计过程中,可不断发挥人机交互作用,以获得切合实际的最优方案。如表9-1为公路CAD系统的人机分工。从确定路线最优方案的角度出发,进行路线最优化设计的方法可分为两类。

第一类:对于平面或纵断面各种比较方案,快速准确地完成路线设计,并计算出各方案的总费用和各项比较指标,由设计者根据自己的经验选出最佳方案。

第二类:根据路线的初始方案,利用最优化理论的数字方法,由计算机寻找最优设计方案,即输入一个可行方案,通过数字迭代方法来完成最优方案的求解。

公路CAD系统的人机分工 表9-1

子系统	人	机
平面	1. 导线位置的确定; 2. 平曲线设计参数; 3. 平面设计中各细部的修改; 4. 规范检查	1. 平曲线计算或验算; 2. 桩号自动生成及逐桩坐标计算; 3. 规范数据查询; 4. 平面图显示与绘图
纵断面	1. "拉坡"及竖曲线半径的确定; 2. 控制高程检查; 3. 修改纵断面图	1. 竖曲线要素计算及逐桩设计高程计算; 2. 工程量估算; 3. 控制高程验算; 4. 规范数据查询; 5. 纵断面图显示与绘图
横断面	1. 横断面形式及各部分参数确定; 2. 检查设计横断面; 3. 特殊断面设计; 4. 旧路结构利用设计	1. 横断面自动设计; 2. 土石方数量计算; 3. 防护结构标准图检索; 4. 规范数据查询; 5. 旧路结构利用数量计算; 6. 横断面图显示与绘图

(1)在可行性研究阶段,适宜采用在宽带范围内路线走向方案的优化。利用研制的计算机程序系统,设计人员可对路线可行区域的各种因素作出定量评价。这些定量评价值可以按点、线或面列成费用值表,然后建立地面费用模型。计算机可按区域将其分成连接的网络结点,自动生成所有的路线走向方案,计算出通过各连接结点方案的费用总和,采用动态规划法

优选出路线方案。

(2)在初步设计阶段适宜采用在平面或空间一定范围内移线以改善设计方案的优化技术。在可行性研究阶段优选出合理的最佳路线带(走廊),并通过工程师的经验选定合适的转折点和曲线要素(也可在计算机上以人机对话的方式进行),然后在窄带范围内实现小距离移线(在小范围内移动转折点或改变曲线半径等)以获取最优方案,在优化平面方案时,也必须平纵优化交叉多次进行。在计算机容量和速度容许时,除采用造价或工程量作为目标函数外,还可选择如运营费用作为第二个目标函数。

(3)在技术设计阶段宜采用多个目标函数的公路纵断面优化程序系统。在技术设计阶段,应集中注意力把纵断面最佳方案优选出来。一个好的路线方案,除土石方和造价较小外,还必须考虑运输经济、行程时间、线形质量(包括行驶安全和舒适)等指标,研究沿线随线形变化的行车速度和燃料消耗等,建立具备若干个目标函数的优化程序。此外,还可建立对局部路段、个别平曲线或竖曲线(包括半径改变和缓和曲线段改变)优化技术程序,以便在技术设计与施工图编制时视需要随时采用。

(4)对已完成的公路路线技术设计,运用连续绘制的透视图(或动态透视图)进行评价,如发现有不符合安全行驶和景观环境要求的路段,进行切实改进,提高设计质量。

在公路路线辅助设计软件系统中,如能按各个不同设计阶段纳入如上的优化技术内容,可以有把握地使设计方案的土石方、小桥涵、挡土墙、公路用地等工程费用降低10%左右,并可提高公路线形质量,明显降低营运费用,达到行驶安全、舒适和景观良好的目的。

4. 计算机辅助设计、绘图和制表

现代计算机辅助设计一般可以在显示屏上显示,并通过人机对话的方式对设计方案进行修改;通过不断地人机交互作用,以获得切合实际的最优方案,在设计完成时可以利用绘图机输出各设计阶段所需的相应图纸,并由打印机输出工程量和概预算等设计资料。

公路路线CAD模块化程序系统如图9-1所示,由四个部分组成,包括数据采集、优化技术、设计和绘制图表三个子系统及一个数据库。系统采用模块技术,每个系统及子系统内的各个程序都成为单独的模块。在系统使用时,运用菜单技术,通过数据库,采用数据通信的方式,有机地将各模块联系起来,这时,数据库起到了桥梁的作用。这种模块化的程序系统,不仅节省了有限的计算机内存空间,而且还增加了系统的灵活性,即可以不断地把新模块增添到系统内,加强系统功能。

第二节 数字地面模型

1. 数字地面模型及在公路设计中的应用

利用计算机进行公路设计,就要让计算机认识地形图和处理地形资料,为此必须用数字的方式来表示地形。数字地面模型(DTM)就是将地形按照某种数字模型对已知平面坐标的地形点进行高程计算,是一个表示地形特征的、空间分布的、有许许多多有规则或无规则的数字阵列,也就是将地形表面用密集的三维地形点坐标(X,Y,Z)表示。对于呈带状的公路来说,需要的是公路左右一定范围内的地形资料,它所对应的数字地形模型,则为带状数字模型。有了数字地形模型,就可以采用一种数学内插方法,把这种地形信息拟合成一个表面,以便在公路设计时根据已知点的坐标计算出它的高程。利用航测相片形成的不同比例的数字地面模型,可分别进行公路的方案比选、初步设计和技术设计。

数字地面模型不同于地形图、地形立体模型等直观地表示地形的方法,而是以抽象的数字阵列表示地貌起伏、地表形态。虽然数字地面模型是一种不直观的、抽象的地表形态表示,人眼不能观察,但这种形态对计算机的处理很有利,计算机可以从中直接、快捷、准确地识别,进行数据处理,提供方便的地形数据,以实现各项作业的自动化。

由于采用了数字地形模型,设计人员几乎只要根据地形图资料而不必进行极为艰苦的外业测量,或者只需要做一些必要的外业资料调查,便能既保证精度也能高效地完成各个阶段的设计工作。如果配有计算机绘图设备,同时还可绘出包括平、纵、横三方面的设计图纸,甚至公路透视图。图9-3所示框图,说明了数字地面模型的应用。

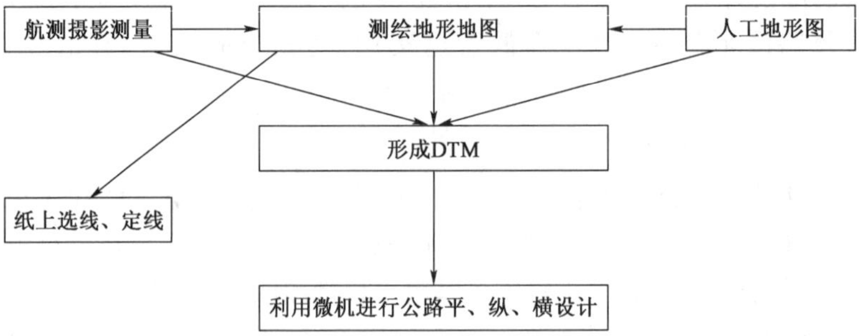

图9-3 数字地面模型的应用

2. 数字地面模型的种类

(1)方格网式数字地面模型

这种形式的模型,只要将工程用地的一定范围划分成大小相等的方格或长方格,按一定次序读取网格点的高程即可。作为公路设计用的带状方格网数字地面模型,常可根据地形类别的变化,在不同区段选用不同的方格大小,以提高它的使用精度。

这种数字地面模型的优点是只需要储存网格点的高程值而无需储存平面坐标值,内插和检索简单,可节省计算时间,采集数据方便,选点不依赖于经验。其缺点则是在地形变化大的地方精度较低,因为这时常常漏掉地形的真正变化点。

(2)三角网式数字地面模型

这种数字地面模型,由所有三角形顶点的三维坐标组成,并把每个三角形看成是由三个顶点高程构成的一个平面,因而划分三角网时,应尽量使三角形的周边以内所有等高线都呈直线,而且相互平行、间距相等。

这种数字地面模型虽然要储存各三角形顶点的三维坐标,但为了达到同样的使用精度,其网点数可以远小于方格网数字地面模型所需要的网点数,因而能节省很大的计算机内存。如果是采用数字化仪等自动坐标输入装置,获取原始数据亦颇为方便,只是要求操作者应有一定的工作经验,以免取点不当,降低计算精度。此外,为了有效地查询,还应将所有三角形按一定规律编号排列起来。

3. 数字地面模型数据点的获取

(1)从现有的地形图上获取。从现有的地形图上获取是对现有的地形图进行数字化。除了可以人工读取数据外,目前最常用的是手扶跟踪式的坐标读取装置图形数字化仪。

(2)利用自动记录的测距仪(或全站仪)在野外实测,获取原始数据。

(3)摄影测量方法可以利用带有自动记录设备的立体测量仪,对立体模型进行断面扫描或勾绘等高线,将坐标记录在纸带或磁带上。

第三节 公路透视图

现代公路除了要能满足交通要求外,还要求满足行车的舒适安全,线形和谐优美,与环境相互融合;乘客的视觉良好,感觉心旷神怡,即使长途旅行也不感到疲劳和厌倦。良好的公路线形应该使驾驶员与乘客在行车安全和舒适两方面获得最大限度的满足。透视图技术是评价公路线形质量的主要手段之一,也是当今进行招标、投标时显现设计效果的重要手段。

某一点(视点)和被视物体的各点(物点)相连的射线(视线)与画面产生一系列交点,连接这些交点所产生的被视物体的图像即该物体的透视图与画面垂直的视线称为视轴,视轴与画面的交点称为主点,视线与物体的交点称为物点,视线与画面的交点叫迹点。

生成透视图的算法流程如图9-4所示。首先应计算道路各点的大地坐标,接着要确定视点、视轴及视轴坐标系,这样也就确定了透视图的基本参数,然后确定透视断面和透视物点,最后进行坐标计算转换,经过消隐等手段绘制出透视图。

透视图的运行设计,通过设计者设置有关透视参数,然后显示或输出透视图的模型,也可以直接在计算机屏幕上观看动态透视图。通过透视图的检查,对公路平面、纵断面、横断面设计进行分析,对线形存在的问题进行修改,然后再绘出透视图进行分析研究,直至满意为止。

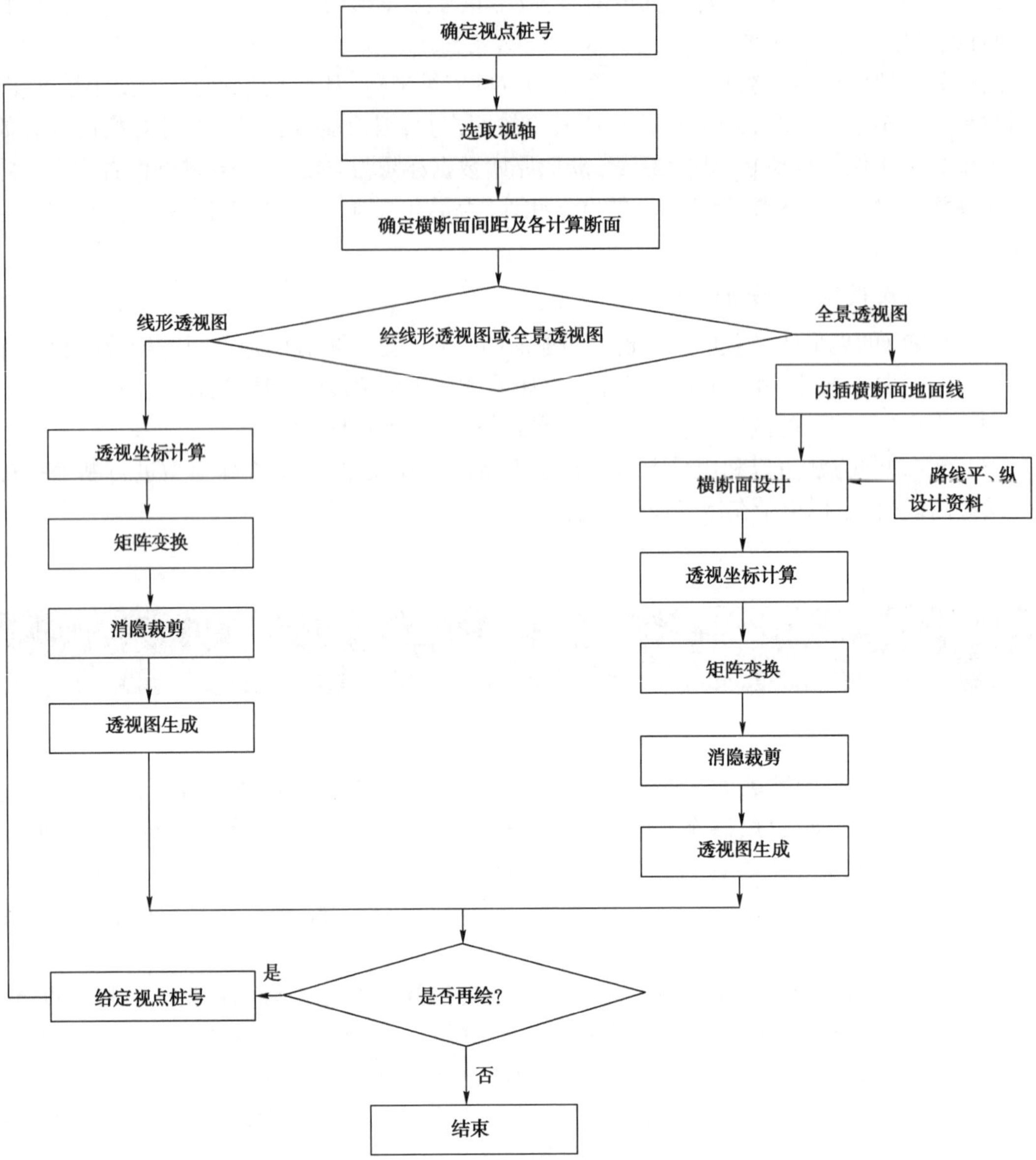

图9-4 公路路线透视图流程图

第四节 "3S"技术在公路勘测设计中的应用

在高速公路大规模建设的今天,公路勘测质量的好坏以及设计水平的高低直接影响着整个工程的质量的好坏。因为一个公路建设项目质量的好坏、投资的多少以及运营的完善与否,直接取决于勘测工作是否周全,设计方案是否合理,二者是相辅相成、互为影响的。但目前的公路勘测设计仍然没有完全摆脱传统的勘测设计模式和方法,技术含量低,特别是高科技含量不足,制约了高速公路建设的发展。如何有效地加快勘测速度,缩短设计周期,优化设计方案,提高设计质量,是公路设计人员面临的重要任务。

目前已提出了“数字化地球”概念,并通过“3S 计划”来实现,即:

(1)丰富的全球地理信息系统(GIS);

(2)精确的全球卫星定位系统(GPS);

(3)先进的遥感测设系统(RS)。

未来的世界将是“数字化的世界”,数字化的概念将渗透到各行各业。公路行业的数字化包括 3 个部分:

(1)公路的数字化地理信息系统;

(2)公路的全球卫星定位系统;

(3)公路的遥感测设系统。

一、地理信息系统

公路 GIS 是综合处理三维公路信息的一个计算机软硬件系统,它是 GIS(Geographic Information System)技术在公路领域的发展,是 GIS 与多种公路信息分析和处理技术的集成。早在多年前,北京市公路局科技处就着手开发了北京公路地理信息系统,它是未来数字化地理信息系统的雏形。数字化地理信息系统应该具备详细的地形数据资料,包括平面点的坐标、高程,已建道路和桥梁的位置、名称,道路沿线的民宅、工矿、企事业单位、田地、果林、鱼塘、水渠、河流、电力管线等详细地面资料。建立一个庞大的 GIS,单靠公路部门一家是无法实现的,还需与其他单位通力合作,如测绘部门、航测部门、规划部门、地勘部门。系统完成以后,完全可以实现资源共享,具有较大的经济效益和社会效益。应用 GIS,可以方便打开某一个区域或某设计路段数字化地形图,通过鼠标在地形图上选取控制点,控制点的属性也同时显示(包括点的坐标、高程),连线控制点后,路线的走向就基本确定,输入平曲线要素,一条路线方案很快即选定。如果对所选路线方案不满意,可随时用鼠标修改,同时对地形图比例也可以根据需要随时调节。在路线方案选定的同时,可以从地理信息系统数据库中获取其他相关信息资料,如最佳路径、最短出行时间、交通流量、道路沿线地区人口数量、经济状况、建材分布与储量、运输条件、土壤、地质和植被情况等。同时,设计人员对于同一起终点的路线,可以选取不同的路线方案进行分析、对比、筛选,直至获得最满意方案为止。

GIS 在道路前期规划中发挥了巨大作用。占地拆迁作为前期规划工作中的一项重要工作,它的估算准确与否直接影响到工程总造价的高低和经济评价的好坏。在 GIS 电子地图上准确定出占地线宽度,便可自动算出占地面积,算出占地线范围内的鱼塘、麦地、果树、电线杆、水井和电力管线等分项拆迁工程量,减轻了前期规划人员外业工作强度,提高了工作效率。工作人员可以随时到现场进行碎部测量并采集数据,以补充更新原有的 GIS 数据库。现在许多省、市尝试把 GIS 技术引入初步设计和施工图设计中,并且已经取得了良好的效果。美国、英国、瑞典等国家已经把 GIS 技术引入施工图设计阶段中,开发和推出了不少关于这方面的软件,如 INROADS 和 MOSS、CARD/1。

二、全球卫星定位系统

GPS(Global Positioning System,全球卫星定位系统)作为新一代的卫星导航和定位系统,不仅具有全球性、全天候、连续性、实时性的精密三维导航与定位能力,而且具有良好的抗干扰性和保密性。相对于经典测量学说,GPS 定位技术具有观测点之间无需通视、定位精度高、观测时间短、提供三维坐标、操作简便以及全天候作业等主要特点。由于其高度自动化及其所达到的精度和具有的巨大潜力,GPS 一问世就广泛渗透到经济建设和科学技术的许多领域,如无线电导航、地震网监测、大坝变形监测、大陆板块飘移监测和大地测量。随着 GPS 技术的快速发展,产品的更新换代,新一代具备 RTK(实时动态定位)系统功能双频 GPS 接收机的诞生,给当今公路测设事业注入了新的活力。最新的 RTK 技术在公路测设中具备以下几个功能和作用。

1. 绘制大比例尺地形图

公路选线多是在大比例尺(1:1 000 或 1:2 000)带状地形图上进行。用传统方法测图,先要建立控制点,然后进行碎部测量,绘制成大比例尺地形图。这种方法工作量大,速度慢,花费时间长。用实时 GPS 动态测量可以完全克服这个缺点,只需在沿线每个碎部点上停留一两分钟,即可获得每点的坐标、高程。结合输入点的特征编码及属性信息,构成带状所有碎部点的数据,在室内即可用绘图软件成图。由于只需要采集碎部点的坐标和输入其属性信息,而且采集速度快,因此大大降低了测图难度。

2. 公路中线放样

设计人员在大比例尺带状地形图上定线后,需将公路中线在地面上标定出来。采用实时 GPS 测量,只需将中桩点坐标输入到 GPS 电子手簿中,系统软件就会自动定出放样点的点位。由于对每个点的测量都是独立完成的,不会产生累计误差,各点放样精度趋于一致。

公路路线主要是由直线、缓和曲线、圆曲线构成。放样时,只要先输入各主点桩号(ZH、HY、QZ、YH、HZ),然后输入起终点的方位角 α_1、α_2,直线段距离 D_1、D_2,缓和曲线长度 L_{S_1}、L_{S_2},圆曲线半径 R,即可进行放样操作。这种方法简单实用,比起传统的弦线拨角法要快速得多。另外,如果需要在各直线段和曲线段间加桩,只需输入加桩点的桩号就能自动计算放样元素。

3. 公路的横、纵断面放样和土石方数量计算

(1)纵断面放样时,先把需要放样的数据输入到电子手簿中(如各变坡点桩号、直线正负坡度值、竖曲线半径),生成一个施工测设放样点文件,并储存起来,随时可以到现场放样测设。

(2)横断面放样时,先确定出横断面形式(填、挖、半填半挖),然后把横断面设计数据输入到电子手簿中(如边坡坡度、路肩宽度、路幅宽度、超高、加宽、设计高程),生成一个施工测设放样点文件,储存起来,并随时可以到现场放样测设。同时,软件可以自动与地面线衔接进行“戴帽”工作,并利用“断面法”进行土石方数量计算。通过绘图软件,可绘出沿线的纵断面图和各点的横断面图。因为所用数据都是测绘地形图时采集而来的,不需要到现场进行纵、横断面测量,大大减少了外业工作。必要时可用动态 GPS 到现场检测复合,这与传统方法相比,既

经济又实用，且前景广阔。

4. 桥梁结构物放样

对于在江河上修建的大跨径桥梁，采用传统光学仪器和全站仪来定位是比较困难的，因为江面过宽、雾气较大，易造成仪器读数误差。另外，江面情况变化多端、观测浮标位置漂浮不定，会影响定位精度。GPS 在这方面发挥了一定的优势，因为 GPS 采用的是空间三点后方距离交会法原理来定位，不受江面外界情况干扰，点与点之间不要求必须通视，简捷方便，精度高，大大提高了作业效率。它的平面坐标定位精度在 $5(1\pm0.0001\%)$mm 左右，基线长几米到几十公里，符合桥梁控制网的精度要求。同样，对隧道控制网、立体交叉控制网也可以采用 GPS 的方法进行精确定位。

三、遥感技术

遥感（Remote Sensing，RS）是利用航片或卫星照片上含有的丰富地表信息，通过立体观察和相片判释并经过计算机的自动处理、自动识别，获得与路线相关的各种地质、水文、建材等资料的一个计算机软硬件系统。

遥感技术在公路勘测设计中有以下优点：

（1）它可以帮助设计人员对路线所经区域的地形、地貌 、河流、居民点以及交通网系等进行概要判读，以了解其对路线的影响，有助于对路线方案的优化。

（2）同时它可提供详细的地质、水文、植被资料，帮助设计人员了解不良工程地质现象对路线的影响程度，以便提早改线，避免了不必要的损害和事故的发生。

（3）通过遥感资料，可以帮助设计人员了解沿线土壤和植被类型，了解农作物及经济作物的分布情况，以便为绿化设计做准备。

（4）通过遥感资料，还可以帮助设计人员了解沿线建筑材料的分布、储量 、开挖、运输条件，为施工创造良好便利条件。

（5）通过遥感资料，可以对所选路线线形进行三维透视，帮助设计人员了解路线线形是否顺畅，行车视距是否良好，与周围景观是否协调一致。

思考题与习题

1. 简述 CAD 的含义。
2. 试述 CAD 的组成系统。
3. 什么是数字地面模型？数字地面模型有哪几种类型？
4. 试述公路透视图设计流程。
5. 什么是“3S”技术？

参考文献

[1] 中华人民共和国行业标准. JTG B01—2014　公路工程技术标准[S]. 北京:人民交通出版社,2014.
[2] 中华人民共和国行业标准. JTG D20—2017　公路路线设计规范[S]. 北京:人民交通出版社,2017.
[3] 中华人民共和国行业标准. JTG C10—2007　公路勘测规范[S]. 北京:人民交通出版社,2007.
[4] 中华人民共和国交通部. 公路工程基本建设项目设计文件编制办法[M]. 北京:人民交通出版社,1998.
[5] 杨少伟. 道路勘测设计[M]. 3 版. 北京:人民交通出版社,2009.
[6] 孙家驷. 道路勘测设计[M]. 3 版. 北京:人民交通出版社,2012.
[7] 赵永平,唐勇. 道路勘测设计[M]. 北京:高等教育出版社,2004.
[8] 张雨化. 道路勘测设计[M]. 北京:人民交通出版社,2001.
[9] 金仲秋. 公路设计技术[M]. 北京:人民交通出版社,2007.
[10] 刘伯莹,等. 公路设计工程师手册[M]. 北京:人民交通出版社,2002.
[11] 霍明. 山区高速公路勘测设计指南[M]. 北京:人民交通出版社,2000.
[12] 陈胜营,等. 公路勘测设计指南[M]. 北京:人民交通出版社,2000.
[13] 李湘然,等. 公路工程现场勘测与测量技术[M]. 北京:人民交通出版社,2003.
[14] 李清波,等. 道路规划与设计[M]. 北京:人民交通出版社,1997.
[15] 刘培文. 道路几何设计[M]. 北京:科学出版社,2003.
[16] 刘培文. 现代公路勘测技术(修订版)[M]. 北京:科学出版社,2001.
[17] 张廷楷. 道路勘测设计[M]. 上海:人民交通出版社,1990.
[18] 周亦唐,等. 道路勘测设计[M]. 重庆:重庆大学出版社,2002.
[19] 朱照宏. 公路计算机辅助工程[M]. 北京:人民交通出版社,2000.
[20] 朱永民. 公路勘测设计. 北京:人民交通出版社,1997.
[21] 何景华. 公路勘测设计[M]. 北京:人民交通出版社,1985.
[22] 李仕东. 工程测量[M]. 4 版. 北京:人民交通出版社股份有限公司,2015.